Christian Morel

# Les décisions absurdes II

## Comment les éviter

Gallimard

*Dans la même collection*

LES DÉCISIONS ABSURDES. Sociologie des erreurs radicales et persistantes, *n° 445.*

Parallèlement à ses activités de cadre dirigeant dans une grande entreprise industrielle, Christian Morel mène une réflexion sociologique sur la négociation et la décision.

*Je dédie ce livre aux femmes et aux hommes de l'aéronautique, des professions de santé, de la marine, des forces sous-marines, de la protection civile, des sports de montagne, de la production nucléaire d'électricité, des industries mécaniques et de la production théâtrale, dont les retours d'expériences heureuses ou difficiles ont nourri ma réflexion*

*Et à mon petit-fils Robinson*

Qui pense peu se trompe beaucoup.

LÉONARD DE VINCI,
*Carnets*.

*Introduction*

# VERS LA FIABILITÉ

La rage de se tromper ne laisse pas de surprendre. Sait-on qu'aux États-Unis, quarante fois par semaine, des médecins se trompent d'individu ou de zone corporelle lors d'une intervention chirurgicale ? Apprenant cette fréquence de la bouche même du président de la Joint Commission américaine, agence fédérale de certification des activités de santé, lors d'une convention sur la fiabilité tenue à Washington en avril 2011, je crus avoir mal compris et lui fis répéter. J'avais bien entendu : aux États-Unis, environ 2 080 erreurs de côté ou d'identité sont commises chaque année dans les salles d'opération. Pour le reste de la planète, on peut évaluer la fréquence de cette erreur absurde à 200 par semaine au minimum, soit 10 400 cas chaque année, alors même qu'une opération est par définition une activité dangereuse et que ceux qui la pratiquent sont sur leurs gardes. Ce seul exemple en dit long sur la propension à se tromper dans l'exercice des activités humaines.

Dans mon ouvrage paru en 2002, *Les Décisions absurdes*, j'ai identifié et analysé les mécanismes qui conduisent individus et organisations à produire avec constance des erreurs « radicales et persistantes ». Derrière ce que l'on attribue trop souvent à la fatalité se cachent en réalité des décisions dont l'homme est seul responsable. Si les réacteurs 1 à 4 de la centrale nucléaire de Fukushima avaient été construits sur une plate-forme plus élevée, ils n'auraient pas été gravement endommagés. Si les générateurs diesel des réacteurs 1 à 5 avaient été refroidis par air et non par eau, ils auraient continué à fournir de l'électricité. Voici ce qu'en dit Philippe Jamet, commissaire de l'Autorité de sûreté nucléaire française :

> Il y a six réacteurs à Fukushima. Les réacteurs 5 et 6 ont été en difficulté à certains moments, mais fondamentalement ils n'ont pas eu trop de problèmes. Pourquoi ? D'abord, parce que la plate-forme sur laquelle ils sont situés est plus haute que la plate-forme des réacteurs 1 à 4. Mais aussi, concernant la tranche 6, parce qu'elle avait un générateur diesel refroidi non par l'eau, comme les diesels des cinq autres tranches, mais par l'air. Donc, non seulement le générateur diesel du réacteur n° 6 n'a pas été inondé, mais en plus il a continué à être refroidi et à fournir de l'électricité. Ce qui n'était pas le cas des diesels refroidis par l'eau, étant donné que toutes les pompes à eau étaient hors service[1].

1. Philippe Jamet, « Fukushima a montré que l'improbable est possible », entretien avec Cécile Klingler, *La Recherche*, n° 453, juin 2011.

Ces cas nous rappellent que se tromper est une constante fondamentale de l'action. Mais certains acteurs sociaux ne restent pas inactifs devant leur penchant pour les décisions absurdes : ils cherchent des solutions et les mettent en œuvre. Du fait de son exposition élevée au risque, l'aéronautique a été et continue d'être particulièrement active dans ce domaine. C'est dans ce secteur économique que sont apparus de premiers anticorps, comme la communication sécurisée, qui désigne le langage standardisé et redondant, la formation aux facteurs humains, la non-punition des erreurs ou les retours d'expérience systématiques. La médecine, confrontée à un taux d'erreurs élevé, avec des cas particulièrement aberrants, comme ceux que nous venons de citer, a engagé une réflexion approfondie sur les « événements indésirables » et initié des processus correcteurs inspirés notamment de l'aéronautique.

Dans le même temps, les sociologues de l'école américaine dite des HRO (High Reliability Organizations)[1], ou « organisations hautement fiables », dont nous reparlerons, ont apporté une importante contribution à la solution de ces problèmes en étudiant comment fonctionnent les organisations exposées à de très grands risques. Des catastrophes telles que celles de Three Mile Island, de Tchernobyl, de La Nouvelle-Orléans ou de la navette *Columbia* après celle de *Challenger* ont conduit à considérer que le combat livré aux déci-

1. Parfois traduit en français par HFO (haute fiabilité organisationnelle).

sions absurdes nécessitait des solutions d'ordre sociologique, et non uniquement technique. Des activités de loisir, comme le ski hors-piste confronté au risque d'avalanches ou l'alpinisme, en viennent à adopter des principes de fiabilité de la décision proches de ceux de la culture aéronautique. Et même des entreprises de biens et de services, comme dans l'automobile, l'électronique grand public ou l'industrie hôtelière, tentent de développer des solutions de fiabilité globales à travers une culture dite de « qualité totale ».

La dynamique de recherche et de mise en œuvre de processus destinés à éviter les erreurs radicales est assez récente. Si, dans l'aéronautique, la communication sécurisée s'est mise en place dès que le pilotage s'est professionnalisé après guerre, la formation des pilotes aux facteurs humains, quant à elle, ne remonte guère au-delà des années 1990. En France, dans l'armée de l'air, la politique de non-punition des erreurs n'a été officialisée qu'en 2006, et c'est tout récemment que la Haute Autorité de santé a adopté le principe de la check-list de bloc opératoire, laquelle n'est devenue obligatoire pour la certification qu'au début de 2010. Les premiers résultats de l'école des organisations hautement fiables datent du milieu des années 1990. Mon ouvrage *Les Décisions absurdes* a donc paru, en 2002, dans une période d'effervescence à la fois pratique et théorique sur les problématiques de la fiabilité. Celles-ci se sont encore enrichies depuis lors et ont acquis, pour certaines, la maturité.

## OBJECTIFS

En prolongeant et en généralisant ces problématiques récentes et diverses, cet ouvrage vise à identifier et analyser de façon synthétique les métarègles de la fiabilité permettant d'éviter les décisions absurdes. J'entends par métarègles les principes généraux d'action ainsi que les processus maîtres et les modes de raisonnement communs qui forment une culture amont, ou modèle, de la fiabilité et sont indispensables à la fiabilité des décisions en aval. Dans la suite de l'ouvrage, j'utiliserai avec la même signification les expressions « métarègles de la fiabilité », « culture de la fiabilité » et « modèle de la fiabilité ».

La première partie est consacrée à des cas exemplaires, positifs ou négatifs, qui mettent en évidence ces métarègles, que la seconde partie reprend et développe de façon globale.

La fiabilité signifie que les décisions et actions sont conformes aux buts fixés. La fiabilité, c'est décider et agir de telle façon qu'un avion de ligne transporte ses passagers en toute sécurité ; qu'une centrale nucléaire délivre l'électricité sans fuite radioactive ; qu'un constructeur automobile conçoive, produise, vende des automobiles attractives et sûres et sauvegarde l'emploi de son personnel ; qu'une troupe d'acteurs rédige collectivement une comédie en vue du succès ; qu'un groupe de randonnée à ski hors-piste ne rencontre pas d'avalanches et revienne sain et sauf.

Mon objectif n'est pas de traiter des méthodes spécifiques, ponctuelles ou locales qui conduisent à la fiabilité. Il existe un très grand nombre d'outils pour cela, à commencer par ceux destinés à assurer la qualité des réunions ou visant à améliorer la sécurité des soins dispensés dans les établissements de santé. Je m'intéresse aux principes constitutifs d'une culture de la fiabilité, principes sans lesquels il est impossible de mettre au point de tels outils.

Les métarègles en amont sont nécessaires en ce que, sans elles, les outils spécifiques en aval sont inopérants. Pour reprendre l'exemple des outils d'aide à la tenue de réunions de qualité, si l'on n'applique pas, en même temps qu'eux, les métarègles du débat contradictoire et de la vérification du consensus, il est impossible d'aboutir à des réunions fiables. Si des chirurgiens continuent à commettre des erreurs de côté alors qu'ils utilisent la check-list de bloc opératoire, c'est parce qu'ils appliquent cette check-list de façon purement formelle et non selon la métarègle qui spécifie de la pratiquer de façon interactive. La méthode Six Sigma[1] d'amélioration de la qualité dans les entreprises repose, comme d'autres politiques de qualité totale, sur l'analyse des processus. Mais si cette analyse ne respecte pas les principes amont de la fiabilité, comme le débat contradictoire, la diminution de la pression hiérarchique, l'attention portée aux erreurs de repré-

1. Méthode initiée par Motorola pour favoriser la qualité des processus de décision.

sentation ou le maintien des buts ultimes dans le progrès pas à pas, les processus seront en décalage avec la réalité. La méthode Six Sigma recourt à une cohorte d'animateurs affublés de noms empruntés à l'univers sportif : « champion », « ceinture verte », « ceinture noire », etc. Comme nous le verrons, il faut aussi des « avocats du diable ».

## APPROCHES

Le modèle synthétique que je propose incorpore différentes approches de la fiabilité.

Pour construire les métarègles de la fiabilité, je me réfère en premier lieu à l'*aéronautique* et sa vision globale de la sécurité : c'est une activité exposée au risque et où les accidents, bien que rares, comptent parmi les plus spectaculaires au monde dans un contexte d'extrême complexité. Les principes de l'aviation sont universels, non liés à un procédé technique. Si l'aéronautique a ressenti le besoin de développer la collégialité dans le cockpit, de sécuriser les communications verbales et visuelles et de former aux facteurs humains, il n'y a aucune raison pour qu'un comité de direction d'usine, une équipe de bloc opératoire ou un groupe de randonnée à ski hors-piste n'en tire pas les mêmes profits. Les métarègles de l'aviation appliquées à la médecine de pointe ont révélé leur stupéfiante efficacité. En France, sous l'impulsion du professeur René Amalberti, ancien médecin militaire dans l'armée de l'air, une passerelle a pu être établie entre les politiques de fiabilité de l'aéronautique et la médecine.

Je m'inspire en second lieu de l'approche HRO. Cette appellation recouvre les recherches et conclusions d'un groupe de chercheurs, dont Todd LaPorte, Karlene Roberts et Gene Rochlin ont été les initiateurs en 1984, qui ont adopté une démarche novatrice. Au lieu de s'intéresser aux erreurs et à leurs analyses, ils ont porté leur attention sur ce qui marchait bien. Par exemple, prenant en compte le fait qu'un porte-avions était à la fois l'endroit le plus dangereux au monde et celui où l'insécurité comptait parmi les plus faibles, ils ont passé plusieurs semaines sur deux porte-avions américains à identifier les mécanismes humains qui expliquent un tel degré de fiabilité. Cette approche a été étendue par cette école au contrôle aérien, aux incendies de forêt, aux unités de soins intensifs, etc.

La « sociologie politique des délibérations » est également un élément que je prends en considération dans l'élaboration des métarègles de la fiabilité. Les délibérations sont un élément essentiel des prises de décision. Des auteurs tels qu'Irving Janis, Graham Allison, Bernard Manin ou Philippe Urfalino se sont interrogés sur la fiabilité des délibérations dans les groupes de décision. Janis et Manin sont parvenus à la conclusion qu'un processus d'« avocat du diable » était indispensable pour préserver les délibérations des nombreux effets pervers qui les menacent. Urfalino a mis en cause la validité du consensus en proposant le concept de « consensus apparent ». La décision calamiteuse d'autoriser le lancement de la navette *Challenger*, en janvier 1986, a été le résultat d'une délibération dans laquelle l'absence d'avocat du diable et un consensus apparent, qui s'est en fait révélé inexistant, ont joué à fond.

Une approche de la fiabilité que je prends par ailleurs en compte est la « formation aux facteurs humains ». Celle-ci vise avant tout à optimiser le fonctionnement des groupes opérationnels sur les plans à la fois psychologique et sociologique. Appelée en aéronautique CRM (Crew Resource Management), elle peut s'appliquer, en principe, à toute forme d'organisation. Quand on sait que la formation aux facteurs humains a accéléré à elle seule de moitié la décroissance de la mortalité chirurgicale dans les hôpitaux américains qui l'ont adoptée, je crois que l'on ne peut plus la considérer comme accessoire. Au contraire, elle doit être d'autant plus intégrée comme métarègle d'un modèle global de la fiabilité qu'elle interagit fortement avec les autres métarègles du modèle. La formation aux facteurs humains dans l'armée de l'air française, par exemple, se nourrit des retours d'expérience et de la non-punition des erreurs qui permet ces retours. Par le biais de séminaires de terrain, comme une base aérienne, cette formation conduit à des améliorations substantielles de la sécurité.

Une cinquième approche que j'intègre à mon modèle de fiabilité relève de la linguistique et de la sémiologie. La métarègle que j'en tire et que j'appelle « renforcement linguistique et visuel des interactions » est relativement simple. Elle renvoie tout aussi bien aux check-lists et aux confirmations verbales de type « bien reçu », qu'aux étiquettes utilisées par le management japonais, au marquage du côté à opérer, aux redondances écrites, aux verbalisations contrôlées, etc. Cette dimension du langage est étonnamment ignorée par la plupart des approches de la fiabilité actuelles, alors même qu'il s'agit, selon moi, d'une dimension stratégique essentielle. Dans la période récente, on s'est rendu compte que, associées aux blocs opératoires des hôpitaux, elles pouvaient réduire à elles seules de moitié la mortalité chirurgicale. Un guide de haute montagne, également chercheur en nivologie, a estimé qu'elles étaient le moyen de lutte le plus efficace contre le risque mortel pour les randonnées exposées au risque d'avalanche. Diane Vaughan, auteur d'un livre de référence sur la catastrophe de *Challenger*[1] et qui a revisité son étude dans un article postérieur[2], aboutit à la conclusion que la faiblesse des signaux d'alerte, à la fois linguistiques et visuels, émis en direction des décideurs n'a pu empêcher la décision de lancement de la navette et la catastrophe subséquente. Elle invite en conclusion les organisations à former leurs membres « à produire des signaux précis et clairs qui puissent transmettre de manière adéquate les dangers propres à une situation[3] ». Le fait que l'auteur revienne sur cette

1. Vaughan, 1996.
2. Id., 2001, pp. 228-230.
3. *Ibid.*, p. 229.

catastrophe, après trois ans de réflexions, pour placer la question de la faiblesse des signaux devant beaucoup d'autres illustre l'importance du sujet.

Une autre perspective que j'insère dans mon modèle et qui fait généralement défaut dans les travaux sur la fiabilité est la « non-punition des erreurs » en vue de leur connaissance. Apparue dans l'aéronautique, où elle est devenue un principe généralisé et parfaitement explicite, y compris dans l'armée de l'air, sa diffusion dans d'autres contextes reste faible, et elle commence seulement à percoler dans les hôpitaux. Il s'agit pourtant d'un principe essentiel.

Au modèle classique de la fiabilité, j'ajoute encore une approche, celle de la « rationalité », c'est-à-dire les modes de raisonnement qui gouvernent la décision et l'action. On est ici au croisement de la psychologie, des sciences cognitives et des valeurs : comment réfléchir dans une organisation hautement fiable ? Des façons de raisonner liées à la fiabilité sont fortement présentes dans certains milieux. Par exemple, le risque de « destinationite », de « fascination de la cible », de « comportement balistique », autant d'expressions qui traduisent l'entêtement sur une décision, est fortement présent dans la conscience collective d'activités comme l'aéronautique. Dans certaines équipes, on évoque spontanément des « tunnels », des « angles morts », des « éléphants blancs » pour désigner le risque d'erreurs de représentation. Mais dans bien des groupes et organisations, l'idée que l'on puisse s'obstiner dans un aveuglement absolu fait totalement défaut à la conscience collective.

Un dernier point important doit être précisé. Ma démarche est avant tout sociologique mais, comme je cherche à pointer ce qui « marche », je suis en outre normatif. C'est également la démarche de l'école des organisations hautement fiables. La « sociologie du vrai », quand elle porte son regard sur les mécanismes humains et collectifs qui réussissent, est aussi une « sociologie du bien ». Mais cette « sociologie du bien » n'est pas une construction *ex nihilo*. Elle s'alimente ici aux sources de la « sociologie du vrai ».

## SOURCES

En plus de mon expérience d'une trentaine d'années dans de grands groupes industriels — j'ai notamment tenu le poste de responsable de la qualité totale de la fonction ressources humaines chez Renault pendant plusieurs années —, j'ai mis à contribution les sources suivantes :

— Publications académiques sur la sécurité, la sûreté, la fiabilité, la qualité dans l'aéronautique, la marine, les transports terrestres, la médecine, les centrales nucléaires, l'industrie, le management, le ski hors-piste.

— Rapports d'enquête et audits concernant des accidents relatifs à la conquête spatiale, l'aéronautique et la navigation sous-marine.

— Entretiens ponctuels, parfois accompagnés de

visites ou d'observations directes, avec des acteurs dans les branches de l'aéronautique civile et militaire, la marine nationale, notamment sous-marine, la médecine hospitalière (chirurgie, anesthésie-réanimation), le management d'usine, la production nucléaire d'électricité et la production théâtrale.

Je ferai deux remarques concernant ces sources. Première remarque, la transparence relative aux problèmes de fiabilité est, dans certains domaines, beaucoup plus grande que ce à quoi l'on s'attendrait ; c'est là une mine pour le sociologue. Par exemple, on trouve sur Internet quantité de rapports, notamment le NASA/Navy Benchmarking Exchange, comportant plusieurs centaines de pages, dont seules quelques-unes ont été censurées, dans lequel la NASA compare son organisation et ses processus à ceux de la Marine américaine. On trouve également sur Internet non seulement tous les rapports d'enquête sur les catastrophes aériennes, mais aussi les accidents qui sont survenus dans l'armée de l'air française ou le programme détaillé de formation aux facteurs humains de l'US Air Force. Cette transparence inattendue a pour origine la législation américaine elle-même, qui oblige les informations financées sur fonds publics à être accessibles à tous les citoyens, mais aussi le principe de large diffusion des retours d'expérience dans l'aéronautique qui, par contagion, a entraîné une transparence inhabituelle des informations concernant les forces aériennes. Dans d'autres cas, comme l'enquête sur la fausse accusation d'espionnage chez Renault et celle sur la catastrophe d'AZF, pour ne citer que deux exemples, l'information sur les événements indésirables est beaucoup moins facile à obtenir. Sans aller jusqu'à parler de rétention d'information, celle-ci est beaucoup moins aisément consultable.

Ma seconde remarque est que la qualité des informations sur les accidents est très variable d'une enquête à une autre. Ainsi la prise en compte des facteurs humains dans les accidents comporte-t-elle des disparités. Le rapport sur la désintégration de la navette spatiale *Columbia* comprend tout un chapitre sur les facteurs humains relatifs aux prises de décision. En France, le BEAD-air (Bureau enquêtes accidents Défense-air), qui dispose d'une forte tradition psychosociologique, porte une grande attention aux facteurs humains, alors que le BEA (Bureau d'enquêtes et d'analyses pour la sécurité de l'aviation civile), composé uniquement d'ingénieurs, ne leur consacre qu'une place modeste. Plus généralement, les enquêtes du NTSB (National Transportation Safety Board) américain et de son homologue canadien le BST (Bureau de la sécurité des transports du Canada) se révèlent d'une rare qualité, et leurs monographies surpassent bien des productions académiques, carac-téristiques que l'on n'observe pas toujours dans les enquêtes d'autres domaines.

PREMIÈRE PARTIE

# DES DÉCISIONS ABSURDES AUX DÉCISIONS FIABLES

## *Chapitre premier*

# LA LOI DU COCKPIT

Dans l'aéronautique, les erreurs de décision sont rares, mais, lorsqu'elles surviennent, elles se révèlent souvent dévastatrices. Pour les éviter, cette profession a été incitée à repenser radicalement ses façons d'agir. Cela l'a conduite à inventer des modes d'organisation novateurs, comme la collégialité dans le cockpit, la non-punition des erreurs et la formation systématique aux facteurs humains.

## LA HIÉRARCHIE DANS LE COCKPIT ET SES EXCÈS

Le cockpit est un bon révélateur des atouts du travail en équipe et des effets catastrophiques de son absence, quand la hiérarchie prend le pas sur la coordination. Al Haynes, commandant de bord du vol United Airlines 232, accidenté à Sioux City le 19 juillet 1989, a réussi à sauver de nombreuses vies grâce à la collégialité qu'il a pratiquée dans le cockpit. Deux ans après l'accident, il déclarait :

« Jusque vers 1980, on travaillait avec l'idée que le commandant de bord était le seul maître à bord : on faisait ce qu'il nous disait, et voilà tout. On a perdu un certain nombre d'appareils à cause de ça[1]. »

Diverses sources mettent ce constat en évidence. Je ne retiendrai ici qu'une enquête de l'agence américaine de sécurité des transports, un combat anticipateur mené par Thomas E. Lawrence, dit Lawrence d'Arabie, et la fréquence exceptionnelle des accidents de la compagnie d'aviation Korean Air (autrefois Korean Airlines) jusqu'au début des années 2000. Dans la seconde partie du livre, je généralise ce principe d'effacement de la structure hiérarchique sous l'expression de « hiérarchie restreinte impliquée ».

### *Une étude sur les problèmes de hiérarchie dans le cockpit*

L'agence de sécurité des transports des États-Unis s'est penchée sur les accidents d'avion des compagnies américaines entre 1978 et 1990 et a retenu ceux dans lesquels l'erreur humaine constituait la cause principale ou fortement contributive. Elle en a dénombré trente-sept, dont vingt-trois se sont soldés par la perte de vies humaines[2]. Le résultat le plus remarquable de cette enquête concerne le grade du pilote aux commandes.

1. HAYNES (je traduis).
2. NTSB, 1994.

Les avions de ligne sont pilotés par un équipage comprenant deux pilotes, le commandant de bord et le copilote. Les tâches sont alternées. Pour la moitié du temps environ, c'est le commandant de bord qui pilote (le terme technique est « pilote en fonction »), tandis que le copilote gère les communications radio et quelques autres éléments. Pour l'autre moitié, la répartition des rôles est inversée. L'enquête révèle que, dans trente des trente-sept accidents concernés, c'était le commandant de bord, et non le copilote, qui était le pilote en fonction. Les auteurs de l'enquête ont affiné le résultat en excluant, parmi ces trente accidents, ceux où il était prévu ou normal que le commandant soit en fonction. Il est resté un solde de quinze accidents où le pilote en fonction aurait pu être aussi bien le copilote que le commandant de bord. Or, loin de trouver une répartition proche de 50-50 du nombre d'accidents d'avions pilotés soit par le commandant soit par le copilote, dans la quasi-totalité d'entre eux, soit treize, le pilote en fonction était le commandant de bord. Même si le petit nombre de cas ne permet pas de déduire des pourcentages fiables, une tendance que les enquêteurs jugent réelle se fait jour : un accident a plus de chance de survenir quand celui qui est aux commandes de l'appareil est le commandant de bord plutôt que le copilote.

Bien évidemment, l'explication de ce phénomène n'est pas que les commandants de bord sont moins performants que les copilotes. C'est généralement le contraire : ils ont plus d'expérience et ont réussi plus d'examens sévères. Le mécanisme est d'ordre purement sociologique. Quand le pilote en fonction est le commandant, s'il se trompe, il est difficile au copilote de le lui dire et de rectifier l'erreur ; dans la situation inverse, corriger le copilote ne pose aucun problème au commandant. Ce mécanisme est confirmé par les données des vols enregistrées : dans le schéma où le commandant de bord est en fonction, le cockpit a tendance à être plus silencieux, moins interactif que dans le schéma inverse. Un exemple concret en est fourni par l'atterrissage manqué du vol Air France 358 à Toronto, en août 2005, alors qu'une remise des gaz était nécessaire. Selon les procédures en vigueur à cette date, seul le commandant de bord pouvait la décider. On comprend qu'avec une telle règle un commandant de bord ignorant qu'une remise des gaz était nécessaire avait moins de chances de se faire corriger par son copilote que dans le cas contraire. Cette politique a été modifiée par Air France depuis l'accident pour mettre les deux pilotes à égalité[1].

Ce résultat souligne à quel point la hiérarchie doit s'effacer dans le cockpit. L'étude du NTSB citée plus haut[2] esquisse une solution. Il s'agit de donner un rôle plus actif au pilote qui n'est pas en fonction, par exemple en lui demandant d'anticiper et confirmer à haute voix les actions du pilote en fonction ; en anglais on parle de *monitoring*. Cette pratique est en usage dans certaines compagnies. Les auteurs de cette étude concluent sur

1. BST, 2005, p. 129.
2. NTSB, 1994.

un paradoxe : la situation la plus sûre est celle où le pilote en fonction est le copilote, le commandant de bord assurant le *monitoring*, ce qui équivaut à une quasi-inversion de la hiérarchie.

L'effacement de la hiérarchie s'observe ailleurs que dans le cockpit. En France, sur les bases aériennes, l'officier de sécurité des vols, qui ne possède pas nécessairement un grade élevé, a ainsi le pouvoir d'annuler des vols prévus sans en référer au commandant de la base. Au cours d'un entretien avec un officier supérieur de l'armée de l'air en février 2011, celui-ci m'a confié : « J'ai vu une fois un officier de sécurité des vols jeter par terre toutes les fiches qui annonçaient les vols de la journée sur le présentoir accroché au mur ! Une autre fois, un haut gradé de l'état-major est venu pour une démonstration. Il a dit à l'officier de sécurité des vols que sa présence ne devait pas l'empêcher d'annuler des vols si nécessaire. » Autre exemple, au moment du lancement d'une fusée Ariane, trois techniciens ont pour mission d'annuler toute la procédure en cas de problème. Afin qu'il n'y ait aucune interférence de la hiérarchie, ils sont placés dans un local isolé et sont privés de tout moyen de communication, y compris du téléphone. On s'assure de la sorte que leur décision ne risquera pas de se trouver perturbée par la tentation d'en référer au management ou par des interventions directes de ce dernier. La forte atténuation de la hiérarchie est ici intégrée matériellement dans la configuration du système de décision.

## *Quand Lawrence d'Arabie militait contre la pression hiérarchique dans le cockpit*

Après son rôle dans la révolte arabe puis en Afghanistan, le lieutenant-colonel Lawrence exerça au sein de la Royal Air Force des responsabilités dans l'organisation des sauvetages des équipages d'hydravion. Comme le rapportent ses biographes, Phillip Knightley et Colin Simpson, il a assisté, le 4 février 1931, à un grave accident d'hydravion :

> L'Iris S 238 rentrait à la base, ayant effectué son premier vol après révision. Il y avait douze hommes à bord et le wing commander C. G. Tucker était aux commandes de l'appareil avec, comme pilote, le flight lieutenant M. Ely. Tucker, excellent pilote d'avion, n'avait aucune expérience des hydravions et il était en stage d'instruction ; par contre, Ely possédait une grande habitude du pilotage de ces machines. Mais il n'était que capitaine et Tucker lieutenant-colonel. La journée était belle, ensoleillée, la mer calme et le vent faible. Vers 11 h 30, l'Iris s'apprêtait à amerrir. Lawrence, debout sur le quai à Mount Batten, observait l'appareil qui sortait de la brume légère, dessinait un cercle au-dessus de sa tête. Il volait normalement. Tucker réduisit les gaz et raccourcit sa descente comme pour amerrir. Puis l'avion frappa l'eau, juste sous le siège du pilote, à l'avant près de l'étrave. La queue de l'appareil tomba à gauche ; les

> ailes s'écrasèrent sur l'eau et se replièrent. La coque plongea droit au fond[1].

Neuf personnes périrent dans ce crash, dont le lieutenant-colonel Tucker. L'enquête a révélé que l'accident était clairement dû à un excès de hiérarchie dans le cockpit. « Lorsque l'appareil se préparait à amerrir, raconta Ely, il [Ely] avait essayé par deux fois de prendre les commandes, mais Tucker avait résisté[2]. » À la seconde tentative, le capitaine Ely avait même frappé sur les mains de son supérieur hiérarchique pour lui faire lâcher prise.

Lawrence, révolté, engagea un combat pour rendre le cockpit stérile à l'égard des interférences hiérarchiques :

> Lawrence, avec cette intelligence qui lui faisait aller à l'essentiel, vit immédiatement que c'était un principe autrement important qui se trouvait remis en jeu. En vol, le commandement devait être confié au pilote et à lui seul, sans tenir compte du grade. Ainsi on ne courrait plus le risque de voir un supérieur, parfois inexpérimenté, se couvrir de l'autorité conférée par ses galons pour prendre le commandement et mener appareil et équipage à une triste fin[3].

Lawrence utilisa ses relations et sa notoriété pour promouvoir auprès du ministère de l'Air

1. KNIGHTLEY et SIMPSON, pp. 358-359. Je remercie Berty Turquier de m'avoir parlé de cette histoire.
2. *Ibid.*, p. 359.
3. *Ibid.*

britannique le principe de l'effacement de la hiérarchie devant la compétence. Des réformes prirent en compte officiellement ce principe.

Il est extraordinaire de constater que, dès le début des années 1930, l'effet destructeur de l'autorité formelle dans le pilotage aérien a été mis en évidence et pris en compte — qui plus est par un personnage illustre. Mais il faudra encore bien des années et bien des accidents et incidents pour que le principe du cockpit « collégial » devienne un pilier de la sagesse aéronautique civile et militaire partout dans le monde. Encore récemment, une situation similaire s'est produite dans un appareil militaire. Fort heureusement, le pilote en fonction, junior et peu gradé, a fini par s'opposer à son passager officier général, et la catastrophe a été évitée de justesse. Mais la fin n'est pas toujours heureuse. Le crash de l'avion présidentiel polonais à Smolensk, le 10 avril 2010, n'a eu pour origine, selon toute vraisemblance, ni l'état de l'avion ni une défaillance du contrôle aérien, mais une pression psychologique exercée par le président Kaczynski et son directeur du protocole diplomatique Mariusz Kazana sur l'équipage pour atterrir en dépit d'une visibilité insuffisante. Cela ressort nettement des conversations dans le cockpit. Le pilote a répondu au contrôle aérien qui l'informait de la mauvaise visibilité : « Si nous n'atterrissons pas ici, je vais avoir des problèmes à cause de lui[1]. » Au moment où l'on annonce au pilote que la visibilité a chuté à 200 m et qu'il

1. PELLETIER.

devrait remettre les gaz, on entend dans le cockpit : « Il va devenir furieux si… » Kaczynski et Kazana, qui le représentait dans le cockpit, n'avaient à l'évidence pas lu *Les Vies secrètes de Lawrence d'Arabie*. Les responsables de Korean Air non plus, comme nous allons le voir.

## *La hiérarchie dans le cockpit et la série de crashs chez Korean Air*

La compagnie coréenne Korean Air, créée par un conglomérat dans les années 1960, a connu un taux considérable d'accidents jusqu'à la fin des années 1990. La seule décennie 1990 a connu douze accidents graves entraînant la mort de 750 personnes ; les plus retentissantes de ces catastrophes furent celles d'un Boeing 747 qui heurta un relief en approche de Guam, en août 1997, entraînant la mort de 229 personnes, et d'un Boeing 747 de transport de fret parti en piqué après le décollage à l'aéroport de Londres Stansted en décembre 1999, provoquant la disparition de l'équipage. Au cours des vingt mois qui ont suivi l'accident de Guam, quatre autres appareils se sont crashés. En 1998, sur une période de deux mois, pas moins de sept accidents sont survenus à l'atterrissage[1]. En 1999, faisant suite à cette série noire de problèmes de sécurité, Delta et Air France, qui partageaient des lignes en *code-*

1. Spaeth.

*share* avec la compagnie sud-coréenne, ont rompu leur partenariat avec elle.

Les enquêtes ont mis en évidence qu'un facteur contributif récurrent à tous ces accidents était l'excès de hiérarchie dans le cockpit, un subordonné n'osant ou ne pouvant pas corriger l'erreur de pilotage d'un plus gradé que lui. Dans les crashs de Guam et de Stansted, il est évident que le copilote avait conscience des erreurs du commandant de bord, mais qu'il n'avait rien osé dire. L'enquête du NTSB américain sur la catastrophe de Guam le souligne sans détour :

> Bien que le copilote ait correctement déclaré l'approche interrompue six secondes avant l'impact, il a échoué à mettre en cause les erreurs commises par le commandant de bord plus tôt lors de l'approche, quand celui-ci aurait eu plus de temps pour réagir. Le Bureau de la sécurité conclut que le copilote et l'officier mécanicien ont manqué de suivre et/ou mettre en cause correctement la performance du commandant de bord, ce qui fut une cause de l'accident[1].

Dans le crash de Stansted, le dialogue dans le cockpit révèle de façon effrayante les propos méprisants du commandant à l'égard du copilote et le silence progressif de ce dernier, jusqu'à ne plus rien oser dire quand son supérieur commet une lourde erreur : à partir des analyses du *voice cockpit recorder* et des données de vol, le

1. NTSB, 1997, p. 147 (je traduis).

rapport officiel conclut que le copilote aurait dû parler à cet instant mais qu'il ne l'a pas fait, vraisemblablement empêché par l'inhibition. Parmi les remarques blessantes du commandant, citons les suivantes[1] : « La prochaine fois, tu t'assureras que tu as compris ce qu'a dit le contrôle et tu leur répondras brièvement » ; dix secondes plus tard : « Tu ne me fournis pas des indications assez précises pour rouler exactement sur la ligne centrale du taxiway ! » ; huit minutes plus tard : « Je t'ai dit que tu n'avais pas besoin de faire de longs discours [...]. Tu leur dis “Roger” et ça suffit ! » — en réalité, le copilote ne fait que respecter les règles linguistiques. Le commandant commet alors deux erreurs de pilotage, car il n'enregistre pas le mauvais fonctionnement de son horizon artificiel. Le copilote, qui dispose, lui, des bonnes indications, ne réagit pas. Il opine au contraire d'un « Oui, Monsieur » à l'intention erronée du commandant, alors qu'il essaie quelques instants après de corriger discrètement la manœuvre de son chef. Lorsque l'appareil part en piqué et qu'il serait encore un court instant possible de le redresser, le copilote reste silencieux. Ce dernier, « sonné par les reproches qui lui ont été adressés », n'a pas osé « parler de peur de se voir rembarré »[2].

En plus de la hiérarchie structurelle, les cockpits de Korean Air devaient subir une hiérarchie traditionnelle fondée sur l'ancienneté. Suite

1. Les éléments de dialogue sont tirés d'Otelli, 2008, pp. 15-25. Cf. aussi AAIB.
2. Otelli, 2008, p. 25.

aux catastrophes en série de la compagnie, un audit[1] a été effectué en 1998 à la demande des autorités américaines. Il indique un cas où le commandant de bord demande un dégivrage avant un décollage d'Anchorage. L'officier mécanicien de bord s'y oppose pour un motif erroné, mais, au titre de son ancienneté supérieure à celle du commandant, se déclare insulté par l'insistance de ce dernier. À la suite de l'incident, alors que les échanges devraient être intensifs dans le cockpit, un silence glacial y règne pendant tout le vol, le copilote n'osant pas intervenir.

L'audit révèle en outre une perversion à peine croyable de la hiérarchie, fondée cette fois sur la nationalité, la compagnie employant un certain nombre de pilotes étrangers. Lors des séances de formation au pilotage, quand les questions de sécurité étaient abordées, les pilotes non coréens devaient sortir de la salle ! On obtenait alors des situations abracadabrantes décrites par l'audit, à l'image de celle-ci :

> Quand le commandant de bord demande au copilote de faire quelque chose, par exemple un déroutement pour raisons météo, le copilote va vérifier avec l'officier mécanicien pour obtenir son accord. Aux yeux du copilote, le mécanicien est plus haut placé dans la hiérarchie qu'un commandant étranger ou, en la matière, qu'un commandant coréen nouvellement embauché[2].

1. KOREAN AIR.
2. *Ibid.*, p. 22 (je traduis).

L'audit souligne aussi l'importance des contraintes traditionnelles liées à la hiérarchie :

> Les membres d'équipage, particulièrement sur les Boeing 744 et 777 et sur les Airbus A330, sont supposés développer leur relationnel avec le commandant de bord lors des pauses. Cela inclut l'obligation de consommer de l'alcool avec lui, même s'ils n'en ont pas envie, ainsi que l'achat et la préparation de repas et l'achat [sur sollicitation] de « cadeaux » pour lui. Cela provoque un ressentiment considérable de la part des membres d'équipage. Le ressentiment est un facteur substantiel de rupture de la communication à bord et est évidemment un obstacle à toute forme de développement de la synergie dans le cockpit. Toute protestation contre de telles exigences a un effet destructeur sur la carrière des membres d'équipage[1].

L'audit avait aussi relevé l'impossibilité d'exprimer des suggestions au sein de l'organisation, les condamnations systématiques en cas d'erreur, les carrières fondées sur les relations et non le mérite, enfin le cloisonnement des activités dans le cockpit, notamment l'absence de contrôles croisés (*cross-checking*) et de suivis en arrière-plan du pilote aux commandes par le ou les autres membres de l'équipage (*monitoring*).

Des facteurs culturels et organisationnels tels que la tradition asiatique, l'origine militaire du

1. *Ibid.* (je traduis).

personnel et la nature patriarcale de l'entreprise expliquent tous ces dysfonctionnements. Au début des années 2000, Korean Air, traumatisée, a pris un virage à 180 °. Sous l'impulsion du fils du fondateur, formé aux États-Unis, et d'un directeur général des opérations américain, elle a modernisé radicalement son fonctionnement humain sur la base des standards des meilleures compagnies aériennes mondiales : formation aux facteurs humains, promotion au mérite, priorité aux communications, principe de non-punition des erreurs, corrections systématiques des déviations par rapport aux procédures. Aujourd'hui, Korean Air est classée dans le groupe des compagnies aériennes les plus sûres par l'organisme indépendant de notation Securvol. Elle compte parmi les membres fondateurs, en 2000, de l'alliance Skyteam.

## LA POLITIQUE DE NON-PUNITION

L'objectif de la non-punition des erreurs est d'inciter les acteurs à ne pas cacher, par peur des sanctions, des informations déterminantes pour éviter la reproduction de ces erreurs. Cette politique a été inaugurée dans l'aéronautique. Nous allons la décrire ici. Nous y reviendrons dans la seconde partie de l'ouvrage pour l'approfondir, la caractériser et la généraliser comme un des fondements de la haute fiabilité.

Le principe de la non-punition des erreurs a pour origine une expérience dramatique et spectaculaire : l'accident du vol TWA 514 du 1er décembre 1974 qui a provoqué la mort de tous les passagers et membres d'équipage[1]. L'avion se trouvait sur une route inhabituelle en approche de l'aéroport de Dulles aux États-Unis. Il s'est écrasé en heurtant une colline en raison d'un malentendu dans la formulation « approche autorisée » (*cleared for the approach*). Pour le contrôleur, cela voulait dire que l'équipage, étant sur une route inhabituelle, restait responsable de l'altitude ; dans l'esprit des pilotes, cela signifiait au contraire que la surveillance de l'altitude était prise en charge par le contrôle. Ce problème de formulation avait déjà causé des incidents, particulièrement à Dulles, en raison du relief. Six semaines avant le crash, un avion de ligne d'une autre compagnie s'était déjà trouvé dans cette situation : trajectoire inhabituelle, autorisation d'approche et malentendu sur le sens de la formulation « approche autorisée ». Il avait évité de justesse la colline, et les pilotes avaient signalé l'erreur à leur compagnie : l'autorisation d'approche, en cas de route non standard, ne voulait pas dire que la prise en charge de l'altitude était effectuée par le contrôle aérien. La compagnie avait prévenu ses pilotes, mais l'alerte, par crainte de conséquences pénales ou administratives — à cette époque, un pilote pouvait perdre sa licence pour une approche déviante —, n'avait pas été diffusée à la FAA (Federal Aviation Administration), l'organisme américain chargé de la réglementation et

1. NTSB, 1975.

du contrôle de l'aviation, et donc aux autres transporteurs[1]. La reproduction dramatique de cette erreur à la TWA a provoqué un traumatisme dans les milieux aéronautiques. Cela les a conduits à réagir radicalement.

En 1976, la FAA a créé l'Aviation Safety Reporting System (ASRS)[2], un organisme non répressif de collecte des erreurs et de diffusion des connaissances tirées de ces erreurs. L'immunité est garantie par plusieurs verrous, en plus de l'anonymat. L'une des fonctions de la FAA étant disciplinaire, elle a confié à un tiers, la NASA, la gestion du système afin d'éviter tout risque d'interférence avec la politique de non-punition. De plus, en cas d'identification possible des « coupables », l'organisme a officiellement le droit de procéder à une « anonymisation » supplémentaire afin qu'aucun détail ne permette d'identifier les pilotes. Dans ce cas, l'ASRS modifie le cas en maquillant des informations non essentielles. L'ASRS reçoit plus de trente mille rapports d'erreur par an ; grâce à cela, cette agence a diffusé quatre mille alertes de sécurité aérienne depuis sa création. Une politique similaire a été mise en œuvre dans de nombreux pays. La non-punition est une pratique aujourd'hui répandue dans l'aviation. L'annexe 13 de la convention de l'Organisation de l'aviation civile internationale (OACI) l'a promulguée officiellement : « L'enquête sur un accident ou un incident a pour

1. *Ibid.*, pp. 24-30.

2. Voir le site Internet de cet organisme (*http://asrs.arc.nasa.gov/index.html*).

seul objectif la prévention de futurs accidents ou incidents. Cette activité ne vise nullement à la détermination des fautes ou des responsabilités[1]. » Elle ajoute : « Le système volontaire de comptes rendus d'incidents sera non punitif et assurera la protection des sources d'information[2]. »

## *Chez Air France*

Air France a défini et encadré sa politique de non-punition par un protocole d'analyse des vols. Au moyen d'une mémoire amovible de haute capacité (Quick Access Recorder), les paramètres de chaque vol et de son pilotage sont enregistrés, par exemple la vitesse d'approche finale ou l'angle de rotation au décollage. À l'arrivée, ces variables sont comparées à celles d'un pilotage standard et analysées. Tout ce qui se passe fait donc l'objet d'une surveillance. Si un paramètre dépasse la limite de façon importante, une alerte de niveau un est établie et fait l'objet d'une suite. C'est ici qu'intervient le principe de non-punition. L'anonymat se substitue à la désignation du responsable et la diffusion des enseignements remplace la sanction. Grâce à un système de double enveloppe, comme dans un vote par correspondance, le commandant de bord du vol à l'origine de l'écart de paramètre est questionné et répond de façon anonyme. En fonction de l'intérêt du cas, celui-ci peut

1. OACI, 2001, p. 3.1.
2. *Ibid.*, p. 8.1.

être publié dans le *Bulletin de sécurité des vols* d'Air France, sans date ni numéro de vol afin de garantir l'anonymat. Cela permet à tous de s'enrichir des enseignements tirés de l'erreur commise.

Le mécanisme de non-punition relatif au Quick Access Recorder est complété par la publication de rapports de sécurité (*Air Safety Reports, Ground Safety Reports* et *Cabine Safety Reports*) et de retours d'expérience (REX), qui sont tous des expressions spontanées d'incidents. Les rapports de sécurité concernent plutôt la technique, et les REX, les relations humaines. Les *Safety Reports* sont signés par le commandant de bord, mais l'entreprise s'est engagée à ne pas sanctionner les personnes mises en cause. Les REX sont anonymes, car les informations qu'ils contiennent impliquent davantage les personnes. La compagnie recense plusieurs centaines de rapports par mois. Rapports et REX servent avant tout à développer la connaissance au sein de l'entreprise afin d'éviter la reproduction ou l'aggravation des erreurs.

### *Dans l'armée de l'air*

La politique de non-punition a été officiellement introduite dans l'armée de l'air par le général Abrial, chef d'état-major, dans une déclaration de 2006, dans laquelle il la justifie par la réduction insuffisante du taux d'accidents et le coût des pertes potentielles :

> Nous avons atteint, grâce aux efforts entrepris par tous depuis les années 1960, des résultats remarquables et significatifs dans le domaine de la sécurité des vols. L'armée de l'air perdait plus de cent avions par an dans les années 1950, soit trois avions pour dix mille heures de vol. Nous perdons aujourd'hui un avion pour cent mille heures de vol, tandis que nos équipages s'illustrent sur tous les théâtres de crise du monde, où ils font valoir leurs qualités de combattants. Cependant, aujourd'hui, ce taux ne baisse plus. Je suis pourtant convaincu que nous pouvons et devons mieux faire. Nous n'avons d'abord pas le choix. À titre de comparaison, la perte d'un Rafale aujourd'hui équivaudrait en volume à la disparition instantanée d'une demi-escadrille au début des années 1960. Souvenons-nous de l'importance de l'effort financier consenti par nos concitoyens pour que la France dispose d'une des armées de l'air les plus performantes du monde[1].

Le chef d'état-major insiste ensuite sur la nécessité de faire remonter les erreurs et de les exploiter dans un but pédagogique et préventif :

> Nous devons impérativement faire preuve d'honnêteté envers nous-mêmes, envers nos camarades. Nous devons accepter de rendre systématiquement compte de nos erreurs, de commenter et d'informer nos pairs de tous ces incidents évités au sol ou en vol, de ces événements où « c'est passé près », nous devons [...] faire profiter, dans un but didactique,

1. BSV.

l'ensemble de notre communauté de toutes les expériences, aussi désagréables soient-elles. Nous avons besoin de synthétiser tous ces témoignages pour bâtir des bases de données pertinentes. Des études analytiques pourront alors mettre en lumière les faiblesses et les marges de progrès de notre institution[1].

C'est alors que le général constate la quantité et la qualité insuffisantes des retours d'erreur en raison de la crainte des sanctions :

Je constate pourtant qu'aujourd'hui le flux d'informations dans le domaine de la sécurité des vols se tarit dangereusement. La qualité de nos analyses s'en ressent, la justesse des mesures de sauvegarde est contestable. Je sais que beaucoup d'entre vous œuvrent pour une plus grande transparence. Je sais aussi que d'autres éprouvent des réticences à s'ouvrir publiquement, craignant d'être victimes de leur honnêteté, d'être brutalement sanctionnés. Cette méfiance n'est plus acceptable dans une armée de l'air moderne[2].

Le général décrète donc la non-punition des erreurs, officiellement appelée « dépénalisation » :

C'est pourquoi j'ai décidé d'engager une démarche de dépénalisation des erreurs. J'entends par erreur tout écart involontaire et non répétitif aux objectifs ou intentions. Je garantis notamment

1. *Ibid.*
2. *Ibid.*

> l'impunité à tous les auteurs de GVQ [pour « j'ai vécu », rapports anonymes d'expérience], quel que soit le type d'expérience qu'ils relatent. Mon souhait est bien d'instaurer un climat réel de confiance entre les équipages, les unités et le commandement, pour que, tous ensemble, nous contribuions selon nos moyens et notre rôle à cette baisse du taux d'attrition[1].

En complément, le volet aéronautique du Code de la Défense reprend, dans son article L3125-2, l'article L722-3 du Code de l'aviation civile, qui déclare :

> Aucune sanction administrative, disciplinaire ou professionnelle ne peut être infligée à une personne qui a rendu compte d'un accident ou d'un incident d'aviation civile ou d'un événement, qu'elle ait été ou non impliquée dans cet accident, incident ou événement, sauf si elle s'est elle-même rendue coupable d'un manquement délibéré ou répété aux règles de sécurité.

Les retours d'expérience dotés de l'immunité, les GVQ, sont mis en ligne et accessibles à tous les personnels concourant à une activité aérienne. Ils sont également analysés par l'état-major, qui peut les compléter par un commentaire. La dépénalisation est confirmée par une charte des GVQ, dont est extrait le passage suivant :

> Les retours d'expérience peuvent être anonymes, il ne sera en aucun cas recherché les noms de

1. *Ibid.*

> leurs auteurs, excepté dans la condition exposée à l'article 6.
>
> Art. 5 — Déontologie : l'utilisateur s'engage à ne relater que des expériences pouvant concourir à l'amélioration de la sécurité aérienne. Il ne sera pas fait état de noms de personnes, et les propos seront non diffamatoires, non calomnieux et non injurieux.
>
> Art. 6 — Exploitation des GVQ : l'armée de l'air s'engage à n'exploiter les GVQ que dans un but unique de prévention, sauf en cas de comportement pouvant être jugé comme irresponsable[1].

Un exemple de GVQ dépénalisé (rendu totalement anonyme) concernant un Mirage 2000 prêt au décollage a été spontanément rapporté par un membre d'équipage en place arrière. Du fait que ce dernier a été interrompu par la tour de contrôle et que l'homme de piste était mobilisé par une petite panne, les deux goupilles de son siège éjectable, dont l'une avait perdu sa flamme de signalisation en tissu orange, n'ont pas été enlevées, et l'avion a décollé avec le siège éjectable non armé. Ce GVQ a été diffusé comme cas de défaut d'application des procédures routinières en raison de distractions produites par des événements mineurs.

L'armée de l'air réfléchit à un système de contrôle des données de vol automatisé, comme Air France l'a fait avec le Quick Access Recorder. Grâce à ce système, la compagnie nationale relève tous les écarts, même ceux qui ne sont pas spon-

1. *Ibid.*

tanément déclarés ; étant doté de l'immunité, ce contrôle étroit est accepté par le personnel. Pour relever automatiquement des écarts, il faut une référence standard. Celle-ci est facilement réalisable à Air France, où la plupart des vols sont standardisés ; en revanche, dans l'armée de l'air, les missions sont davantage personnalisées, et il est plus difficile de déterminer automatiquement ce qui est un vol standard et ce qui constitue un écart. Néanmoins, l'état-major réfléchit à un système semblable à celui d'Air France en essayant d'identifier des types de mission. En attendant, l'armée de l'air doit fonder son système de remontée des erreurs uniquement sur les déclarations spontanées.

## LA FORMATION AUX FACTEURS HUMAINS

L'aéronautique est la seule organisation à avoir mis en place à grande échelle une formation obligatoire à la psychologie et à la sociologie à destination de son personnel, afin de lui donner une capacité d'analyse et de compréhension des facteurs humains de la décision. D'autres métiers dispensent des formations dont le contenu est tiré des sciences humaines, mais ils le font de manière occasionnelle, fragmentaire, en les centrant davantage sur l'acquisition de recettes. Nous verrons dans la seconde partie de l'ouvrage l'importance de la formation aux facteurs humains systématique pour toute organisation visant une fiabilité de haut niveau.

Dans l'aviation, on sait depuis les années 1970 que les erreurs de pilotage restent le problème de sécurité principal en dépit de la multiplication à l'infini des procédures et des systèmes techniques de protection. Les autorités aéronautiques en ont déduit que les erreurs de pilotage proviennent pour une large part de facteurs humains et ont mis en place des formations aux facteurs humains (CRM), dans les processus de formation technique des équipages. Il s'agit d'un enseignement sur le fonctionnement des groupes, la prise de décision, la gestion des conflits interpersonnels, la perception de la réalité, etc. Il s'agit en quelque sorte d'une éducation des pilotes à la psychologie et la sociologie du cockpit. Parmi les éléments clés dispensés par cette éducation, citons notamment les suivants : les briefings, qui permettent de partager un modèle mental commun, la capacité à exprimer un problème de sécurité sans être intimidé par la relation hiérarchique ou la crainte de se mettre en avant, la dynamique de groupe, les check-lists effectuées collectivement ou la connaissance des fragilités du raisonnement humain[1].

La plupart des autorités aéronautiques nationales ont rendu ces formations obligatoires, y compris les forces aériennes. Dans l'armée de l'air

1. Cf. Helmreich et Musson, pp. 25-35. Cet article comporte une présentation synthétique des formations CRM dans l'aviation.

et l'aéronavale américaines, par exemple, toutes les unités de commandement doivent se doter d'un responsable de la formation aux facteurs humains.

Nous donnons ci-dessous à titre d'illustration un extrait du contenu d'une formation CRM de 2001 que l'aviation et la marine américaines ont imposée au commandement et aux équipages. On y voit que la hiérarchie et les pilotes sont invités à réfléchir aux styles de comportement, aux obstacles à la communication, aux effets pervers de l'autorité, à l'écoute, au retour d'expérience, à l'autosatisfaction, aux erreurs de représentation. Les expressions entre parenthèses en tête de chaque rubrique renvoient aux termes correspondants employés dans l'aéronavale (Navy Aircrew Coordination Training) :

> **6.1.1 Conscience situationnelle (*idem*).** Comprend les objectifs de connaissances et de compétences à acquérir pour éviter la perte de la conscience situationnelle[1], les compétences pour la reconnaître et les techniques pour en récupérer.
>
> **6.1.2. Coordination d'équipage/intégrité du vol (leadership et affirmation de soi).** Objectifs de connaissances et de compétences concernant l'impact sur les performances de l'équipage de l'autorité du commandement, du leadership, de la responsabilité, de l'affirmation de soi, de la résolution des conflits, des attitudes dangereuses, des styles de comportement, des formes d'expression

1. Il s'agit de ce que l'on appelle habituellement en français les erreurs de représentation.

légitimes de désaccords et de la construction de l'esprit d'équipe.

**6.1.3. Communication (*idem*).** Comprend la connaissance des erreurs fréquentes, des influences et barrières culturelles (grade, âge, expérience et poste). Les compétences engloberont l'écoute, le retour d'expérience, la précision et l'efficacité de la communication avec tous les acteurs et toutes les instances (c'est-à-dire les membres de l'équipage, les techniciens au sol, la météo, le contrôle aérien, le renseignement, etc.).

**6.1.4. Gestion du risque/prise de décision (prise de décision).** Comprend l'évaluation des risques, les processus et outils de l'évaluation des risques, les ruptures dans le jugement et la discipline du vol, la résolution de problème, l'évaluation des dangers et les mesures de contrôle.

**6.1.5. Gestion des tâches (adaptabilité/flexibilité).** Comprend l'établissement des priorités, des surcharges et charges insuffisantes de travail, de l'autosatisfaction, la gestion des automatismes, des ressources disponibles, le respect des checklists et des procédures opérationnelles standards.

**6.1.6. Planification de mission/débriefing (analyse de mission).** Comprend l'analyse et la planification préalables à la mission, l'évaluation en cours de mission et le débriefing à l'issue de la mission ; ainsi que des outils et techniques spécifiques aux missions opérationnelles et d'entraînement[1].

Pour se convaincre de l'efficacité de ces formations, il suffit de se reporter à ce qu'en a dit le pilote de ligne Alfred Haynes lors de sa confé-

1. US AIR FORCE, p. 5 (je traduis).

rence précitée de 1991. Il était le commandant de bord de l'avion de United Airlines qui avait perdu d'un coup, le 19 juillet 1989, au-dessus de Sioux City, ses trois circuits redondants de direction. En dirigeant l'appareil vers un aéroport à la seule puissance des réacteurs, l'équipage avait réussi un exploit inédit et sauvé la vie de la majorité des passagers. La commission d'enquête américaine a souligné que la coopération à l'intérieur du cockpit durant la phase finale du vol avait été exemplaire à tout point de vue. Voici ce qu'en a dit le commandant Haynes :

> En ce qui concerne l'équipage, il n'avait reçu aucune formation sur ce qu'il fallait faire en cas de panne hydraulique totale. On s'était entraînés à la panne hydraulique unique et à la double panne, mais jamais à la panne hydraulique complète. La seule préparation qui nous a été utile fut quelque chose que United Airlines appelait en 1980 « Cockpit Resource Management » ou « Command Leadership Resource Training ». Je crois que nous l'appelions CLR au début. Toutes les compagnies la pratiquent à présent. Jusque vers 1980, on travaillait avec l'idée que le commandant de bord était le seul maître à bord : on faisait ce qu'il nous disait, et voilà tout. On a perdu un certain nombre d'appareils à cause de ça. Parfois, le commandant de bord n'était pas aussi fort qu'on le pensait. Nous devions néanmoins l'écouter et faire ce qu'il disait, même si nous n'avions aucune idée de ce dont il parlait. Dans notre cas, nous avions cent trois ans d'heures de vol dans le cockpit, et nous essayions d'amener l'avion au terrain d'une façon

> qu'aucun d'entre nous n'avait jamais pratiquée ne serait-ce qu'une minute, moi pas plus que les autres. Si je n'avais pas suivi les stages CLR, si je n'avais pas laissé chacun apporter sa contribution, nous n'y serions pas arrivés[1].

De nombreuses études montrent une amélioration sensible de la prise en compte des facteurs humains dans le pilotage suite à des stages de CRM[2]. Par exemple, une enquête menée auprès de six cents pilotes formés indique que 91 % d'entre eux déclarent que cette pédagogie a amélioré leur performance en vol et 93 % souhaitent son extension aux flottes où elle n'était pas encore diffusée[3].

## LE CONTRÔLE AÉRIEN : LA FLEXIBILITÉ POUR LA FIABILITÉ

Le contrôle aérien, par sa complexité et son importance pour la sécurité aérienne, est un autre métier de l'aéronautique riche en enseignements concernant les fondamentaux de la haute fiabilité des décisions.

Son fonctionnement a été étudié par des sociologues de l'école des HRO[4] selon que la charge de travail est normale du fait d'un trafic peu dense

1. HAYNES (je traduis).
2. BOWERS *et al.*, pp. 641-674.
3. *Ibid.*, p. 662.
4. LAPORTE et CONSOLINI, pp. 19-48.

ou intense lors des pics de trafic. Ils ont observé qu'un modèle de supervision très différent se met en place selon que le trafic est léger ou dense. Dans le premier cas, la supervision se conforme au modèle hiérarchique traditionnel : les agents sont chacun à leur poste, et le manager en retrait effectue des tâches de routine. Lorsque la charge augmente, la structure pyramidale et cloisonnée se transforme pour devenir collégiale[1], chacun se partageant temporairement les rôles d'assistance, d'alerte et de suggestion assurés par le groupe. Les auteurs ajoutent que, dans les moments de mauvais temps et de pointe de trafic, se greffe un quatrième rôle, un contrôleur prenant en charge les communications autres que celles avec l'équipage.

Un cas particulièrement intéressant de cette étude est la description du contrôle aérien de San Francisco, quand le vent passe soudainement de nord-ouest à sud-est, alors que le trafic est intense. Il faut en ce cas réorienter tous les vols de 180° dans une zone où se trouvent trois aéroports majeurs, deux grandes bases aériennes et cinq aérodromes plus petits, impliquant un grand nombre d'appareils en vol. Les auteurs observent un basculement de la structure pyramidale classique vers le fonctionnement communautaire :

> Les contrôleurs se rassemblent en petits groupes autour des écrans radars concernés, déterminant les moyens optimaux de gérer le trafic alors

1. Cf. *ibid.*, p. 33.

que le changement de direction devient imminent. Des avis sont échangés, des suggestions mises en avant ; le trafic réel est comparé aux simulations pratiquées pendant les longues heures de formation que les contrôleurs suivent pour traiter le « plan sud-est »[1].

## *Le cri d'une contrôleuse aérienne contre l'excès procédurier*

*Skymag*, la revue officielle de la navigation aérienne civile et militaire de la Confédération helvétique, a publié le témoignage de Sabine Zimmermann, une contrôleuse aérienne de Zurich qui aborde le sujet des procédures et des règles et de leurs limites. Dans un domaine tel que le contrôle aérien, que le candide imagine sécurisé grâce à une quantité de règles sans écart, son avis est particulièrement instructif. Elle commence par souligner le nombre excessif de règles :

> Les services de la navigation aérienne d'Europe ont vu une avalanche de nouvelles procédures et consignes ces dernières années. Eurocontrol s'efforce d'harmoniser la gestion de la circulation aérienne du continent, les autorités de régulation nationales rédigent des consignes pour toutes les situations imaginables et les fournisseurs de prestations ATM cherchent à contrôler le secteur à travers la forêt de la réglementation. Les contrôleurs

1. *Ibid.*, p. 34.

> de la circulation aérienne du secteur sont obligés de signer chaque document qu'ils lisent et chaque instruction qu'ils reçoivent. Et pendant ce temps, le problème de la responsabilité légale incite les fournisseurs de services de navigation aérienne à se protéger eux-mêmes par des réglementations supplémentaires. [...] Mais nous sommes aujourd'hui submergés par un flot d'instructions toujours croissant. L'année dernière, rien que pour le centre de contrôle de la zone de Zurich de skyguide, plus d'une centaine de notes de service ont été publiées et introduites. Les contrôleurs sont inondés de spécifications détaillées et se démènent quotidiennement pour trouver un équilibre entre tâches standardisées et adaptations pratiques afin de parvenir à un fonctionnement opérationnel sûr et efficace[1].

Sabine Zimmermann insiste ensuite sur l'impossibilité pour la réglementation de tout prévoir en dépit de sa précision et de son abondance :

> [...] la situation est rarement aussi simple qu'une décision de type « si... alors ». Il n'y a pas deux configurations de trafic parfaitement identiques. Elles peuvent présenter des similitudes, mais elles ne seront jamais exactement les mêmes ; pourtant, les règles que nous appliquons sont les mêmes[2].

En troisième lieu, elle considère que le respect de la procédure peut être source d'insécurité, ce

1. ZIMMERMANN.
2. *Ibid.*

qui est diamétralement opposé au politiquement correct, surtout dans cette profession. Cependant, elle sait de quoi elle parle et s'exprime dans un bulletin officiel :

> Cela signifie que, dans certains cas, une procédure bien établie peut tout à coup ne plus être la manière d'agir la plus sûre et que le contrôleur de la circulation aérienne doit décider de ce qu'il convient de faire à la place. C'est le travail des contrôleurs, et ils auront besoin de toutes leurs compétences et de toute leur expérience pour le faire. Mais si on les incite à se conformer strictement au règlement en raison de risques de poursuites judiciaires ou de la croyance d'une entreprise en le fait que la seule bonne approche consiste à respecter les procédures, alors les gros avantages de la pensée cognitive et de décisions prises en fonction de la situation ou de l'expérience seront tout simplement réduits à néant. [...] Suivre les procédures à la lettre ne garantit pas toujours la meilleure sécurité. Les procédures doivent être interprétées en fonction du contexte. La solution qui était hier la plus sûre pourrait aujourd'hui s'avérer dangereuse. Si nous voulons investir dans la sécurité, nous devons apprendre aux individus à s'adapter au lieu de nous contenter d'écrire des pages de règlements. Les contrôleurs expérimentés seront en mesure de structurer leurs décisions dans des situations à peu près similaires, mais présentant des différences subtiles. Ils doivent développer des compétences pour s'adapter et fixer des priorités. Des consignes préformatées ne seront d'aucun secours dans une situation difficile, ni même en cas d'urgence, pas plus que des monta-

gnes de procédures similaires (voire contradictoires) ne différant que par de minuscules détails[1].

Zimmermann préconise en conclusion une réglementation cadre laissant plus de liberté au professionnalisme :

> En résumé, il est temps que nous repensions notre politique actuelle, qui consiste à édicter de nouvelles procédures à chaque changement technique, administratif, culturel, social ou procédural, aussi minime soit-il. Peut-être serait-il bon de revenir un peu en arrière, de réévaluer la situation actuelle et de se concentrer à nouveau sur des règles de base, pratiques et flexibles. [...] Si nous pouvions trouver un équilibre entre trop et pas assez de procédures, c'est-à-dire autoriser suffisamment de flexibilité dans ce qui reste malgré tout un travail réglementé, et si les organisations pouvaient essayer de comprendre les raisons de l'écart entre procédures et pratique, nous ferions un grand pas vers un avenir plus sûr et plus prometteur[2].

## LES ATTERRISSAGES PAR MAUVAIS TEMPS : LA RATIONALITÉ À L'ÉPREUVE

La façon de penser, c'est-à-dire la rationalité, joue un rôle déterminant dans la fiabilité des

1. *Ibid.*
2. *Ibid.*

décisions. La gestion intellectuelle des atterrissages par mauvais temps en fournit une illustration extrêmement intéressante puisque l'on y trouve à la fois une extrême indétermination et, pour l'affronter, de multiples options technologiques et pratiques.

Le monde est indéterminé. C'est une donnée fondamentale de l'existence. Si le battement d'aile d'un papillon au Brésil peut déclencher une tornade au Texas, nous ne savons pas mettre ce fabuleux mécanisme en équation. C'est l'effet papillon bien connu. Cette indétermination, qui concerne aussi le comportement humain, est une source majeure d'erreurs, d'accidents et de catastrophes.

Il existe trois façons de combattre l'indétermination. La première est l'évitement, communément appelé « principe de précaution » : si l'on ne sait pas, on renonce systématiquement à agir ou l'on se protège à 100 %[1]. La deuxième façon, que l'on peut appeler « rationalité substantielle », à la suite de Herbert Simon, prix Nobel d'économie en 1978 et père de la notion de rationalité limitée[2], est de croire que l'on peut vaincre complètement cette indétermination par la science, autrement dit par la connaissance analytique et déductive. La troisième façon consiste à admettre l'indétermi-

1. Le grand public et la plupart des responsables comprennent l'expression « principe de précaution » de cette manière. Dans la suite de l'ouvrage, je l'emploie dans cette acception. Seuls un petit nombre d'experts l'utilisent selon la définition précise contenue dans la Constitution française.

2. SIMON, pp. 129-148.

nation et à utiliser des règles imparfaites mais simples pour la dompter. J'appelle, avec d'autres auteurs, cette troisième voie « rationalité procédurale ». Le cas des atterrissages par mauvais temps[1] nous permettra de mieux comprendre les effets négatifs d'une croyance excessive dans la rationalité substantielle et la nécessité de se tourner vers la rationalité procédurale. Avec l'exemple des randonnées dans des zones exposées aux avalanches, nous verrons l'impasse de la rationalité substantielle et toute l'efficacité de la rationalité procédurale.

En cas de mauvais temps sur un aéroport, l'état des pistes est fortement indéterminé. La hauteur d'eau, l'état de la neige et de la glace, appelés « contaminants » en aéronautique, dont les valeurs précises déterminent différentes distances de freinage, ne peuvent être appréhendés aisément. De surcroît, la contamination peut évoluer très rapidement. En quelques minutes, la pluie peut faire passer une piste de l'état mouillé à dangereusement contaminé. Un Fokker de la compagnie « Lignes aériennes Canadien régional » transportant quarante-deux passagers a effectué une sortie de piste à Fredericton (Nouveau-Brunswick), le 28 novembre 2000. La piste comportait de la neige fondue, mais celle-ci venait d'être balayée. L'équi-

1. J'entends par mauvais temps ce que l'on appelle en navigation aérienne le « temps convectif » (orages, vent, pluie, mousson), à quoi j'ajoute des conditions plus calmes, mais avec une piste rendue glissante, par exemple, par de la neige fondue. En anglais, l'expression *adverse weather* est parfois utilisée pour désigner ces conditions.

page avait donc calculé précisément, à l'aide du manuel de bord, la distance d'atterrissage sur piste balayée, c'est-à-dire simplement mouillée, soit 1 379 m. Malheureusement, en quelques minutes, la piste s'est à nouveau couverte de neige fondue, ce que les pilotes ne pouvaient prévoir, portant la distance d'atterrissage à 1 652 m, valeur excédant la longueur de la piste[1]. Le directeur de la sécurité du contrôle aérien de l'aéroport de Schiphol, à Amsterdam, souligne cette variabilité en écrivant que le temps d'envoyer un agent examiner l'état des précipitations sur une piste (dont l'une à dix minutes en voiture de son bureau), de faire venir un engin de mesure de la friction, de restituer les résultats à l'autorité aéroportuaire, de répéter le processus sur les quatre autres pistes, il suffit que l'averse redouble d'intensité pour que l'indice de freinage soit périmé au moment où il est transmis à l'équipage en approche[2].

L'indétermination peut être renforcée par des phénomènes comme des accumulations d'eau provoquées par le vent (le terrain n'est pas contaminé ici, mais l'est à un autre endroit), des fontes partielles de neige, la présence de gomme laissée par les trains d'atterrissage et des conditions particulières. Une piste peut être uniquement mouillée mais particulièrement glissante, comme la 35L de Congonhas São Paulo, où un Airbus du vol 3054 de la TAM Linhas Aéreas a connu une sortie de piste à l'atterrissage le 27 juillet 2007, provoquant

1. BST, 2000.
2. Ruitenberg, pp. 6-7.

la mort de 199 personnes. Cette catastrophe illustre un autre cas d'indétermination : une piste mouillée qui n'est pas rainurée peut être équivalente à une piste contaminée ; indétermination supplémentaire, les rainures ne constituent pas la solution idéale dans tous les cas, car neige ou glace peuvent s'y incruster.

L'état de la piste par mauvais temps, phénomène rapidement évolutif et multiple, influe fortement sur les distances d'atterrissage. Pour un Airbus A340-313 de 190 t, la distance d'atterrissage augmente de 900 m, soit près de 1 km, sur une piste comportant 3 mm d'eau par rapport à une piste simplement mouillée. Pour le biréacteur d'affaires Cessna Citation 551, la distance d'atterrissage augmente de 423 m si la hauteur d'eau sur la piste passe de moins de 0,25 mm à plus de 0,25 mm[1]. On constate qu'une distance d'atterrissage supplémentaire d'un demi-kilomètre dépend d'un quart de millimètre d'eau !

Tout le problème, selon moi, vient du fait que les acteurs du transport aérien civil (pouvoirs publics, constructeurs, compagnies) font une trop grande confiance à la science. Ils pensent que cette dernière va leur permettre de vaincre l'indétermination. Autrement dit, pour reprendre les termes introduits plus haut, ils adoptent une rationalité *substantielle* et procèdent à des mises en équation sophistiquées. Mais ces calculs savants sont illusoires. Les distances d'atterrissage sont fournies aux pilotes par des tableaux d'une

1. BEA, juin 2007, p. 4.

extrême précision, en fonction de la hauteur millimétrique et de la nature (neige mouillée ou neige fondue, par exemple) des précipitations, comme si celles-ci pouvaient être déterminées rigoureusement à chaque instant. L'écart entre l'incertitude concernant les précipitations et leur abondance, d'une part, et la précision des calculs à partir de ces variables, d'autre part, ne laisse pas d'étonner. Ainsi, pour un Airbus A340-313, les distances d'atterrissage sont données selon que la piste est affectée par de l'eau de 3 à 6 mm de hauteur ou de 13 mm, de la neige poudreuse de 15 à 51 mm, de la neige mouillée de 4 à 13 mm, de la neige mouillée de 25 mm, du *slush*[1] de 2 à 6 mm ou de 13 mm et enfin de la neige tassée ou de la glace à niveau de frottement moyen ou à niveau de frottement faible. Le manuel des « Lignes aériennes Canadien régional » pour le Fokker F28 est tout aussi précis, mais avec des intervalles différents. Il distingue, pour fixer les distances d'atterrissage, les états suivants : humide (moins de 0,25 mm d'eau), pluie (de 0,25 à 0,76 mm), pluie abondante (de 0,76 à 2,54 mm), hydroplanage (plus de 2,5 mm d'eau)[2].

À ce niveau de précision, les pilotes ne peuvent pas connaître l'état des contaminants ni leur évolution. Comme le dit le BEA : « L'on ne sait pas mesurer une hauteur d'eau de manière opérationnelle[3]. » Selon un commandant de bord que j'ai

1. Neige partiellement fondue ou neige mouillée.
2. BST, 2000, p. 4.
3. BEA, juin 2007, p. 4.

interrogé, les responsables des aéroports se gardent bien d'annoncer une hauteur d'eau sur la piste, afin de ne pas engager leur responsabilité sur une variable aussi aléatoire. C'est ce que confirme le rapport du BST canadien : « Peu d'aéroports, pour ne pas dire aucun, donnent des renseignements sur l'épaisseur de l'eau qui recouvre une piste[1] » et « pour les opérations sur piste mouillée, les équipages de conduite ne disposent d'aucun véritable moyen, par exemple l'épaisseur de la couche d'eau, pour déterminer l'état de la piste avant l'atterrissage[2] ».

## *La prise en compte illusoire de l'indétermination du vent*

Un second élément de la forte indétermination naturelle et humaine des atterrissages par mauvais temps est la possibilité d'une composante soudaine de vent arrière[3] d'intensité accrue. Les brusques changements de vitesse et de direction du vent sont une des caractéristiques du mauvais temps, comme on peut le vérifier à chaque orage. Dans le cas de la sortie de piste de l'Airbus d'Air France à Toronto, alors que l'appareil volait à une altitude de 300 pieds, la situation est passée subitement d'un vent de face à un vent arrière de

1. BST, 2005, p. 53.
2. *Ibid.*, p. 117.
3. Vent latéral ayant une composante arrière.

10 nœuds[1]. Dans un article du BEA sur la sortie de piste d'un Boeing 747-300 à l'aéroport Charles-de-Gaulle, il est souligné que le vent était annoncé comme calme au cours de l'approche finale, alors qu'a été enregistrée une rafale provoquant une composante de vent arrière de 10 nœuds[2].

Or les distances d'atterrissage sont très sensibles au vent arrière[3]. Un vent arrière de 10 nœuds augmente de 700 m environ la distance d'atterrissage d'un Airbus A340-313 de 190 t. Quand on sait que la longueur de la piste de Toronto est de 2 743 m et que la distance d'atterrissage sur piste contaminée sans vent est de 2 403 m, les 700 m supplémentaires dus au vent arrière font sortir l'avion de la piste.

La forte indétermination affectant le vent est aussi constatée sur l'information dont il fait l'objet. Le BEA, dans l'article précédemment cité, indique :

> [À l'aéroport Charles-de-Gaulle] un module d'instruction définit un vent calme comme d'intensité inférieure ou égale à 5 nœuds. Le vent indiqué aux pilotes au cours de l'approche finale est un vent moyenné sur 2 minutes. Le contrôleur transmet les variations de vitesse de vent uniquement lorsque l'écart par rapport au vent moyenné est supérieur à 10 nœuds. Ainsi, un vent arrière de 14 nœuds pourrait être annoncé comme un « vent calme ». Les conditions du jour [de l'accident à

1. BST, 2005, p. 125.
2. BEA, juin 2007, p. 6.
3. Ou composante de vent arrière provenant d'un vent latéral.

> CDG analysé par le BEA] étaient proches de cette situation[1].

Le commandant de bord à qui j'ai fait état de cette affirmation du BEA m'a répondu, surpris, qu'il n'était pas possible qu'un vent de 14 nœuds (26 km/h) soit annoncé comme un vent calme. Quoi qu'il en soit, le seul fait qu'il y ait désaccord entre experts sur la situation montre bien que cet élément est soumis à une bonne dose d'indétermination. Selon le rapport canadien sur la sortie de piste de Toronto, « l'équipage de conduite a obtenu la vitesse et la direction du vent à partir de l'écran de navigation de l'avion, lequel indiquait un vent traversier soufflant de la droite de 70 à 90° à une vitesse de 15 à 20 nœuds[2] ». Peu de temps après, « le vent a changé de direction, passant [...] à une composante de vent arrière augmentant jusqu'à 10 nœuds[3] ». Le BEA déclare : « Un vent arrière en cours d'approche et à l'atterrissage n'est pas toujours annoncé[4]. »

L'indétermination du vent en météo convective concerne aussi sa gestion. Si une composante de vent arrière apparaît soudain en approche finale, et en supposant que les pilotes en soient informés (on a vu ci-dessus que ce pouvait ne pas être le cas), les pilotes doivent reconsidérer très rapidement l'atterrissage, en particulier la distance

1. BEA, juin 2007, p. 6.
2. BST, 2005, p. 5
3. *Ibid.*, p. 5.
4. BEA, juin 2007, p. 8.

d'atterrissage, à un moment où la charge de travail est intense. Le BEA, dans une analyse de sortie de piste à l'aéroport Charles-de-Gaulle, écrit : « L'équipage, qui avait noté une composante de vent arrière importante en approche initiale, n'a pas constaté ni pris en compte cette composante dans sa gestion de l'approche finale. Il attribue cette inattention à la surcharge de travail[1]. »

La complexité du vent est accentuée par un effet appelé « cisaillement » en aéronautique. C'est un brusque changement de direction du vent qui produit une forte composante arrière et détruit la portance. Les pilotes doivent gérer la vitesse à un niveau à la fois suffisamment bas pour ne pas augmenter la distance d'atterrissage et suffisamment haut pour maintenir la portance, pour parer à un éventuel cisaillement. Dans le cas de la sortie de piste de l'Airbus d'Air France à Toronto en août 2005, il y a eu du vent arrière, mais sans cisaillement. On peut supposer que l'équipage, ayant en tête le risque de cisaillement, n'a pas réduit sa vitesse autant qu'il l'aurait fallu pour rester dans la longueur de la piste.

Par conséquent, en matière de vent comme de piste glissante, la démarche « ultra-scientifique » ne permet pas de résoudre l'indétermination et de conclure si la piste est suffisamment longue ou non pour atterrir.

1. *Ibid.*, p. 7.

## *Le refus de l'indétermination confirmé par d'autres attitudes*

L'échec de l'approche scientifique (appelée, rappelons-le, rationalité substantielle) en matière d'atterrissage par mauvais temps est illustré par l'absence de cohérence des calculs entre constructeurs et compagnies. Selon le manuel de l'Airbus A340-313, une piste est contaminée à partir de 3 mm d'eau. Dans le manuel du biréacteur d'affaires Cessna Citation 551, elle l'est à compter de 0,25 mm. Ainsi, avec 2 mm d'eau, une piste est contaminée pour le Citation, mais pas pour l'Airbus. Le manuel du Fokker qui est sorti de piste au Canada le 28 novembre 2000 en raison d'une neige fondante donnait les distances d'atterrissage pour neige compactée en dessous de – 15 °C et au-dessus de – 15 °C, neige, neige tassée et sablée, plaques de neige, glace humide, glace en dessous de – 10 °C et glace couverte de sable. Mais ce même manuel ne donnait pas d'information sur la distance d'atterrissage en cas de neige fondante[1] — lacune étonnante pour des lignes intérieures canadiennes —, alors que le manuel de l'Airbus accidenté à Toronto indiquait des distances d'atterrissage pour la neige mouillée et pour la neige fondante.

Une autre illustration de l'impuissance de la rationalité substantielle est la pratique consistant à

1. BST, 2000, figure 1, p. 4.

déterminer au décollage la distance d'atterrissage nécessaire en fonction des conditions météo anticipées à l'arrivée. Si les conditions météo se détériorent, il n'existe pas de procédure particulière pour déterminer la nouvelle distance d'atterrissage nécessaire. Autrement dit, on raisonne implicitement comme si le temps ne changeait pas. L'administration américaine, inquiète de la répétition des atterrissages manqués dus au mauvais temps, a diffusé en août 2006 une alerte de sécurité[1]. Elle y souligne que la moitié des compagnies interrogées disent n'avoir pas de procédures d'évaluation de la distance d'atterrissage nécessaire à l'arrivée en fonction de la météo constatée en temps réel, même quand les conditions sont pires que celles prévues au départ. Après l'accident de Toronto de 2005 dû à une distance d'atterrissage insuffisante à cause de la piste détrempée, Air France a effectué un rappel de procédures pour souligner la nécessité de recalculer la distance d'atterrissage réelle à l'arrivée en fonction du temps constaté. La compagnie nationale était loin d'être le seul opérateur à ne pas prévoir de procédure particulière de fixation de la distance nécessaire réelle à l'arrivée.

Une dernière illustration de la mauvaise prise en compte de l'indétermination par la rationalité substantielle est l'indication, par les constructeurs, de distances d'atterrissage qui sont remises en cause par les conditions réelles. La donnée de base est la distance d'atterrissage homologuée pour

1. FAA, p. 4.

l'appareil par le constructeur lors des essais. C'est celle qui est constatée dans des conditions idéales : piste sèche, vent nul, approche réalisée avec la performance maximale, etc. On la désigne aussi par l'expression distance non pondérée (*unfactored*). Mais les conditions de l'homologation ne correspondent pas aux conditions opérationnelles. Des distances d'atterrissage sont donc calculées en fonction des conditions réelles, soit par extrapolation, soit par essais, en ajoutant des marges de sécurité ; ces distances sont appelées distances pondérées (*factored*). Mais la distance d'atterrissage homologuée, peu réaliste, reste une référence importante. La règle est que la piste doit être au moins égale à la distance homologuée multipliée par 1,67 si elle est sèche et par 1,92 si elle est mouillée. En fait, la distance homologuée multipliée par 1,92 est facilement dépassée dès qu'intervient une petite perturbation, comme une vitesse d'atterrissage légèrement supérieure à la vitesse standard ou une hauteur d'eau supérieure à celle d'une piste simplement mouillée[1].

### *Conséquence : la fréquence des accidents à l'atterrissage par mauvais temps*

Le mauvais temps à l'atterrissage, son caractère fortement indéterminé et les réponses illusoires à cette indétermination par la science ont

1. GIESMAN.

pour conséquence la répétition d'accidents, en particulier dus à des distances de freinage qui dépassent la longueur de piste. Le NTSB publie chaque année une « liste noire » composée d'une douzaine de problèmes de sécurité dans les transports et intitulée « Most Wanted List ». Le problème des dépassements de bout de piste est l'un de ces points noirs récurrents.

Le 2 août 2005, l'Airbus A340-313 d'Air France quitte Paris à 11 h 53 pour effectuer le vol 358 à destination de Toronto. À bord se trouvent 297 passagers et 12 membres d'équipage. En approche finale, le radar montre de fortes précipitations. Un gros orage passe sur l'aéroport. À l'atterrissage, l'avion ne parvient pas à s'immobiliser et sort en bout de piste. Il finit sa course dans un ravin et prend feu. Tous les passagers et membres d'équipage réussissent à évacuer l'appareil avant que le feu n'atteigne les voies d'évacuation. Deux membres d'équipage et dix passagers sont toutefois grièvement blessés lors de l'accident.

Cet accident illustre parfaitement l'échec de la rationalité substantielle dans son ambition de prendre en compte l'indétermination. La piste de Toronto mesure 2 743 m. Au moment de l'atterrissage, l'Airbus d'Air France pesait 190 t, et la piste était détrempée (6 mm d'eau), avec un vent arrière de 10 nœuds. Le manuel d'Air France de l'A340-313 à la disposition des pilotes donne, avec une précision scientifique, les distances d'atterrissage nécessaires en fonction de la masse de l'appareil, de la hauteur d'eau, de la vitesse du vent arrière, de l'altitude de l'aéroport et de l'usage ou non de l'inversion de poussée, sous forme de tableau. En entrant dans ce tableau les données de l'atterrissage de l'Airbus d'Air France à Toronto, on obtient une distance d'atterrissage de 3 215 m, alors que la piste ne fait que 2 743 m de longueur. La longueur de la piste n'est suffisante que si la hauteur de l'eau est inférieure à 3 mm. Malheureusement, les pilotes n'avaient aucun moyen de le déterminer. De plus, nous avons vu plus haut que les procédures d'Air France prévoyaient, au moment du départ de Paris, le calcul de la distance d'atterrissage en fonction de la météo prévue à Toronto. Mais elles ne prévoyaient pas formellement de recalculer cette distance à l'arrivée en fonction des conditions météo réelles.

Les publications sur la sécurité du transport aérien reviennent régulièrement sur les accidents à l'atterrissage provoqués par le mauvais temps. Voici ce que dit le BST du Canada dans son enquête sur l'accident de Toronto : « Les recherches [...] ont montré clairement que la pénétration dans du temps convectif en région terminale pendant l'approche à l'atterrissage était une pratique répandue dans l'industrie. En conséquence, des accidents en approche et à l'atterrissage provoqués par du temps convectif surviennent régulièrement de par le monde[1]. » Le BST cite également six cas concernant d'autres compagnies qu'Air France.

Un documentaire de la chaîne National Geographic consacré aux catastrophes aériennes et

1. BST, 2005, pp. 89-90.

intitulé « Air Crash » évoque trente-sept sorties de piste en 2005 liées à des conditions proches de celles de l'accident de Toronto. Une étude de Boeing révèle, sur trente-cinq ans, de 1958 à 1993, un taux disproportionné d'accidents survenus sur des pistes mouillées ou verglacées avec des sorties de piste longitudinales ou latérales[1]. Le BEA français cite cinq autres cas dans son article sur les sorties de piste à l'atterrissage[2], mais il y en a eu bien d'autres, notamment les suivants : 17 juillet 2007, São Paulo[3], un Airbus de la TAM sort de la piste (199 morts) ; 4 janvier 2008, Deauville, un Boeing 737 d'Atlas Blue sort de la piste ; 3 mars 2008, Hambourg, un Airbus de la Lufthansa heurte la piste avec l'aile ; 5 septembre 2008, Limoges, un Boeing 737 de Ryanair sort de la piste ; 22 décembre 2009, Jamaïque, un Boeing 737 sort de la piste.

### *Les réactions face à l'indétermination du mauvais temps à l'atterrissage*

S'agissant de la forte indétermination des atterrissages par mauvais temps, on observe deux réactions. La première consiste à s'avancer plus avant dans la voie sans issue de la rationalité substantielle et de la solution mathématique. Des études

1. Étude citée dans YAGER, p. 2.
2. BEA, juin 2007.
3. Aggravé par un problème d'inversion de poussée et l'absence de zone de sécurité en bout de piste.

ont été engagées pour définir des coefficients de frottements standardisés qui seraient mesurés par des appareils et à partir desquels les distances d'atterrissage seraient déterminées[1]. La tâche est immense et toujours en cours à ce jour. Quand bien même on parviendrait à un résultat, la mesure des taux de friction du terrain par des véhicules ne résout pas le problème des variations en quelques secondes de l'état d'une piste soumise à des précipitations.

La seconde réaction est le bricolage. Comme on est incapable d'apporter aux pilotes une solution, ceux-ci sont obligés de se débrouiller seuls. Ne pouvant mesurer la hauteur d'eau sur la piste, certains utilisent un raccourci visuel. J'ai demandé à un commandant de bord exerçant des responsabilités dans la politique de sécurité comment il s'y prenait. Il m'a répondu qu'il estimait le niveau de contamination d'une piste grâce aux repères visuels suivants : elle change de couleur lorsqu'elle est humide et devient luisante lorsqu'elle est mouillée. Il a ajouté qu'à ses yeux une piste est contaminée dès lors que la hauteur d'eau est mesurable. L'ennui est que cette hauteur n'est jamais mesurée ! Une alerte d'août 2006 de l'administration américaine[2], pourtant soucieuse d'apporter de l'ordre sur la question, se contente de citer les contaminants — eau, neige, neige mouillée, neige fondue (*slush*), glace, sable — et de définir une piste mouillée comme une piste qui n'est pas

1. YAGER, p. 2.
2. FAA.

contaminée ! Boeing a choisi pour sa part d'établir des calculs en s'appuyant sur les rapports des pilotes qui viennent d'atterrir et qui déclarent si le freinage était bon, assez bon, moyen, mauvais ou nul[1].

À l'évidence, aucune de ces solutions n'est robuste. La règle visuelle suppose une bonne visibilité — mais que vaut-elle la nuit ? — et l'absence d'illusions d'optique. Quant aux rapports de freinage de Boeing, un freinage peut avoir été déclaré bon par un pilote et, quelques minutes après, devenir moyen, voire mauvais, comme lors de la sortie de piste de Toronto[2]. De plus, l'équipage peut se tromper sur la qualité du freinage qu'il a constaté.

### *Conséquences de la rationalité substantielle : des marges de sécurité réduites*

La rationalité substantielle, qui prétend vaincre l'indétermination, s'accompagne en réalité de marges de sécurité réduites. C'est logique : si je crois dans mon calcul, je n'ai pas besoin de marges de sécurité conséquentes. Les pistes d'atterrissage ne sont pas si longues qu'on pourrait l'imaginer, au moins pour bon nombre d'entre elles. La longueur de la piste 24L de l'aéroport de Toronto, où a eu lieu l'accident, est de 2 743 m.

1. GIESMAN (je traduis les termes).
2. BST, 2005.

« À CDG en particulier, les pistes normalement dédiées à l'atterrissage sont les plus courtes (2 700 m)[1] », notamment la 08R, où ont eu lieu les trois sorties de piste étudiées par le BEA. Ces longueurs sont confortables quand la piste est sèche ou simplement mouillée et par vent favorable, mais, en cas de contamination ou de composante de vent arrière, l'écart entre la distance d'atterrissage requise et la longueur de la piste se réduit considérablement. Par exemple, en cas de contamination et avec un vent arrière de 5 nœuds, un Airbus A340-313 de 190 t a besoin d'une piste de 2 784 m, à rapprocher des 2 743 m de la 24L de Toronto et des 2 700 m de la 08R de Charles-de-Gaulle. À l'aérodrome de Périgueux, qui a fait l'objet d'une analyse après accident du BEA[2], la longueur disponible de la piste est de 1 620 m. Or, en cas de contamination de celle-ci par un quart de millimètre d'eau, la distance d'atterrissage d'un Citation passe à 1 445 m. Il ne reste dans ce cas que 174 m de marge entre le point d'arrêt de l'avion et le bout de piste, en supposant un vent arrière nul.

Concernant cette question des marges de dégagement en bout de piste, les normes internationales exigent une aire libre de tout obstacle de 150 m dans le prolongement de la piste. C'est évidemment peu au regard des distances d'atterrissage en conditions défavorables et pour les pistes les moins longues. Comme le dit pudiquement

1. BEA, juin 2007, p. 8.
2. *Ibid.*, pp. 3 et 4.

le BEA, ces « marges réglementaires ont été définies pour prendre en compte un ensemble de variables et il n'y a pas de correspondance exacte avec les réalités opérationnelles[1] ».

L'autre volet des marges de sécurité concerne les possibilités d'attente et de déroutement. En cas de très mauvais temps, on pourrait croire que les pilotes disposent de tout le carburant nécessaire pour attendre que l'orage passe et tenter à nouveau d'atterrir, puis, en cas d'échec, se dérouter sur un autre aéroport, en disposant à nouveau d'une confortable réserve au cas où un problème météo se présenterait à nouveau. Cela ne se passe pas de cette façon. La confiance dans les calculs, ajoutée à la volonté de réduire la consommation de carburant et de ne pas gêner les clients par un déroutement, réduit considérablement les possibilités d'attente et de déroutement. L'équipage aux commandes lors de l'accident de Toronto avait décidé qu'en cas d'approche interrompue il se dérouterait sur Ottawa. Le carburant minimal requis pour cela se chiffrait à 4,5 t, à quoi il fallait ajouter une réserve finale obligatoire de 2,8 t (permettant une attente de trente minutes au-dessus du terrain), soit un total de 7,3 t. L'avion s'est finalement posé à Toronto avec 7,63 t de carburant, une quantité tout juste suffisante pour se dérouter. Il existe une règle selon laquelle, si le carburant à l'atterrissage est inférieur à 4,2 t (une fois et demie la réserve finale obligatoire), l'équipage doit déclarer au contrôle aérien « car-

1. *Ibid.*, p. 8.

burant minimum ». Cette annonce ne confère pas à l'avion un traitement prioritaire, mais avise le contrôle aérien qu'une situation d'urgence peut survenir si le vol est retardé. Selon la procédure, les pilotes doivent déclarer une situation d'urgence s'il reste moins que la réserve finale de carburant, soit moins de 2,8 t. Donc, en cas de déroutement sur Ottawa, l'équipage aurait dû faire l'annonce « carburant minimum », voire, en cas de nouveau retard à cause de la météo ou du trafic, déclarer une situation d'urgence. Un déroutement sur Ottawa était loin d'être une solution confortable. D'autant plus qu'un équipage qui envisage un déroutement risque un embouteillage sur l'aéroport de dégagement, d'autres vols étant susceptibles de se trouver dans la même situation que lui.

## *La rationalité procédurale comme réponse*

Face aux impasses de la rationalité substantielle, la seule réponse possible serait de privilégier une rationalité *procédurale,* c'est-à-dire des règles simples, mais rigoureuses, qui n'élimineraient certes pas totalement le risque, mais le réduiraient à un niveau plus bas que celui résultant de la rationalité substantielle. Ces règles pourraient porter essentiellement sur les attentes et les déroutements, dont il serait nécessaire d'élargir les possibilités, ainsi que sur des bouts de piste plus longs. Autrement dit, au lieu de calculer scientifiquement, pour la comparer à la piste disponible, la distance d'atterrissage nécessaire, probablement fausse, on augmente les possibilités d'attente et de déroutement et la longueur des bouts de piste.

Les analystes des accidents d'avion réclament eux-mêmes une telle approche. À chaque accident à l'atterrissage dû au mauvais temps, ils réaffirment avec force l'urgence d'établir des règles en la matière. Ce sont les conclusions que l'on trouve dans les rapports d'enquête suivants :

— American Airlines, Little Rock, 1999 : « Nous avons vraiment besoin d'une zone tampon autour des orages et d'une standardisation[1]. »

— Qantas, Bangkok, 1999 : « L'ATSB recommande [...] que tous les opérateurs australiens d'avions à réaction de grande capacité mettent en place des procédures [...] afin que les équipages soient convenablement outillés pour les opérations sur pistes mouillées et contaminées[2]. »

— Air France, Cayenne, 2001 : « [...] le BEA recommande : que la DGAC[3] s'assure que les consignes données par les exploitants pour la réalisation des approches en conditions orageuses sont suffisamment claires et précises[4]. »

— Air France, Toronto, 2005 : « [...] le bureau recommande que : la Direction générale de l'aviation civile française et d'autres autorités de l'avia-

1. Anon., 2001 (je traduis).
2. ATSB, p. 102 (je traduis).
3. Direction générale de l'aviation civile.
4. BEA, février 2007, p. 46.

tion civile établissent des normes claires limitant les approches et les atterrissages dans du temps convectif [1]. »

Les mots mêmes employés traduisent la nécessité de la rationalité procédurale : « standardisation », « procédures », « consignes suffisamment claires et précises », « normes claires ». Pourtant, l'on continue à se complaire à mesurer des taux de friction et des vitesses de vent aussitôt périmés et à remplir les manuels de bord de savants calculs relatifs à la contamination des pistes.

## LA DÉCISION D'ATTERRIR ET LA « DESTINATIONITE »

Plus on s'engage dans un processus, plus il est difficile de faire marche arrière et d'y renoncer. Dans l'aéronautique, des pilotes ont inventé un mot très suggestif pour désigner ce mécanisme particulièrement « accidentogène » : la *destinationite*. On constate qu'une fois parvenu à proximité de la piste, après un long vol, il est très difficile à un équipage qui se concentre sur l'objectif final, l'atterrissage, d'annuler le processus et de remettre les gaz une fois qu'il a constaté que les conditions météo se sont dégradées ou qu'elles sont plus mauvaises que prévu ou encore que les vitesse, altitude ou position de l'appareil sont inadéquates. Cela exige des hommes un effort cognitif et psy-

1. BST, 2005, p. 132.

chologique important, qu'il est fréquent de ne pas voir accompli. La « destinationite » désigne ainsi chez les pilotes la polarisation excessive sur la destination au détriment de la sécurité.

Le crash à l'atterrissage, à Los Angeles, le 5 mars 2000[1], du vol Southwest Airlines 1455 en provenance de Las Vegas en fournit une illustration « parabolique ». En cette fin de week-end, le trafic est intense au-dessus de l'aéroport de Burbansk, où le mauvais temps a de surcroît occasionné beaucoup de retards. Le contrôleur aérien demande au commandant de bord, qui est le pilote en fonction, d'approcher avec une vitesse assez élevée pour fluidifier le trafic, un autre vol le suivant de près. En outre, pour des raisons qui n'ont pas été totalement élucidées, il lui précise de se placer à une altitude relativement élevée. L'équipage suit ces instructions, et l'appareil, un Boeing 737-300, se retrouve à la fois trop haut, trop près de la piste et à une allure trop rapide. Ne réunissant pas les conditions requises pour poursuivre l'atterrissage, il devrait interrompre l'approche et remettre les gaz pour faire un tour et revenir. Pourtant, c'est le contraire qui se produit : le commandant de bord s'obstine dans la procédure d'atterrissage, ce qui le conduit à plonger vers la piste en dépassant de beaucoup les valeurs standards. L'avion vole à plus de 400 km/h à un point critique où il ne devrait pas dépasser 255 km/h, et son angle de descente est de 7,6 ° au lieu de 2,5. L'appareil est

1. J'ai utilisé pour cet exemple OTELLI, 2008, chap. « Savoir remettre les gaz ! », pp. 259-282, et NTSB, 2002.

tellement hors des normes que le système avertisseur de proximité de sol (GPWS[1]) se déclenche et qu'une voix de synthèse ordonne la remise des gaz. Mais le pilote poursuit la descente et aborde la piste avec beaucoup trop de vitesse. L'appareil dépasse le bout de piste, arrache la clôture de l'aéroport puis franchit une route et s'arrête au seuil d'une station-service.

Lorsque les enquêteurs ont demandé au commandant de bord pourquoi il n'avait pas interrompu l'atterrissage et remis les gaz, il a répondu qu'il avait fait une « fixation sur la piste » (*fixated on the runway*[2]). Pour traduire ce comportement, Jean-Pierre Otelli parle d'un syndrome de « fascination de la cible » (*target fascination*[3]), sorte d'hypnose constatée chez les pilotes de chasse « qui se focalisent tellement sur leur cible qu'ils finissent par la percuter[4] ». Dans le cas du vol 1455, il se produit une sorte de dédoublement du pilote : il poursuit l'atterrissage, malgré sa connaissance des données qui exigent une remise des gaz, tout en semblant conscient qu'il s'agit d'une erreur. À un moment, il dit : « Ça va pas marcher, je sais ça[5]... » À l'instant du crash, qui ne fera pas de victime, il reconnaît à voix haute qu'il est responsable. « C'est ma faute[6] », dit-il à deux reprises.

L'accident de Burbansk démontre que la « des-

1. Ground Proximity Warning System.
2. NTSB, 2002, p. 16.
3. OTELLI, 2008, p. 276.
4. *Ibid.*, p. 276.
5. *Ibid.*
6. *Ibid.*, p. 278.

tinationite » est un travers psychologique renforcé par l'environnement organisationnel et économique. En tout état de cause, elle est à l'origine de nombreux accidents à l'atterrissage par mauvais temps. Dans leur rapport d'enquête sur l'accident de Toronto, les autorités aéronautiques canadiennes se montrent parfaitement conscientes du phénomène : « Les accidents à l'atterrissage préoccupent tous les exploitants, la plupart des accidents étant attribuables à la réticence des pilotes à remettre les gaz à basse altitude[1]. » Il est possible que la « destinationite » ait également joué dans la décision des pilotes de l'avion qui transportait la délégation présidentielle polonaise aux commémorations du massacre de Katyn d'atterrir en dépit du brouillard.

La difficulté de reculer est bien illustrée par une recherche du MIT (Massachusetts Institute of Technology)[2]. Elle montre une nette différence de comportement des pilotes en cas d'orage selon qu'ils se trouvent en vol de croisière ou en approche. Le nombre d'occurrences des pénétrations dans l'orage est extrêmement différent dans une situation et dans l'autre. Les orages sont notés sur une échelle de 1 à 6 par ordre d'intensité croissante. En régime de croisière, les pilotes ne pénètrent à peu près jamais dans des orages d'intensité 3, 4 et 5, alors qu'ils le font des centaines de fois en approche. Sur 281 vols analysés lors d'une approche par temps d'orage d'intensité 3 à 5,

1. BST, 2005, p. 80.
2. PAWLAK et RHODA.

seuls 10 % se sont déroutés. La conclusion s'impose d'elle-même : une fois à destination, les équipages prennent plus de risques qu'en vol de croisière. Une donnée supplémentaire issue de la même enquête du MIT illustre cette propension à atterrir coûte que coûte : les avions ont plus tendance à pénétrer dans le mauvais temps lorsqu'ils ont au moins quinze minutes de retard sur leur horaire.

Pour le BST canadien, il ne fait pas de doute que la difficulté à renoncer à l'atterrissage lorsque l'approche est engagée a joué un rôle majeur dans l'accident de l'Airbus d'Air France à Toronto lors d'un gros orage en août 2005 :

> Une fois que des personnes ont opté pour un plan d'action, il faut des indices très dissuasifs pour les sensibiliser au fait qu'il serait peut-être plus sage de modifier leur plan. Ayant pris la décision d'atterrir, les pilotes ont concentré toutes leurs énergies sur cette tâche et ont laissé passer des indices qui auraient peut-être pu justifier de repenser leur décision. Ces indices étaient les suivants : la piste ressemblait à un lac ; l'avion a dévié au-dessus de la trajectoire de descente ; l'avion allait toucher des roues plus loin que d'habitude ; la vitesse du vent était, semble-t-il, en train d'augmenter alors que sa direction changeait ; la qualité du freinage avait été qualifiée de mauvaise ; et la visibilité était quasiment nulle aux abords du seuil de piste[1].

1. BST, 2005, pp. 132-133.

Je reviens dans la seconde partie de l'ouvrage sur la « destinationite » comme dysfonctionnement majeur de la raison affectant toutes les actions humaines et sur lequel il convient d'être particulièrement vigilant.

*Chapitre II*

# LE DÉBAT DANS LA MARINE NUCLÉAIRE

Les porte-avions et sous-marins nucléaires des grandes puissances occidentales sont considérés par l'école des HRO comme des « organisations hautement fiables ». La fréquence des accidents y est nettement inférieure à ce que l'on pourrait attendre compte tenu des situations à haut risque auxquelles ils sont exposés. Il suffit pour l'illustrer de comparer leur fiabilité à celle des porte-avions et sous-marins russes de l'époque soviétique et des premières années de la période qui a suivi. Les quatre porte-aéronefs construits par l'URSS dans les années 1970 et 1980, le *Kiev*, le *Minsk*, le *Novorossiik* et le *Bakou*, ont tous été victimes de très graves incendies[1], et le porte-avions *Admiral Kuznetsov* a passé beaucoup plus de temps en maintenance qu'à naviguer. Quant aux sous-marins de l'époque soviétique, ils ont subi une hécatombe. La fiabilité occidentale, que l'on connaît mieux grâce à des études sur des bâtiments de la Marine américaine à propulsion nucléaire, est le résultat

1. Couteau-Bégarie, p. 95.

de principes forts et originaux, tels que la « hiérarchie restreinte impliquée », l'« interaction éducative permanente » et des processus d'« avocat du diable » et de « veto » que nous allons détailler. On y retrouve les principes fondamentaux appliqués dans l'aéronautique.

## LA FLEXIBILITÉ DE LA HIÉRARCHIE MILITAIRE

On imagine l'armée comme un cas exemplaire d'organisation rigide, extrêmement hiérarchisée et centralisée. Pourtant, dans les sous-marins nucléaires et sur les porte-avions, on observe une atténuation de la hiérarchie, structure dictée par l'impératif de fiabilité. À l'organisation hiérarchique classique — forte stratification, ordres non discutés, formalisme — est substituée dans certains cas et sur certains sujets une organisation radicalement différente, qui voit les experts et les anciens prendre le *leadership*, la discussion s'imposer et le formalisme disparaître. On retrouve alors, comme dans les cockpits et les tours de contrôle aérien, l'effacement de la relation d'autorité traditionnelle sous l'appellation de « hiérarchie restreinte impliquée ». Les constats dressés dans ce chapitre s'appuient sur mes propres observations lors d'une navigation dans un sous-marin nucléaire d'attaque français et sur les observations de l'école des HRO, qui s'est penchée sur le fonctionnement des porte-avions américains.

Une première indication, certes symbolique mais puissante, est fournie dès que nous pénétrons, en compagnie des officiers, dans un sous-marin nucléaire français pour partir en navigation : beaucoup d'entre eux enlèvent leurs galons. Bien entendu, chacun dans l'équipage sait qui est le commandant, le commandant en second, etc. Mais cette tradition revêt une signification forte : dans le sous-marin nucléaire, concentré de risques effrayants — fuite nucléaire, implosion, inondation, incendie, asphyxie —, l'essentiel n'est pas la hiérarchie, mais la coopération et la collégialité.

Lors de ma navigation, j'ai été le témoin d'un épisode révélateur sur la suspension du rapport hiérarchique traditionnel. Le sous-marin, bien qu'à propulsion nucléaire, possède un moteur diesel de secours. Un essai de ce dernier étant programmé, l'officier qui me chapeautait me conduisit auprès du diesel afin que je puisse observer la manœuvre. Le sous-marin s'était placé en immersion périscopique afin de capter, grâce à un tube appelé snorkel perçant la surface de l'eau, l'air nécessaire au moteur. La tension était perceptible, car le fonctionnement d'un moteur à explosion dans l'espace confiné du sous-marin ajoutait un danger supplémentaire à la somme déjà considérable de risques. De l'eau pouvait notamment entrer dans le snorkel en cas d'échec du démarrage. On m'avait d'ailleurs demandé de prendre mon masque à oxygène. Si trois tentatives de démarrage du moteur échouaient, le bâtiment devait rentrer à sa base. Tous les officiers et membres d'équipage de quart étaient à leur poste et l'ordre fut donné de lancer la machine. Des vannes et boutons furent maniés dans un ballet empressé. Le moteur toussa et toussa encore. Une fumée s'éleva du pont inférieur du bâtiment, suivie d'un long silence et d'actions exécutées en urgence sur divers équipements. La première tentative avait échoué. Les officiers, visiblement préoccupés, accoururent aussitôt. Une délibération de crise se déroula alors entre les officiers, le sous-officier en charge de la mécanique et les hommes d'équipage. Les options étaient soit de tenter un deuxième essai, ce qui ne laissait plus, s'il échouait à son tour, qu'une ultime chance de ne pas rentrer à la base, soit de rechercher les causes du démarrage avorté, avec peu d'espoir d'aboutir s'il s'agissait d'un simple raté à froid et un gros retard dans le programme. Je pus constater qu'à cet instant le pouvoir de décision était nettement passé des officiers au sous-officier mécanicien. Alors que ce dernier donnait son avis, les autres étaient suspendus à ses lèvres. Le commandant finit par lui demander : « Bon, alors ? » Un silence suivit, puis le mécanicien déclara non sans un léger sourire traduisant sa conscience d'être le décideur de fait : « Je pense qu'il n'a pas démarré parce qu'il était froid depuis un moment. Allez, il va démarrer. » Le bâtiment se prépara pour le deuxième essai dans un climat de tension qui avait encore grimpé d'un degré. On me dit : « Si le deuxième démarrage échoue, mettez votre masque et branchez-le sur le circuit d'oxygène. » Cela illustrait suffisamment le danger et la responsabilité assumée par le sous-officier mécanicien. Le deuxième essai fut le bon : le moteur démarra accompagné d'un soupir de soulagement collectif. Au cours de la scène à laquelle je venais d'assister, la hiérarchie avait bien été suspendue puisque, dans d'autres circonstances, le sous-officier serait resté soumis à l'autorité du commandant, par exemple en cas de retard sans motif à un retour de permission.

J'ai été témoin d'une autre anecdote, elle aussi très révélatrice. Au cours de la navigation en plongée, j'ai proposé au commandant de donner à l'ensemble de l'équipage une petite conférence sur mon livre *Les Décisions absurdes*. Sa réponse me surprit : il y était personnellement favorable mais devait demander l'accord de l'équipage en s'adressant à son représentant (qui accepta). En surface, j'ai donné la même conférence aux stagiaires de l'école de navigation sous-marine, mais cette fois sur proposition du seul commandant de l'escadrille des sous-marins nucléaires d'attaque. Pour les stagiaires, c'était une obligation d'y assister, non une option. Une même décision, collégiale en plongée, redevenait directive en surface.

Mes observations sont corroborées par un article de recherche de deux sociologues qui ont navigué dans un sous-marin nucléaire d'attaque américain[1]. L'amiral Hyman G. Rickover, qui est le père de la propulsion sous-marine nucléaire américaine, avait fait le choix de responsabiliser forte-

1. Bierly et Spender, pp. 639-656.

ment les opérateurs au bas de la hiérarchie. Lui-même portait rarement l'uniforme et n'hésitait pas à contester sa hiérarchie[1]. Compte tenu de la fiabilité des chaufferies nucléaires de la marine américaine, l'amiral avait été consulté sur l'accident de la centrale nucléaire de Three Mile Island (TMI). Voici les conclusions des auteurs :

> Dans l'enquête de TMI, Rickover a insisté sur le fait que cette extraordinaire fiabilité n'était pas due à la nature militaire de la structure et du personnel, mais à la sélection attentive d'individus hautement intelligents et motivés qui étaient profondément formés et ensuite tenus pour personnellement responsables[2].

L'école des HRO observe ce même mécanisme de hiérarchie restreinte sur les porte-avions nucléaires américains :

> Notre équipe a observé avec une certaine surprise l'adaptabilité et la flexibilité de ce qui est, après tout, dans l'accomplissement quotidien de ses tâches une organisation militaire. Sur le papier, le bateau est organisé de façon formelle fortement hiérarchisée par grade avec des chaînes de commandement claires, et des moyens pour mettre en œuvre l'autorité bien supérieurs à ceux de toute organisation civile. Nous supposions qu'il était conduit selon un code, dans une suite constante d'ordres formels, saluts et « oui chef ! ». C'est sou-

1. *Ibid.*, pp. 650-651.
2. *Ibid.*, p. 651.

> vent comme ça, mais les opérations aéronavales ne sont pas conduites de cette façon. Les opérations et programmes aériens sont habituellement menés comme si l'organisation était relativement plate et collégiale[1].

La distribution du pouvoir de décision lors des appontages est donnée en exemple dans une autre étude[2]. Huit à dix personnes, qui n'ont pas un rang élevé dans la hiérarchie, interviennent. Le *spotter*, qui identifie l'appareil devant apponter, déclare le nom et le poids de ce dernier afin que puisse être déterminée la tension du brin d'arrêt. Il vérifie en outre la bonne configuration du système d'arrêt, déclare le pont dégagé (*fair*) ou non (*foul*), vérifie le déploiement du train et de la crosse sur l'avion et constate enfin à haute voix la situation finale d'appontage. À tout moment, il a le pouvoir de déclarer une situation qui interrompra automatiquement l'appontage. L'instruction de ne pas apponter sera alors donnée au pilote. Pourtant, le rang de *spotter* est relativement modeste dans la hiérarchie de l'équipage : c'est un sous-officier, de même grade que le mécanicien sous-marinier dans l'exemple précédent. À chaque instant, n'importe laquelle des dix personnes impliquées, quel que soit son grade, peut décider d'interrompre le processus d'appontage :

1. LaPorte *et al.*, 1987, p. 83 (je traduis).
2. Halpern *et al.*, pp. 614-624.

> Dans cette situation, plutôt qu'un processus centralisé de décision, nous observons une dispersion du pouvoir de décision. N'importe lequel des nombreux chaînons du processus de décision, qui sont souvent des hommes de rang inférieur, peut émettre un veto vis-à-vis de l'autorisation d'apponter[1].

La structure relativement horizontale du pouvoir de décision en matière d'appontage n'est pas systématique. LaPorte *et al.* ont été témoins d'un incident dans lequel la décision est remontée au niveau du commandant d'aviation, ou CAG (Carrier Air Group commander), équivalent du chef « avia » en France. Il s'agissait d'appontages de nuit. Un pilote a signalé une indication défectueuse de déploiement du train d'atterrissage. Le directeur de pont a demandé au pilote d'effectuer des tours autour du bateau et le chef de l'escadrille est entré en contact radio avec ce pilote. Le CAG, qui supervisait le responsable de l'escadrille, a rapidement pris la décision d'envoyer l'avion sur une base terrestre où la sécurité de l'atterrissage serait mieux assurée. Il est intéressant de noter que le CAG a justifié son intervention non par son niveau hiérarchique, mais par son expérience. Il avait déjà vécu des pertes d'appareil parce qu'on attendait trop longtemps pour décider l'appontage ou le déroutement vers une piste terrestre. Dans cette organisation à haut risque, le titulaire d'un grade élevé a préféré justifier

1. *Ibid.*, p. 618 (je traduis).

sa décision par sa pertinence plutôt que par son droit hiérarchique à la prendre.

## L'INTERACTION ÉDUCATIVE PERMANENTE

L'observation des sous-marins et porte-avions nucléaires met au jour un système social présentant une double caractéristique : des interactions permanentes entre tous les acteurs dans tous les sens et un processus intense de formation sur le terrain, ces deux mécanismes étant étroitement imbriqués, facteur puissant de fiabilité. Les sociologues qui ont passé plusieurs semaines d'observation sur des bâtiments américains en témoignent et parlent du porte-avions comme d'une gigantesque école :

> Le résultat [de ce fonctionnement] est un système relativement ouvert qui exploite le processus de formation et de remise à niveau comme un moyen de socialisation et d'acculturation. À tout moment, tous, excepté les officiers et hommes d'équipage les moins expérimentés, jouent le rôle d'enseignant autant que celui d'élève. Par exemple un lieutenant de vaisseau typique essaie simultanément de maîtriser son poste, former ses jeunes subordonnés et se former au prochain poste qu'il occupera vraisemblablement. S'il vient juste de monter à bord, il est aussi engagé dans la maîtrise ou le transfert de toutes les connaissances cumulées sur les spécificités de l'activité,

> du bâtiment et du personnel dans un délai dépassant rarement quelques semaines. En plus de ces interactions informelles entre gradés, d'une part, et entre gradés et hommes d'équipage, d'autre part, ces officiers et hommes d'équipage tout autant sont vraisemblablement aussi engagés dans des programmes d'études institutionnels pour acquérir de nouvelles compétences en vue de la progression de carrière ou de la valorisation de ces compétences. En conséquence, le bateau nous est apparu comme une gigantesque école, non dans le sens de la formation scolaire, mais dans le sens positif d'une recherche authentique en vue de l'acquisition et de l'amélioration des compétences[1].

Mes observations lors de ma navigation dans un sous-marin nucléaire d'attaque français vont exactement dans le même sens. Je voyais les officiers et membres d'équipage occupés en permanence à des tâches de formation. Il s'agissait soit d'un officier en train de commenter un polycopié à un collègue, soit d'une explication diffusée à un petit groupe à l'occasion d'une manœuvre, soit d'un exercice pour former les nouveaux, soit d'une discussion informelle passionnée à fort contenu pédagogique. Un épisode significatif illustre ce phénomène. Alors que nous naviguions en surface au large de Toulon pour gagner la haute mer, je me trouvais au sommet du kiosque en compagnie du commandant et de quelques personnes chargées de la navigation. Soudain, le

1. LaPorte *et al.*, 1987, pp. 82-83 (je traduis).

commandant a lancé : « On va en profiter pour effectuer un exercice d'homme à la mer. On va dire qu'il est tombé là. Qu'est-ce que vous faites ? » Après quoi il a commenté et corrigé l'action : « Toi, tu suis du regard l'homme à la mer. Attention ! Tu ne le lâches pas des yeux. » Guillaume Alexandre, un journaliste ayant navigué dans un sous-marin nucléaire français, explique dans le récit de son expérience que l'on appelle toute cette activité à bord l'« université »[1]. Il est assez savoureux que les hommes d'équipage désignent leur sous-marin nucléaire, mélange de technologie contraignante et d'organisation militaire, par la métaphore de l'université, une organisation particulièrement souple et de fonctionnement plutôt horizontal. Charles Perrow, auteur d'un ouvrage sur les technologies à haut risque, place d'ailleurs le nucléaire et l'université aux deux extrémités d'un axe qui va des « systèmes étroitement liés » aux « systèmes faiblement liés »[2].

Il convient de préciser que cette activité formatrice est totalement intégrée au processus intensif des échanges ordinaires : socialisation, conversations, relations de camaraderie. Il est impossible de dissocier un temps de formation exclusif et un temps d'échanges de socialisation. Dans le sous-marin, le PCNO (poste central navigation et opération), qui regroupe toutes les activités et fonctions essentielles (barre, périscope,

1. Alexandre, p. 67.
2. Perrow.

écoute et analyse, sécurité, centrale à inertie, armes), est à la fois un lieu de forte socialisation, où des acteurs de tous grades se retrouvent dans un espace minuscule pendant de longs moments et échangent, et d'apprentissage intensif sur le tas.

L'incorporation dans l'arme sous-marine est fondée sur le volontariat. J'ai demandé à plusieurs membres d'équipage et sous-officiers pourquoi ils avaient choisi ce corps si exigeant. Pour donner une idée des contraintes dans un sous-marin nucléaire français, il suffit d'indiquer qu'il offre, pour soixante-quinze personnes, 90 m$^2$ de surface habitable et trois poulaines (toilettes), évidemment sans aucune vue sur l'extérieur. Le premier motif est l'ambiance de solidarité qui y règne. Chacun m'a répondu que les relations humaines sont beaucoup plus chaleureuses et gratifiantes dans un sous-marin que sur un bâtiment de surface, où les cloisonnements entre spécialités et activités peuvent être forts. Tous, en dépit de la promiscuité et de l'inconfort, m'ont assuré qu'ils n'échangeraient pour rien au monde leur place dans le sous-marin. Un membre de l'équipage de la tranche machine m'a confié qu'il lui arrivait de prendre son quart en avance pour retrouver ses camarades ! Le journaliste déjà cité rapporte que certains marins estiment que la cohésion et la fraternité étaient encore plus fortes dans les sous-marins à moteur diesel que dans ceux à propulsion nucléaire, celle-ci s'étant accompagnée d'éléments de confort tels que l'eau en relative abondance ou l'air artificiel[1].

Une anecdote illustre l'intégration camaraderie-formation. Quand j'ai donné ma conférence en plongée sur la « sociologie des erreurs radicales et persistantes », les marins qui étaient de quart n'avaient pu y assister. J'appris que des diapositives PowerPoint leur avaient été diffusées et commentées par leurs collègues présents. J'ai donné de nombreuses conférences sur le sujet, mais c'est bien la seule fois où j'ai constaté une telle exploitation collective, à la fois solidaire et éducative, de mon travail.

## AVOCAT DU DIABLE ET DROIT DE VETO

Au cours du décollage de la navette spatiale *Columbia*, le 16 janvier 2003, un morceau de mousse isolante s'était détaché du réservoir principal et avait détérioré une partie de la protection thermique d'une des ailes. Au retour de la navette dans l'atmosphère terrestre, le 1er février, la brèche s'est étendue entraînant la perte de l'appareil et des sept membres d'équipage. Le rapport d'enquête diffusé au cours du second semestre 2003 contient un diagnostic sociologique sur l'organisation de la NASA qui souligne de nombreuses insuffisances. Les enquêteurs critiquent notamment les processus de décision,

1. Alexandre, p. 56.

qu'ils opposent à ceux en vigueur dans l'industrie et sur les bâtiments nucléaires de la marine américaine, dont toute l'organisation repose sur l'acquisition d'une fiabilité extrême. Les faits parlent d'eux-mêmes : là où la NASA a connu deux catastrophes majeures, la destruction des navettes *Challenger* et *Columbia*, la marine nucléaire américaine n'a enregistré aucune fuite radioactive depuis sa création.

Depuis lors, les responsables des vols habités de la NASA se sont rapprochés de la marine pour analyser ses principes d'organisation, les comparer à ceux de la NASA et en tirer les enseignements. Ce processus a été intitulé NNBE (NASA/Navy Benchmarking Exchange). Le rapport de trois cents pages qui en est issu est disponible sur Internet en quasi-totalité, seules quelques pages confidentielles ayant été caviardées. L'élément le plus intéressant de ce rapport est ce qu'il dit de la dynamique de décision de la marine nucléaire, dont les deux éléments saillants sont la valorisation du rôle d'avocat du diable et le droit de veto, fruits du management de l'amiral Rickover. C'est lui qui avait conçu et supervisé la construction de deux cents sous-marins et vingt-trois porte-avions et croiseurs à propulsion nucléaire. Forte personnalité, il était doté d'une intelligence hors du commun des phénomènes d'organisation. Pour lui, l'organisation ne se résumait pas à un organigramme. Il s'agissait d'une société humaine, dont il fallait finement prendre en compte la dimension sociologique. Cela l'a conduit à mettre l'accent sur le débat contradictoire et à en faire une valeur fondamentale de l'institution.

Le premier élément du débat contradictoire dans la marine nucléaire américaine est la valorisation de la fonction d'avocat du diable. Dans l'esprit de Rickover, il ne s'agit pas d'un rôle à proprement parler, mais d'un processus, d'un principe d'action :

> On doit instituer la capacité de ses cadres à produire des arguments clairs et puissants en faveur des avis opposés autant qu'en faveur de leurs propres avis. Les discussions ouvertes et les désaccords doivent être encouragés, de telle façon que tous les aspects d'un problème soient complètement explorés. De plus, les questions importantes devraient être présentées par écrit. Rien n'aiguise plus le processus de pensée que de mettre par écrit ses arguments. Les faiblesses ignorées dans la discussion orale deviennent douloureusement évidentes sur la page écrite[1].

Aux enquêteurs de la NASA, les membres de la marine ont expliqué que même en l'absence de désaccords le management avait l'obligation de susciter un débat contradictoire. Cela s'est traduit dans le rapport NNBE par des formulations variées, comme « droit à ne pas être d'accord » ou « importance donnée à l'opinion minoritaire », pour traduire le principe d'avocat

1. NNBE, 2003, p. 13 (je traduis). Cf. aussi Bierly et Spender, p. 651.

du diable. Le directeur de la propulsion nucléaire, l'amiral Bowman, leur a confié que, lorsque des décisions importantes étaient abordées, il se sentait mal à l'aise s'il n'entendait aucune opinion divergente. Cela en dit long sur la force de ce principe dans la culture de la marine nucléaire américaine.

Le second élément du débat contradictoire dans les bâtiments nucléaires américains est l'institution officielle et structurée d'un droit de veto dans les principaux processus de décision. En cas de problèmes techniques de conception ou d'exploitation les directeurs de projet ont l'obligation d'obtenir l'accord de directions techniques indépendantes, appelées NAVSEA 05 et 07. À la NASA, ces problèmes étaient soumis, au moins jusqu'à la publication du benchmarking, par les directeurs de projet à un comité de directeurs techniques dépourvus de droit de veto. C'est là une différence majeure entre la marine et la NASA qu'a mise en évidence l'enquête de comparaison des deux organisations[1]. La figure 1 illustre cette différence majeure entre les deux approches.

Dans la deuxième partie, nous généraliserons ces processus contradictoires observés dans la marine comme facteur essentiel de fiabilité des décisions.

1. NNBE, 2003, p. 44.

*Figure 1*

Processus de décision avec droit de veto (Marine américaine) et sans (NASA)

Traitements des problèmes techniques à la NASA (jusqu'aux alentours de 2003)

Le directeur de projet est représenté par le point noir.

Les points blancs représentent les participants sans droit de veto, qui disposent uniquement d'un droit d'appel à leur hiérarchie.

Traitements des problèmes techniques dans la Marine américaine

Le directeur de projet (point gris) est à égalité avec les deux autres responsables (technique et sécurité), qui disposent d'un droit de veto.

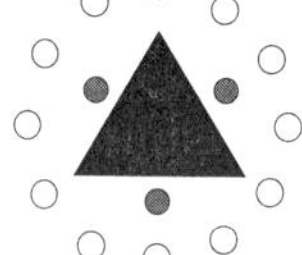

Les points blancs représentent les participants sans droit de veto, qui disposent uniquement d'un droit d'appel à leur hiérarchie.

*Chapitre III*

# AU CŒUR DU BLOC OPÉRATOIRE

Dans le domaine de la santé, et plus particulièrement en médecine de pointe, la fréquence des événements indésirables est très élevée en comparaison d'autres activités sensibles. Par exemple, le risque de décès en chirurgie est de 1 pour 1 000 alors qu'il est de 1 pour 1 000 000, voire moins, dans le transport aérien. De plus, les conséquences des erreurs y sont souvent dramatiques. Le facteur humain joue ici de façon très importante, car le métier conserve une grande part d'artisanat.

Pour toutes ces raisons, la sociologie de la fiabilité dans la médecine mérite une attention particulière. On observe notamment des expériences de transfert des méthodes de fiabilité en provenance de l'aéronautique. Je n'ai retenu dans ce chapitre que des cas exemplaires mettant en évidence les questions d'autorité et de communication, ainsi que l'importance du renforcement linguistique et de la formation des équipes[1].

1. Pour un tour d'horizon bien documenté de la gestion des risques dans les établissements de santé, cf. DOZIÈRES *et al.*

## AUTORITÉ ET COMMUNICATION EN MÉDECINE DE POINTE

En médecine de pointe comme dans l'aéronautique, l'aéronavale ou les forces sous-marines, la forte restriction du rapport hiérarchique revêt un caractère décisif. C'est ce que démontrent trois études, conduites respectivement par une équipe de sociologues de l'université du Texas, Élie Azoulay, du service de réanimation de l'hôpital Saint-Louis à Paris, et Amy Edmondson, de la Harvard Business School.

### *Comparaison cockpits-équipes médicales*

Une équipe de sociologues de l'université du Texas a conduit une étude comparative sur le travail en équipe des unités hospitalières de haute technologie (blocs opératoires, soins intensifs, réanimation) et des équipages dans un cockpit[1]. L'étude est particulièrement intéressante en ce qu'elle donne une idée de la dynamique de décision dans des univers qui connaissent, comme nous l'avons vu, de grands écarts de fréquence des erreurs, la mortalité dans les blocs opératoires étant de 1 pour 1 000, ce qui équivaudrait à un crash d'avion de ligne chaque semaine.

1. HELMREICH *et al.*

Les universitaires ont mené leur enquête auprès de trente mille pilotes, de quarante compagnies aériennes différentes, dans vingt-cinq pays et sur quinze ans. S'agissant des unités hospitalières, ils ont interrogé mille trente-trois spécialistes et infirmières, dans treize hôpitaux, en Italie, Allemagne, Suisse et Israël ainsi qu'aux États-Unis et sur trois ans.

Diverses propositions étaient soumises à l'appréciation des pilotes et des chirurgiens, parmi lesquelles l'affirmation suivante : « Les membres juniors de l'équipe ne devraient pas discuter les décisions prises par les membres seniors », affirmation qui témoigne évidemment d'une conception autoritaire du leadership. Seuls 2 % des pilotes ont dit l'approuver contre 23 % des chirurgiens, soit près du quart. Inversement, presque tous les pilotes ont considéré que les jeunes devaient discuter les décisions des anciens, contre seulement la moitié des chirurgiens. Si le fonctionnement démocratique du cockpit est devenu un standard en matière de pilotage, puisque le copilote a le devoir de contester l'autorité du commandant de bord lorsque ce dernier lui semble commettre une erreur, on en est loin dans les unités médicales. L'écart de sécurité entre l'aviation civile et les hôpitaux n'est pas étranger à cette différence d'approche de la dynamique de décision, même si les contraintes sont différentes.

Une seconde illustration des problèmes de travail collectif en chirurgie est le désaccord concernant la qualité de coopération entre les équipes chirurgicales et celles d'anesthésie. Alors que 62 %

des chirurgiens jugent que le travail d'équipe avec les anesthésistes est de niveau élevé, seuls 41 % de ces derniers sont de cet avis. Ce désaccord sur ce que pense l'autre est un exemple flagrant d'erreur de communication silencieuse.

L'équipe de chercheurs a également effectué des enquêtes qualitatives en suivant trois mille deux cent quatre vols commerciaux du départ à l'atterrissage et quatre-vingt-seize opérations chirurgicales de l'arrivée du patient au transfert en salle de réveil et conclu que ces observations de terrain confirment les statistiques.

## *Les unités de soins intensifs*

Sous la direction d'Élie Azoulay, du service de réanimation de l'hôpital Saint-Louis à Paris, une enquête d'une ampleur exceptionnelle a été réalisée sur les conflits dans trois cent vingt-trois unités de soins intensifs dans vingt-quatre pays. Ces résultats ont été publiés en anglais[1]. Il était demandé aux soignants d'indiquer le nombre et les circonstances des conflits éventuels survenus la semaine précédant l'investigation. Le résultat majeur inquiétant de cette enquête est que 72 % des équipes interrogées ont fait état d'au moins un conflit. Dans la moitié des cas, ces conflits ont été jugés sévères ou dangereux.

Pour une large part, ces conflits sont attribués à des problèmes de communication, comme

1. AZOULAY *et al.*

l'absence de réunions de service régulières. Rapprochant ces résultats d'autres publications sur le fonctionnement des unités médicales, les auteurs écrivent :

> Nous avons constaté que des conflits ont moins de chance de survenir dans les unités de soins intensifs qui tiennent des réunions d'équipe régulières. Des études précédentes ont montré que les réunions d'unité pour un débriefing entre les différents métiers se tiennent rarement. Les infirmières ont témoigné qu'il est difficile de donner son avis, que les désaccords ne sont pas résolus de façon appropriée et que la participation des infirmières à la prise de décision devrait être accrue, mais que cela n'est pas bien accepté par les médecins[1].

Ils ajoutent :

> Des réunions de service avec l'infirmière-chef d'équipe et le directeur de l'unité se relayant dans le rôle d'animateur offrent d'excellentes occasions de souligner l'importance des infirmières dans l'unité de soins intensifs, d'améliorer le respect et la compréhension au sein de l'équipe et de s'assurer que tous ses membres transmettent le même message aux patients et aux familles. Au cours des réunions de service, les membres de l'équipe peuvent s'exprimer, discuter de leurs désaccords, identifier et résoudre les sources d'hostilité, échanger des informations à propos des patients et des familles et communiquer leurs doutes concernant les déci-

1. *Ibid.*, p. 858 (je traduis).

sions médicales. Des réunions bien menées peuvent promouvoir le sentiment que chaque membre contribue de manière équivalente à la chaîne d'événements susceptibles d'avoir une influence sur le bien-être du patient comme celui des familles, l'épuisement des soignants et la survenue de conflits[1].

## *Les blocs opératoires de chirurgie cardiaque*

Amy Edmondson a dirigé une recherche particulièrement instructive de la Harvard Business School[2] consistant à étudier l'introduction d'une nouvelle technologie de chirurgie cardiaque, dite « mini-invasive », ou MICS (Minimally Invasive Cardiac Surgery), qui réduit la douleur et la durée de convalescence. Sa mise en œuvre dans les équipes, composées de chirurgiens, d'anesthésistes, de perfusionnistes et d'infirmières, était exigeante. L'idée intéressante fut d'examiner comment cette technologie avait été appliquée dans seize équipes chirurgicales réparties dans les cent cinquante hôpitaux américains qui en avaient fait l'acquisition. La recherche a porté toute son attention sur les questions de leadership et de communication.

Un premier résultat remarquable est que la discussion ouverte (*speaking up*) a puissamment facilité l'implantation de la nouvelle technique. Les entretiens qualitatifs et les résultats quantita-

1. *Ibid.*
2. EDMONDSON.

tifs démontrent que les équipes chirurgicales où régnait une expression collective libérée des frontières hiérarchiques et professionnelles ont beaucoup mieux réussi que les autres. Un anesthésiste a déclaré :

> Avec la chirurgie très peu invasive, il faut échanger en permanence. Par exemple, je dois pouvoir dire à un chirurgien d'arrêter de faire ce qu'il est en train de faire. Il est essentiel de développer des modèles de communication tels que celui de l'anesthésiste pouvant « dire au chirurgien ce qu'il faut faire ». Ça doit devenir légitime. C'est très important. Chacun des membres de l'équipe étant détenteur d'informations clés, la communication est essentielle. N'importe qui doit avoir la possibilité de dire quelque chose de pertinent concernant l'opération[1].

L'observation montre que les équipes chirurgicales les plus efficaces sont celles où la discussion intensive a été non seulement facilitée à l'intérieur de l'équipe, mais aussi étendue aux différents métiers à l'extérieur, comme l'échographie ou la salle de réveil.

Le second résultat remarquable de l'étude est que les équipes les plus performantes dans la mise en œuvre du MICS sont celles dont les responsables ont fortement atténué les symboles et les prérogatives de la hiérarchie. Edmondson appelle cela *downplaying power differences* (atténuer les dénivellations de pouvoir). L'invitation des infir-

1. *Ibid.*, p. 1435 (je traduis).

mières et perfusionnistes à un séminaire habituellement réservé aux médecins est un exemple parmi d'autres de cet effacement de la hiérarchie. L'atténuation des attributs du pouvoir se manifeste tout particulièrement dans le traitement des erreurs. Dans une équipe, un perfusionniste rapporte : « Quand le chirurgien commet une erreur, il écrit immédiatement une note à la totalité du groupe pour expliquer comment cela s'est passé. » Tous les membres d'une autre équipe ont raconté un même événement dont la dimension symbolique d'effacement du pouvoir les a marqués. Alors qu'une opération était en cours, une infirmière a commis une grave erreur. Elle a laissé tomber au sol un greffon de veine. Tous ont noté que le chirurgien, au lieu de crier ou d'émettre des reproches, s'est tu et est tranquillement allé prélever un autre greffon sur la jambe du patient. Edmondson parle de « sécurité psychologique » pour qualifier la situation créée par l'effacement de la hiérarchie. Cette expression est intéressante en ce qu'elle souligne le puissant impact du nouveau style de management sur l'état d'esprit de l'équipe.

Le troisième facteur qui a facilité l'introduction du MICS est un processus éducatif intégré à la vie de l'équipe : les équipes les plus performantes sont celles où le patron du groupe diffuse des explications très pédagogiques sur l'intérêt de la nouvelle technique. D'autres processus éducatifs sont venus compléter cet arsenal pédagogique, comme des opérations à blanc qui furent à la fois des phases de forte interaction et de formation intensive.

## LE « TSUNAMI » DE LA CHECK-LIST DE BLOC OPÉRATOIRE

Des actes de renforcement linguistique tels que la check-list ont fait leur apparition ces dernières années dans la médecine critique (chirurgie, anesthésie, soins intensifs) avec des résultats spectaculaires.

L'introduction de la check-list de bloc opératoire a « secoué le monde médical » au point d'être qualifiée de « tsunami » de la sécurité[1]. Une étude sur cette introduction, publiée dans le prestigieux *New England Journal of Medicine*, a été menée dans huit hôpitaux de Toronto, Seattle, Londres, Manille, Amman, Ifakara (Tanzanie), Delhi et Auckland. Elle analyse les effets sur les complications opératoires de l'utilisation systématique d'une check-list au cours des différentes phases de l'intervention chirurgicale. Proposée par l'OMS, cette check-list comprend dix-neuf critères simples. Dans l'ensemble des huit hôpitaux concernés, 3 733 patients ont été opérés sans check-list et 3 955 avec. Dans le second groupe, la mortalité des opérés a chuté de 57 % par rapport au premier, et les complications postopératoires ont diminué de 36 %. Tous les hôpitaux ont vu leurs résultats s'améliorer, qu'ils se trouvent en zone rurale, comme celui d'Ifakara, ou urbaine, à l'image des

1. PIRIOU, pp. 421-422.

hôpitaux réputés de Seattle, Toronto ou Londres. Selon le professeur François Clergue, des Hôpitaux universitaires de Genève, si l'on extrapole ces résultats « aux 5,6 millions d'opérations réalisées chaque année en France, c'est entre 20 000 et 40 000 morts qui pourraient être évités[1] ». Ces effets considérables illustrent toute la puissance du concept de renforcement linguistique de l'interaction pour la fiabilité des organisations et l'erreur qu'il y aurait à s'imaginer que cela ne concerne que la navigation aérienne et maritime ou les activités militaires. Le 1er janvier 2010, la check-list de bloc opératoire est devenue obligatoire pour obtenir la certification en France. La version 2011 de cette check-list est reproduite à la figure 2.

On note en particulier que le point 2 concerne la prévention, entre autres, des erreurs absurdes de côté et le point 10, deuxième puce, l'oubli tout autant absurde d'objets (compresses, par exemple) chez le patient.

## UN AUTRE « TSUNAMI » : LA FORMATION AUX FACTEURS HUMAINS

Un autre tsunami secoue la communauté médicale. Il s'agit d'une recherche récente (2010)[2] qui a démontré qu'une formation aux facteurs humains

1. CLERGUE, p. 423.
2. NEILY *et al.*, pp. 1693-1700.

**AVANT INDUCTION ANESTHÉSIQUE**
*Temps de pause avant anesthésie*

1. L'identité du patient est correcte : ☐ Oui ☐ *Non**
2. L'intervention et site opératoire sont confirmés :
   - *idéalement* par le patient et dans tous les cas, par le dossier ou procédure spécifique ☐ Oui ☐ *Non**
   - la documentation clinique et para clinique nécessaire est disponible en salle ☐ Oui ☐ *Non**
3. Le mode d'installation est connu de l'équipe en salle, cohérent avec le site / intervention et non dangereux pour le patient ☐ Oui ☐ *Non**
4. La préparation cutanée de l'opéré est documentée dans la fiche de liaison service / bloc opératoire (ou autre procédure en œuvre dans l'établissement) ☐ Oui ☐ *Non** ☐ N/A
5. L'équipement / matériel nécessaire pour l'intervention est vérifié et ne présente pas de dysfonctionnements
   - pour la partie chirurgicale ☐ Oui ☐ *Non**
   - pour la partie anesthésique ☐ Oui ☐ *Non**
     *Acte sans prise en charge anesthésique* ☐ N/A
6. Vérification croisée par l'équipe de points critiques et mise en œuvre des mesures adéquates :
   Le patient présente-t-il un :
   - risque allergique ☐ Non ☐ *Oui**
   - risque d'inhalation, de difficulté d'intubation ou de ventilation au masque ☐ Non ☐ *Oui** ☐ N/A
   - risque de saignement important ☐ Non ☐ *Oui**

**AVANT INTERVENTION CHIRURGICALE**
*Temps de pause avant incision*

7. Vérification « *ultime* » croisée au sein de l'équipe, en présence des chirurgien(s) – anesthésiste(s) / IADE – IBODE / IDE
   - identité patient confirmée ☐ Oui ☐ *Non**
   - intervention prévue confirmée ☐ Oui ☐ *Non**
   - site opératoire confirmé ☐ Oui ☐ *Non**
   - installation correcte confirmée ☐ Oui ☐ *Non**
   - documents nécessaires disponibles (notamment imagerie) ☐ Oui ☐ *Non** ☐ N/A
8. Partage des informations essentielles, oralement au sein de l'équipe sur les éléments à risque / étapes critiques de l'intervention (*Time out*)
   - sur le plan chirurgical ☐ Oui ☐ *Non**
     (temps opératoire difficile, points spécifiques de l'intervention, identification des matériels nécessaires, confirmation de leur opérationnalité, etc.)
   - sur le plan anesthésique ☐ Oui ☐ *Non**
     *Acte sans prise en charge anesthésique* ☐ N/A
     (risques potentiels liés au terrain ou à des traitements éventuellement maintenus, etc.)
9. L'antibioprophylaxie a été effectuée selon les recommandations et protocoles en vigueur dans l'établissement ☐ Oui ☐ *Non** ☐ N/R
   La préparation du champ opératoire est réalisée selon le protocole en vigueur dans l'établissement ☐ Oui ☐ *Non** ☐ N/A

N/A : quand le critère est Non Applicable pour cette intervention
N/R : quand le critère est Non Recommandé pour cette intervention

**APRÈS INTERVENTION**
*Pause avant sortie de salle d'opération*

10. Confirmation orale par le personnel auprès de l'équipe :
    - de l'intervention enregistrée, ☐ Oui ☐ *Non**
    - du compte final correct des compresses, aiguilles, instruments, etc. ☐ Oui ☐ *Non** ☐ N/A
    - de l'étiquetage des prélèvements, pièces opératoires, etc. ☐ Oui ☐ *Non** ☐ N/A
    - si des événements indésirables ou porteurs de risques médicaux sont survenus : ont-ils fait l'objet d'un signalement / déclaration ? ☐ Oui ☐ *Non** ☐ N/A
      Si aucun événement indésirable n'est survenu pendant l'intervention, cochez N/A
11. Les prescriptions pour les suites opératoires immédiates sont faites de manière conjointe entre les équipes chirurgicale et anesthésiste ☐ Oui ☐ *Non**

DÉCISION CONCERTÉE EN CAS DE NON-CONFORMITÉ OU DE RÉPONSE MARQUÉE D'UN *

SELON PROCÉDURE EN VIGUEUR DANS L'ÉTABLISSEMENT

Attestation que la check-list a été renseignée suite à un partage des informations entre les membres de l'équipe

Chirurgien | Anesthésiste / IADE | Coordonateur CL

*Figure 2*

Check-list « Sécurité du patient au bloc opératoire », version 2011 (Haute Autorité de santé)

administrée à des équipes chirurgicales accélérait de 50 % la baisse de la mortalité chirurgicale. Cette étude a été effectuée au sein du système de santé américain VHA (Veterans Health Administration), qui fédère quelque cent cinquante-trois hôpitaux destinés au personnel militaire et aux anciens combattants.

Sur les cent huit centres de chirurgie examinés, soixante-quatorze ont bénéficié d'un programme de formation-action comprenant des briefings et des débriefings dans la salle d'opération et incluant notamment un apprentissage des check-lists collectives, des cours précédés de deux mois de préparation et des entretiens de *coaching* trimestriels. Afin de permettre à l'ensemble des équipes médicales (chirurgiens, anesthésistes, infirmières anesthésistes, infirmières et techniciens de bloc) d'assister aux cours, la salle d'opération était fermée pendant la session. Le contenu était inspiré des formations aux facteurs humains de l'aéronautique : travail en équipe, contestation mutuelle des membres de l'équipe quand des risques sont identifiés, conduite et animation collective des briefings préopératoires et des débriefings postopératoires, mise en œuvre des comportements favorisant la communication relative à la reconnaissance des incidents, à la façon de se conduire, au réexamen des situations et aux transmissions de consignes. Les entretiens trimestriels de *coaching* qui ont suivi les cours se sont étalés sur un an. Les auteurs de l'étude soulignent notamment les points suivants :

> Les briefings ont permis aux membres de l'équipe de déterminer comment elle communiquerait pendant l'acte chirurgical ; la formation leur a appris à s'encourager à parler librement des questions de sécurité. Les briefings avaient en outre pour objectif de passer en revue de façon méthodique les éléments clés du dossier du patient et ce qui était nécessaire pour l'acte. Les débriefings visaient à donner aux membres de l'équipe la possibilité d'exprimer verbalement ce qui avait bien marché et ce qu'il était nécessaire d'améliorer à l'avenir[1].

Tous ces établissements ont été comparés à un groupe de référence de trente-quatre centres qui n'avaient pas encore bénéficié du programme de formation. La mortalité chirurgicale, définie comme le décès de patients dans ou hors de l'hôpital dans les trente jours suivant l'opération pour quelque cause que ce soit, a été mesurée. On a constaté que le taux annuel de mortalité avait baissé de 18 % dans les centres formés et de seulement 7 % dans les centres non formés, soit une amélioration de 50 % entre les premiers et les seconds.

Un résultat extraordinaire de cette étude est que l'on observe une amélioration supplémentaire de la baisse de la mortalité après chaque trimestre de *coaching* et chaque séance de briefings-débriefings :

> Pour chaque trimestre de formation, le taux de mortalité par acte a baissé de 0,5 ‰ [...]. L'indica-

1. *Ibid.*, p. 1695 (je traduis).

> teur rapporté des briefings et débriefings effectués dans les différents centres chirurgicaux a montré que toute amélioration de l'indicateur de briefings et débriefings entraînait une baisse du taux de mortalité par acte de 0,6 ‰[1].

Les auteurs ont apporté un grand soin à leur analyse statistique en distinguant notamment les risques de mortalité inhérents aux patients ou à la complexité des actes. Leurs résultats ont été soumis à un organisme indépendant de calcul statistique qui les a validés.

## LA POLITIQUE DE NON-PUNITION DANS LE MONDE DE LA SANTÉ

Le principe d'immunité à l'égard des erreurs a fait son apparition dans le monde de la santé, bien qu'à une échelle moindre que dans l'aéronautique. Dans le système de santé américain des anciens combattants, totalisant huit cents hôpitaux et cliniques et quelque deux cent mille salariés, le directeur de la fiabilité, un ancien pilote et astronaute, a mis en place un système dont il avait fait l'expérience dans l'aéronautique : des rapports d'incidents anonymes assortis de l'engagement de ne pas sanctionner[2]. Cette institution a entre autres diffusé un film éducatif au nom évoca-

1. *Ibid.*, p. 1698.
2. BAGIAN.

teur pour notre propos : *Beyond Blame* (« Dépasser la notion de faute »). Destiné à sensibiliser les professionnels sur les risques dans la délivrance des médicaments, le film a acquis une audience nationale. Un organisme à but non lucratif appelé ISMP (Institute for Safe Medication Practices) a par ailleurs été créé dans le but de favoriser et collecter à l'échelle nationale des rapports anonymes d'erreurs de médication et de les prendre en compte pour la diffusion des résultats dans toutes les professions de santé.

Un autre exemple d'application d'une politique de non-punition concerne la Toscane, en Italie[1]. Le système de santé de cette région, qui compte quatre hôpitaux pour environ sept mille trois cents salariés, a mis en place une procédure de recueil d'erreurs anonymisé assorti d'une campagne de lutte contre la tendance à sanctionner et émettre des reproches. Le système de santé du district de Canterbury, en Nouvelle-Zélande, a de même élaboré un plan stratégique dans lequel une politique de non-punition du *reporting* des incidents et accidents est clairement et précisément définie[2].

En France, l'Académie nationale de médecine a adopté, lors de sa séance du 4 avril 2006, une directive de non-punition[3] comportant les recommandations suivantes : « La connaissance des défaillances ne peut résulter que d'une déclaration spontanée d'un des acteurs de soins. Elle

1. Albolino *et al.*
2. Anon., 2005.
3. David et Sureau.

implique deux conditions : une garantie de confidentialité et une absence de sanction. »

Une première application de cette directive a été, en 2006, une démarche d'accréditation spécifique proposée aux médecins travaillant en France. Si un médecin adhère à cette démarche, ses déclarations annuelles de deux ou trois « presque accidents », c'est-à-dire des événements indésirables qui n'ont pas entraîné de préjudice chez les patients, sont analysées par un organisme agréé par la Haute Autorité de santé, qui envoie ensuite un programme d'amélioration personnalisé au médecin déclarant et, éventuellement, si le cas analysé le justifie, émet des recommandations d'intérêt général. Seuls les médecins exerçant en hôpital ou en clinique peuvent s'inscrire à la démarche. Celle-ci est réservée à vingt et une spécialités considérées à risque, à l'exclusion de la pédiatrie, de la médecine d'urgence et de la médecine générale. Les médecins qui entrent dans cette démarche peuvent bénéficier d'une aide financière de l'assurance-maladie pour le paiement de leur prime d'assurance responsabilité civile, d'un coût très élevé, aide qui peut couvrir plus de la moitié du montant de la prime. L'important à retenir est le caractère non punitif du système. Après un an de fonctionnement, sur un potentiel de trente-cinq mille médecins, mille quatre cents étaient accrédités, et huit mille engagés dans la procédure. Mais la participation est très inégale. Très forte chez les libéraux, elle est faible chez les hospitaliers qui ne paient pas de prime d'assurance car ils sont garantis par l'assureur de l'hôpital[1].

La généralisation des comités de morbidité et de mortalité dans les établissements français de santé est une autre illustration du principe de non-punition. Il s'agit d'examiner les problèmes en excluant toute idée de recherche de responsables :

> C'est une véritable révolution culturelle. Jusqu'à présent, les réunions organisées par les médecins pour les médecins ont été consacrées à leurs succès, leurs beaux diagnostics, leurs guérisons miraculeuses. Les objectifs des comités de morbidité et de mortalité sont d'un tout autre ordre : lors de réunions hebdomadaires ou mensuelles organisées dans chaque service, avec la présence de tous les médecins du service, mais aussi de l'équipe soignante et au minimum des cadres infirmiers, il s'agit d'identifier les causes évitables de mortalité et de morbidité, en s'intéressant à ce qui s'est mal passé[2].

1. Sicot.
2. *Ibid.*

## *Chapitre IV*

# RISQUE D'AVALANCHE, EXPERTISE ET MACHISME

Lorsque l'on réfléchit à la fiabilité des décisions et des organisations dans le contexte desquels elles sont prises, on pense spontanément à des environnements à forte identité technologique, comme l'aéronautique, la médecine de pointe ou l'industrie nucléaire. Le cas des randonnées en haute montagne exposées aux avalanches ne vient pas spontanément à l'esprit. Pourtant, la façon dont y sont prises les décisions de franchir tel couloir ou dont le risque d'avalanche y est conçu met en évidence de très intéressantes problématiques en matière de fiabilité.

## LES DÉLIBÉRATIONS RELATIVES AU RISQUE D'AVALANCHE

La pratique des randonnées d'hiver en montagne est très répandue dans certains pays qui possèdent de vastes régions alpines à fort enneigement. Des accidents d'avalanche relativement fréquents en sont la conséquence. Si l'on constate que beaucoup de groupes prennent des décisions qui les placent en situation extrêmement dangereuse, cela ne vient pas du manque d'expertise, puisque ces groupes comprennent généralement des spécialistes avertis. Cela ne provient pas non plus d'un manque d'information, car le risque est dans chaque cas connu et visible. Les accidents surviennent en raison d'un défaut des délibérations qui conduisent la décision à franchir la zone dangereuse.

Ian McCammon, un expert américain des avalanches, a examiné sept cent quinze accidents de sorties en montagne provoqués par des avalanches survenues entre 1972 et 2003 aux États-Unis[1]. Relevant, dans chaque cas, le degré de visibilité du danger d'avalanche que le groupe a décidé d'affronter et rapportant cette donnée à la structure des groupes, il a pu déterminer le degré de conduite dangereuse de chaque groupe en fonction de variables telles que le nombre de participants, la présence d'un leader et d'autres facteurs. L'auteur a croisé ces variables avec des résultats chiffrés d'une grande précision. On peut certainement discuter l'exactitude de ce niveau de précision, mais les tendances générales n'en restent pas moins extrêmement instructives.

Une première observation concerne le *leadership*. Certains groupes qui ne sont pas dirigés par un guide officiel se dotent d'un *leader* informel, son autorité découlant de son charisme, son

1. McCammon, 2003.

âge, sa force physique, etc. Le paradoxe est que les groupes dotés d'un tel *leader* délibèrent en faveur de décisions plus dangereuses que ceux qui ne s'attribuent pas de chef (les deux types de groupes ayant le même niveau de connaissance des avalanches par ailleurs). On peut en déduire que les groupes avec *leader* informel pratiquent une délibération moins démocratique, ou moins contradictoire, qui débouche sur des choix conduisant à l'accident. Les groupes sans *leader* qui doivent effectuer des choix en discutent davantage et se montrent plus avisés. C'est tout le problème du rôle du chef dans la dynamique de décision en situation de crise qui est posé ici, problème sur lequel je reviens dans la seconde partie de l'ouvrage sous l'expression « hiérarchie restreinte impliquée ».

Ian McCammon a corrélé le degré de prise de risque au nombre de personnes présentes dans le groupe de randonnée. Il a constaté que plus la taille du groupe s'élève, plus le groupe tranche en faveur d'options dangereuses. Les duos se montrent les plus sages et les plus immunisés contre les pièges des délibérations. Les équipes de trois ou quatre skieurs ou randonneurs sont plus sensibles aux biais conduisant à se mettre en danger. À partir d'un effectif de cinq personnes, la prise de risque inadéquate est encore plus nette. On pourrait penser que l'augmentation du nombre de skieurs ou randonneurs rend le groupe plus sage parce qu'il augmente les chances d'un désaccord et donc d'un échange contradictoire menant à la prise de conscience du danger. En réalité, c'est le contraire qui se produit. La taille du groupe inhibe la parole, et les silences sont interprétés comme une approbation du choix dangereux. De plus, le nombre important d'individus augmente la probabilité d'un nombre élevé de tenants de la décision risquée, ce qui influence les hésitants.

L'observation la plus étonnante ou inquiétante est le constat que les groupes qui détiennent une véritable expertise en matière d'avalanche prennent des décisions aussi dangereuses, voire plus, que les autres et se retrouvent tout autant piégés par les dysfonctionnements des délibérations. La formation technique ne les protège nullement des biais induits par la dynamique de groupe pervertie.

Une dernière observation intéressante sur ces groupes est que ceux qui comprennent des femmes, ces dernières constituant dans chaque cas une minorité, s'exposent davantage au risque d'avalanche que ceux exclusivement composés d'hommes. Cela ne peut provenir d'une attitude moins prudente des femmes, car les groupes exclusivement féminins ont tendance à afficher un comportement moins dangereux que les masculins. En fait, chez les hommes, le désir de se montrer audacieux et de manifester des signes de courage en présence de femmes fausse les délibérations et conduit à des décisions dangereuses.

On aboutit ainsi à une conclusion paradoxale : en randonnée de ski hors-piste, on a plus de « chances » d'être pris dans une avalanche lorsque le groupe est mixte, qu'il comporte des experts de la neige et qu'il est doté d'un *leader* que si le groupe est non mixte, sans *leader* et sans professionnel de la neige !

## *Un récit d'accident en montagne*

Un récit d'accident[1] permet d'illustrer très concrètement les mécanismes de décision de groupe décrits ci-dessus. Il concerne une sortie de randonnée à ski vers Les Ratissières, sommet de 2 865 m au nord-est des Aiguilles d'Arves, le dimanche 7 janvier 2007. Le groupe se compose de six personnes, dont quatre possèdent une expertise en matière d'avalanches : Anne-Marie (chef de course), qui prépare un diplôme d'initiateur de ski de randonnée, Pascal, qui suit la même filière, Philippe, encadrant dans un club de sortie en montagne, et Marc, un skieur expérimenté. Seuls deux participants à la sortie, Sylvia et Jean, ne sont titulaires d'aucune expertise particulière en la matière.

Le groupe se prépare à redescendre des Ratissières lorsque Philippe propose avec enthousiasme de passer dans une combe par une voie qu'il pratique habituellement mais qui n'est pas la voie normale. Le groupe se trouve alors à 2 800 m d'altitude. Ce jour-là, le risque d'avalanche a été annoncé comme marqué au-dessus de 2 200 m. La pente visée est convexe, avec un angle passant par endroits de 30° à 35°, une configuration par-

1. « Une combe de trop », site Internet de l'Anena (Association nationale pour l'étude de la neige et des avalanches), *www.anena.org.*

ticulièrement propice aux avalanches. Une corniche formée au-dessus de la combe traduit un dépôt important de neige apportée par le vent, autre facteur déclencheur d'avalanches. Deux participants experts sentent le danger, mais ne se manifestent pas : Marc, qui estime que le choix n'est pas pertinent, mais n'exprime pas clairement les raisons qui le conduisent à douter, et Anne-Marie, qui voit dans la corniche le signe possible d'un dépôt important de neige en contrebas, mais suppose que les autres l'ont également noté et que leur silence exprime qu'ils ont conclu qu'elle ne constituait pas une menace. Elle ne réalisera qu'après l'accident que ses camarades n'avaient pas vu la corniche. Elle dira que, personne ne s'étant exprimé sur les risques nivologiques, elle n'a pas jugé bon de s'opposer à l'itinéraire de Philippe. Ce dernier s'engage dans la pente et, lors de son deuxième virage, l'avalanche se déclenche. Il est projeté 300 m plus bas, par chance sans être enfoui ni blessé. Mais privé de bâtons et de skis, dans une zone difficile, il devra être évacué par hélicoptère.

On constate que tous les mécanismes défaillants identifiés plus haut se conjuguent. Le danger est manifesté par trois signaux clairs : le risque d'avalanche annoncé comme marqué à l'altitude où se trouve le groupe, la structure de la combe qui favorise les avalanches, et la crête de neige qui s'est formée. Le groupe compte quatre personnes expérimentées, et pourtant il décide d'aller au danger. C'est en fait la dynamique de la décision qui les y conduit :

1. Comme on l'a vu, l'expertise ne protège pas des effets pervers de la dynamique de groupe. Sur les quatre experts, un seul opte pour la descente dangereuse, tandis que les deux autres sont réticents mais se taisent et que le quatrième, dont on ne connaît pas l'opinion, reste silencieux.

2. Les oppositions et avis ne s'expriment pas. On voit là l'effet dévastateur des suppositions silencieuses. Les deux randonneurs inexpérimentés, Sylvia et Jean, interprètent certainement le silence d'Anne-Marie, Marc et Pascal comme une approbation du choix de Philippe. Enfin, Anne-Marie suppose que les autres ont vu la corniche et réfléchi à sa signification, ce qui n'est pas le cas.

3. Le groupe est doté d'un *leader* en la personne d'Anne-Marie. Son silence pèse sans doute d'un poids considérable dans l'erreur commise par le groupe. Les autres se disent qu'en n'exprimant aucun avis contraire elle sait ce qu'elle fait, puisque c'est elle le chef. En l'absence d'un *leader,* on peut imaginer que les membres du groupe auraient discuté le choix de Philippe.

4. La taille du groupe influe sur l'absence de délibérations. Une équipe de deux ou trois skieurs aurait probablement discuté davantage. On peut imaginer de constituer tous les duos possibles avec les six participants et se poser la question : ces duos auraient-ils décidé de prendre le risque ? Tous les duos constitués sans Philippe auraient renoncé. Ceux avec Philippe probablement aussi. Il est également probable que Marc ou Anne-Marie seuls avec lui auraient exprimé leur opposition et que Philippe en duo avec un novice n'aurait pas

fait le choix du passage risqué. Il a fallu que se produise un phénomène d'intoxication mutuelle rendu possible par le nombre pour que la décision fatale soit prise.

5. On retrouve enfin la composition par sexe identifiée par McCammon comme facteur aggravant la perversion des délibérations. L'équipe comprend deux femmes. Bien qu'on n'ait pas la possibilité de la vérifier, on peut émettre l'hypothèse que cela a incité Marc à ne pas prendre le risque de passer pour un timoré et à taire en conséquence son opposition à Philippe.

Ce mécanisme détaillé permet de comprendre comment un groupe de six personnes sensées, dont quatre experts, prend la décision absurde de s'engager résolument dans une situation de risque mortel.

### *Avalanche à l'Eau d'Olle*

Cet accident est raconté par Volodia Shahshahani, un des participants à la randonnée :

> Nous étions trois, Lionel Tassan, Serge Maraval et moi-même, partis le matin de Grenoble pour skier la combe nord des Aiguillettes de Vaujany (2 547 m, massif des Rousses). Nous avons déclenché une avalanche vers 13 h 25, que nous appellerons l'heure H.
>
> H – 7 minutes. Vers 2 250 m la qualité de la neige étant devenue malsaine aux yeux de tous nous décidons de nous échapper des grandes pentes nord de

> l'Aiguillette par une traversée ascendante vers la droite[1].

C'est au cours de cette traversée que l'avalanche se déclenche, emportant Lionel Tassan, qui réussira à se dégager seul, et Serge Maraval, qui sera retrouvé à temps grâce aux appareils de détection et récupéré par hélicoptère.

Ce qu'il faut retenir de cet accident est le cas d'école qu'il représente en matière de perversion de la décision de groupe et de ce que j'ai appelé, par extension d'une pratique aéronautique, la « destinationite ». Des skieurs hors-piste expérimentés se retrouvent devant des signes flagrants de risque élevé d'avalanche. Pourtant, ils refusent de reconnaître collectivement ces évidences et s'obstinent à poursuivre. Ils forment un groupe fonctionnant de manière collégiale et prenant une décision par l'effet d'un consensus mou qu'ils ne questionnent pas. Shahshahani le reconnaît clairement :

> Devant la différence de densité des deux couches récentes, j'ai suggéré plusieurs fois à mes compagnons, mais sans insister suffisamment, de rejoindre l'arête vers le col du Sabot. Conclusion : J'aurais dû faire preuve d'autorité ou du moins décider unilatéralement de rebrousser chemin[2].

Le biais de la « destinationite » est lui aussi reconnu par le skieur : « Il n'était pas (il n'est

1. SHAHSHAHANI.
2. *Ibid.*

jamais) idiot de partir. L'erreur est de persister[1]. » Un expert commente ainsi cette attitude :

> Cet incident illustre combien il est difficile de renoncer. Ce point est important, et il revient régulièrement dans l'analyse d'accidents d'avalanche en France et à travers le monde. Même quand on a « senti » que la situation n'est pas saine, même (voire surtout) quand les différents participants sont tous expérimentés et connaissent le terrain, même quand la saison n'a pas encore commencé et que de nombreuses sorties sont à venir, même quand on a déjà renoncé dans le passé et que l'on sait donc qu'on sait le faire, la décision de faire demi-tour ou de modifier son itinéraire n'est pas facile à prendre. Il faut en avoir conscience car cela reste malgré tout le meilleur moyen de ne pas se faire prendre[2].

## LE TRAITEMENT SUISSE DU RISQUE D'AVALANCHE

Outre ses enseignements sur la dynamique de décision, le cas des avalanches offre des solutions d'ordre général instructives sur la façon de raisonner face au risque.

À l'égard du risque d'avalanche, la randonnée en haute montagne est confrontée aux mêmes problèmes que les atterrissages par météo défavora-

1. *Ibid.*
2. Sivardière.

ble : l'indétermination y est extrême. Celle-ci prend la forme d'une grande variabilité du manteau neigeux au cours d'une traversée. Comme pour les atterrissages par mauvais temps, la tentation est grande de mettre en œuvre une rationalité substantielle. Une réponse scientifique à l'indétermination consiste à appliquer le « test du coin glissant ». Un cube d'un à deux mètres de côté est découpé dans la neige, et un skieur exerce une pression en sautant sur la surface supérieure pour observer si un glissement se produit. Le guide et nivologue Werner Munter relativise cette approche : « La variabilité du manteau neigeux dans l'espace est très grande [...]. Avant, on faisait un profil en pensant qu'il représentait le manteau neigeux. Mais si on fait cinquante profils, on s'aperçoit qu'ils peuvent être très différents. Lequel représente le manteau neigeux[1] ? » Werner Munter estime que 90 % des recherches scientifiques sur les avalanches sont inexploitables par les randonneurs.

De la même façon que la rationalité substantielle en matière d'atterrissages par mauvais temps n'apporte pas de solution aux accidents, cette même approche dans le domaine des avalanches ne peut résoudre le problème des randonneurs ensevelis sous la neige. Dans les années 1980, plusieurs accidents graves sont survenus en Suisse, faisant plus de cinq victimes chacun, alors que les groupes étaient conduits par des professionnels de la neige dans des structures officielles, ce

1. MUNTER.

qui fut considéré comme un scandale par l'opinion publique et le monde politique. Les Suisses, avec leur spécialiste Werner Munter, ont donc réagi. Mais au lieu d'orienter leurs recherches vers la rationalité substantielle, et donc une analyse scientifique plus poussée du manteau neigeux, ils ont opté pour la rationalité procédurale.

La première étape a consisté à déterminer un risque acceptable, soit un risque d'accident mortel par avalanche pour cent mille courses. En matière de risque mortel, les ordres de grandeur sont d'un pour cent expositions dans les ascensions de l'Everest, un pour mille en chirurgie, un pour dix mille à cent mille sur la route et un pour un million dans le transport aérien (grandes compagnies commerciales)[1]. L'objectif a donc été d'aboutir à un risque situé en dessous du risque routier, sans en être très éloigné. Il consistait à diviser à peu près par cinq ou dix le risque mortel par avalanche. Il faut souligner que cet objectif ne repose pas du tout sur le principe de précaution consistant à viser un risque zéro, mais est fondé sur un risque admis.

Une fois que le niveau de risque accepté a été fixé, des règles simples ont été établies. Par exemple, il a été observé que, pour certains niveaux de danger global d'avalanche, renoncer aux pentes nord ou aux pentes d'un certain angle réduisait dans une proportion importante la probabilité de catastrophe. Des tableaux et graphiques sont fournis aux randonneurs leur indiquant les orien-

1. AMALBERTI *et al.*

tations et les inclinaisons qu'ils doivent éviter et les comportements à adopter pour obtenir le risque résiduel d'un pour cent mille. D'autres règles sont fixées, comme espacer les randonneurs de tant de mètres, tenir compte de la présence de traces et de leur fraîcheur, etc.

Cette procédure a contribué, avec d'autres mesures, comme la prise en compte des facteurs humains, à une diminution extrêmement nette des accidents mortels d'avalanche en Suisse. Cette diminution n'a pas été observée en France, où cette méthode n'est pas appliquée et où l'on privilégie l'approche analytique[1]. Il faut noter que la méthode suisse ne s'est pas traduite par une inflation des renoncements. Selon une estimation portant sur sept mille cinq cents sorties programmées à l'avance[2], il a fallu renoncer seulement dans 5 % des cas en appliquant la méthode[3]. On est donc loin d'un risque zéro qui aurait interdit toute sortie.

1. Descamps.
2. Munter, p. 11.
3. Cela dit, il est possible que des randonnées n'aient pas été programmées compte tenu du risque déterminé. Le nombre de renoncements peut donc être un peu plus élevé que celui indiqué par le taux de cinq pour cent.

# *Chapitre V*

# LE THÉÂTRE DU SPLENDID ET AUTRES LABORATOIRES

## LA CONCEPTION DES PIÈCES ET FILMS DU SPLENDID

Un cas de dynamique de décision instructif est la façon dont un groupe rédige collectivement un texte, depuis le plan général jusqu'aux formulations. Dans ma vie professionnelle, j'ai rencontré de nombreuses situations d'écriture en groupe de textes divers : lettres d'information au personnel, projets d'accords, chartes, réglementations internes. Le résultat était généralement catastrophique comparé à ce qu'aurait produit une rédaction par un seul individu. Pour le dire de façon familière, l'écriture collective produit de la « bouillie pour les chats ». Cet exemple illustre les effets pervers de la dynamique de décision tels que la pensée de groupe, ou *groupthink*, aveuglement collectif par solidarité, l'effet de polarisation, les erreurs de communication silencieuse, la fausse unanimité ou les effets de nombre.

Il existe cependant au moins un cas de rédaction collective étonnamment réussie : l'écriture par la troupe du Splendid de sept pièces et trois films, dont *Le Père Noël est une ordure*. Ces œuvres ont toutes été écrites collectivement par Josiane Balasko, Michel Blanc, Marie-Anne Chazel, Christian Clavier, Gérard Jugnot et Thierry Lhermitte. Pour chacun d'eux, la rédaction s'est étalée sur environ quatre mois, à raison d'une réunion chaque après-midi. Un exposé que Thierry Lhermitte a présenté à l'École de Paris du management[1] complété par un entretien qu'il m'a accordé[2] m'ont permis de mieux appréhender ce processus.

L'élément fondamental de cette écriture collective est le principe d'unanimité *absolue*. Lors des délibérations sur une réplique, une scène ou un sketch, tant que chaque membre de la troupe n'est pas explicitement d'accord, le texte n'est pas accepté. Il s'agit là d'une règle intangible. Qu'un membre de la troupe lise le journal à certains moments pendant les séances de travail ou qu'il apporte moins d'idées que les autres, il n'en dispose pas moins du même droit de veto : l'acceptation unanime s'applique à la virgule près, et son seul critère est le rire. Tant qu'une réplique ou un sketch ne fait pas rire tout le monde, elle ou il est rejeté. Quelque quarante ans après les premiers spectacles du Splendid, *Les Bronzés 3 — Amis pour la vie* a été écrit selon un principe rigoureusement identique d'unanimité.

1. LHERMITTE.
2. Entretien avec l'auteur, 6 janvier 2010.

Lors de sa conférence à l'École de Paris du management, Thierry Lhermitte n'a pas caché à quel point ce fonctionnement avait fini par l'exaspérer :

> Après l'écriture du *Père Noël est une ordure*, j'ai voulu me soustraire à cette discipline collective. Les trois plus créatifs d'entre nous se sont alors réunis pour travailler, mais nous n'avons rien pu produire de satisfaisant ! Il nous manquait l'énergie du groupe, l'obligation de convaincre les autres. Ce fut une vraie leçon : la dynamique de groupe existe, et chacun y est utile, à sa façon, quel que soit son degré d'implication et sans que son apport soit toujours nettement identifié[1].

Une seconde dimension originale de ces délibérations est l'absence de leader. Les fondateurs du Splendid ont conçu la troupe comme un projet communautaire. En écrivant leurs propres spectacles et en les mettant en scène eux-mêmes, ils s'épargnaient la dure condition de l'acteur confronté à la recherche d'un engagement :

> Constituer une troupe, c'était nous protéger contre l'angoisse de devoir être choisis parmi d'autres acteurs. Dans le paysage théâtral de l'époque, face à des jeunes qui sortaient du Conservatoire ou de l'école de la rue Blanche, qui allait nous solliciter ? Fallait-il rester chez soi et attendre une hypothétique proposition ? Mieux valait créer notre propre entreprise[2].

1. Lhermitte, p. 4.
2. *Ibid.*, p. 3.

Lors de mon entretien avec lui, j'ai demandé à Thierry Lhermitte s'il n'était pas de fait le leader informel ou tacite. Il m'a assuré que non, l'égalité au sein du groupe étant respectée de façon stricte, confirmant ce qu'il avait déclaré dans son exposé :

> Croyez-moi, nous étions tous sur un pied d'égalité. Nous n'aurions pas laissé l'un d'entre nous prendre les rênes de la création. Nous étions d'ailleurs assez moqueurs les uns envers les autres, ce qui nous remettait chacun à notre place. Ce fonctionnement nous était propre. D'autres troupes, comme celle du Théâtre du Soleil, d'Ariane Mnouchkine, étaient menées de main de maître[1].

Pour la mise en scène, il est important de souligner que, lorsque des acteurs qui n'avaient pas participé à l'écriture ont été introduits et que des films ont été tirés des pièces, le rôle de metteur en scène est devenu nécessaire. Il existe donc en réalité deux phases : une de production, fondée sur le principe de la démocratie totale et de l'unanimité, et une de développement, où l'on voit apparaître un rôle de coordinateur.

Ce processus extraordinaire fondé sur l'unanimité et l'égalité absolue s'est traduit par un résultat non moins extraordinaire : le succès ininterrompu pendant près d'un demi-siècle. Cela démontre à mes yeux tout le potentiel, pour la

1. *Ibid.*, p. 8.

fiabilité de la performance, du fonctionnement communautaire sans leader formel ou informel renforcé par un droit de veto attribué à chacun. En règle générale, les auteurs comiques écrivent bien entendu leurs pièces seuls et non de manière collégiale. Mais sans l'aide de coauteurs à égalité, trouvent-ils toujours les ressorts du comique ?

Ce que met en lumière l'exemple du Splendid, au sein d'un groupe de taille modeste et dans un contexte non technologique, c'est la pertinence de deux principes de la fiabilité, la collégialité et le processus contradictoire fort, que nous avons déjà rencontrés dans l'aéronautique, la marine nucléaire, la médecine de pointe et la randonnée en haute montagne. Nous verrons que ces principes peuvent être généralisés comme métarègles de la fiabilité.

## DE L'*AUFTRAGSTAKTIK* AU *MISSION COMMAND*

L'organisation militaire a évolué progressivement d'une hiérarchie omniprésente accompagnée d'un devoir d'obéissance absolue vers un commandement laissant une grande liberté d'action et qui se concentre sur la seule explication de la mission et de ses attendus. Le général Vincent Desportes, spécialiste de tactique et de stratégie, a rappelé dans son ouvrage *Décider dans l'incertitude*[1] la

1. DESPORTES.

généalogie de ce basculement, qui trouve son origine dans une nouvelle organisation de l'armée apparue à l'époque révolutionnaire et napoléonienne. La création de corps d'armée autonomes, comprenant différentes composantes autrefois séparées (infanterie, cavalerie, artillerie), s'est accompagnée d'une autonomie étendue, encore renforcée par la personnalité de Napoléon lui-même, qui avait pour habitude de donner une grande liberté d'action à ses subordonnés. Ce principe a été repris par l'armée prussienne et son stratège le comte von Moltke qui ont tiré les enseignements des victoires françaises et qui le formuleront en l'intensifiant et en le théorisant sous l'appellation d'*Auftragstaktik* (littéralement la « tactique de mission »). Rappelons ce que Charles de Gaulle en a dit :

> La campagne commencée, Moltke renonçait par principe à fixer autre chose que des intentions extrêmement générales, exprimées dans des directives larges et peu nombreuses. C'est aux subordonnés qu'il confiait l'exécution tout entière, admettant, *a priori*, qu'ils se trouveraient mieux et plus tôt que lui au courant des changements de situation et les laissant, le plus souvent, coordonner eux-mêmes leurs efforts, en s'éclairant de l'unité de doctrine[1].

Une application mémorable de l'*Auftragstaktik* a été, au cours de la Seconde Guerre mondiale,

1. Charles de Gaulle, *La Discorde chez l'ennemi*, cité dans DESPORTES, pp. 127-128.

la percée de Sedan par l'officier général allemand Heinz Guderian, qui prit sur lui d'exploiter un succès surprise vers l'ouest jusqu'à la Manche avec les conséquences que l'on sait. Un expert en stratégie militaire va jusqu'à dire que « la victoire allemande fut principalement due à la désobéissance de Guderian et Rommel[1] ». Ce n'est qu'*a posteriori* que l'on a donné à cette initiative le nom de *blitzkrieg*, qui fut en réalité conçue sur le terrain même dans l'esprit de l'*Auftragstaktik*[2].

L'armée britannique a adopté officiellement l'*Auftragstaktik* en 1987 en la rebaptisant *mission command*, ou « commandement de mission ». La doctrine qui en est résultée une décennie plus tard énonce que le « commandement doit exercer un contrôle *a minima* des forces de manière à ne pas limiter inutilement leur liberté d'action, le subordonné devant finalement décider lui-même des meilleures voies à adopter pour le succès de sa mission[3] ». Le modèle du *mission command* est aujourd'hui largement répandu, et on le retrouve aussi bien dans l'armée française qu'au sein du corps américain des marines ou dans Tsahal, l'armée d'Israël.

L'essence du *mission command* réside dans l'extrême autonomie de la base et dans la compréhension globale de la mission et de ses raisons. L'ordre est peu détaillé, mais son explication —

1. HENNINGER, p. 57.
2. *Ibid.*, pp. 56-57.
3. *British Defense Doctrine*, octobre 2001, citée dans DESPORTES, pp. 138-139.

la phrase qui débute par « afin que » — est consistante. Le général Desportes cite le Field Marshall Slim, déclarant lors d'une conférence en 1967 : « J'ai approuvé sous ma signature de très nombreux ordres opérationnels et de très nombreuses directives [...] mais il y a un paragraphe que j'ai toujours écrit moi-même, *celui de l'intention*[1]. »

Toujours selon le général Desportes, l'analyse des succès et, *a contrario*, des échecs militaires montre qu'ils dépendent du degré d'autonomie de décision des combattants :

> C'est l'une des conclusions importantes à laquelle parviennent Eliot A. Cohen et John Gooch dans leur excellent ouvrage qui, sous le titre *Infortunes militaires*, propose à travers de multiples cas concrets une « anatomie de l'échec à la guerre ». Pour les deux historiens, les forces et les faiblesses des hommes de première ligne ne sont pas l'élément le plus déterminant : les faiblesses organisationnelles du système global du commandement sont seules à blâmer lorsque l'échec dérive d'une incapacité d'adaptation. C'est la centralisation qui est le plus souvent en cause avec, en aval, les difficultés d'ajustement autonome des entités en prise avec l'événement ; la centralisation est simplement incompatible avec la nature intrinsèquement complexe de la guerre[2].

Les contre-exemples de hiérarchie excessive abondent dans le passé. Le plus illustre est celui

1. DESPORTES, p. 140.
2. *Ibid.*, p. 146.

d'Hitler vers la fin de la guerre et surtout après l'attentat manqué qui l'a rendu très méfiant à l'égard de la Wehrmacht. Même Guderian avait peine à le dissuader de régenter la moindre tactique. Les derniers instants du Führer seront marqués par un épisode de directivité croissante dans le domaine militaire. Peu avant son suicide, un de ses aides de camp, Bernd Freytag von Loringhoven, lui a demandé l'autorisation de s'enfuir du bunker avec un de ses camarades, ce qu'il a obtenu. Connaissant l'esprit directif d'Hitler, Loringhoven lui a présenté en détail son plan de fuite consistant soit à passer à travers la forêt de Grünewald, soit à descendre la Havel en canoë. Hitler, à quelques heures de sa disparition programmée et alors que tout ce qu'il a entrepris s'effondre dans un embrasement planétaire, se met à discuter de l'itinéraire puis indique à Loringhoven qu'il doit choisir la solution de la Havel et rechercher un canoë à propulsion électrique afin d'éviter le bruit[1] ! Finalement, l'aide de camp a longé le fleuve à pied et est tombé aux mains des Alliés.

Un historien militaire, ancien officier parachutiste ayant participé à la bataille de Goose Green lors de la guerre des Malouines, en 1982, décrit la façon de commander du colonel H à la tête de l'assaut, qui constitue un contre-exemple d'*Auftragstaktik* :

> H exerçait un commandement autoritaire, personnifiant un style rigide et centralisé traditionnel

1. Misch.

> dans les armées britanniques jusqu'au début des années 1980. H cherchait à tout contrôler personnellement ; pour une attaque, il avait conçu un plan détaillé en six phases, articulant de manière tatillonne l'action de ses capitaines. Ce plan rigide tourna court dès le premier contact [...] ; très vite, les unités subordonnées se retrouvèrent désorientées [...]. Le style de commandement de H empêchait en fait ses chefs subordonnés de réagir avec initiative alors même que l'attaque s'enlisait[1].

H est finalement monté en tête de ses troupes et a été tué. Son second le remplaça. Il avait été détaché pendant deux ans dans la Bundeswehr, ce qui lui avait permis de s'initier au principe de l'*Auftragstaktik*. Il appliqua ce modèle en déléguant la responsabilité au commandant le mieux placé, ce qui permit aux Anglais de remporter la bataille.

## UNE CONSTRUCTION DANS UN CAMP DE PRISONNIERS DE GUERRE JAPONAIS

Le cas suivant, tiré du témoignage du prisonnier de guerre et écrivain japonais Ôoka Shôhei[2], est une belle parabole sur l'intelligence collective. En 1945, sur l'île de Leyte, aux Philippines, un abri destiné à la vaisselle doit être construit dans un camp américain de prisonniers japonais :

1. Spencer Fitz-Gibbon, *Not Mentionned in Dispatches*, cité dans DESPORTES, p. 148.
2. SHÔHEI, pp. 313-315.

> Les dimensions de l'installation avaient été fixées à 2 m de côté. Suivant le programme de construction, il fallait entourer le pourtour de sacs de sable, puis le remplir de sable à l'intérieur, poser dessus une charpente en planches, enfin consolider l'ensemble avec du ciment.

Un conflit surgit entre le chef américain des travaux et le responsable japonais de l'équipe de prisonniers. L'Américain exigeait une construction de la charpente sans attendre l'achèvement des murs. Sa façon de raisonner était la planification *a priori*, c'est-à-dire la méthode scientifique. Il était guidé par la rationalité du calcul permettant de prévoir à l'avance les dimensions précises du toit. La fabrication des différentes pièces devait se faire en simultané par des sous-groupes du commando avec assemblage final. Dans les chapitres précédents, j'ai appelé rationalité « substantielle », expression forgée par Herbert Simon, cette façon de raisonner.

Shôhei poursuit son récit :

> Si vingt personnes étaient affectées à la réalisation de l'ouvrage, il en fallait cinq pour remplir les sacs de sable, cinq pour empiler ces sacs sur le pourtour à la bonne hauteur, cinq pour combler de sable l'intérieur du pourtour, deux autres pour construire la charpente et enfin trois pour fabriquer le ciment. En réalisant toutes ces opérations en même temps, on devait pouvoir achever l'ensemble en une journée.

Le Japonais défendait le principe de la construction de la charpente une fois les murs terminés. Il raisonnait selon un principe de bricolage par adaptation progressive de tous les éléments de la construction. Il était motivé par la rationalité « pragmatique » de l'ajustement de la charpente en fonction de la position constatée des murs. Il voulait que l'ensemble du commando ne soit pas divisé en sous-groupes, mais travaille ensemble aux différents éléments successivement assemblés :

> Il fallait d'abord que vingt hommes soient affectés intégralement à la fabrication des sacs de sable, puis qu'ils procèdent tous à leur empilement avant de remplir de sable l'intérieur du pourtour, après quoi ils devaient fabriquer la charpente suivant les dimensions effectives des fondations obtenues et enfin couler le ciment. Là aussi la construction devait être menée à son terme en une journée.

Deux principes s'affrontaient : côté américain, planification et division simultanée du travail ; côté japonais, ajustement et division successive du travail. Le récit d'Ôoka Shôhei, qui joue le rôle d'interprète au sein du camp, traduit bien cette opposition :

> Quant à moi, placé entre eux dans ma position d'interprète, j'étais assez perplexe. En tant que Japonais, je reconnaissais tout le pragmatisme de la méthode préconisée par notre chef. Mais je devais avouer aussi que la méthode de Wendy, basée sur les principes et les techniques de l'armée américaine, n'était pas déraisonnable. Fabriquer des élé-

ments calculés à l'avance suivant des mesures précises avant de les assembler, telle était la méthode des Américains.

La discussion est vive :

> Le doux Wendy prit dans cette circonstance exceptionnelle une position très ferme. Il s'agissait de consignes détaillées, y compris celles qui concernaient le procédé de fabrication, toutes prescrites par le commandant américain du camp. « Ici, c'est moi le chef », dit Wendy dont le visage avait changé de couleur.

Finalement, les deux protagonistes, réalisant l'impasse dans laquelle ils se trouvent, découvrent une troisième voie de rationalité : construire la charpente à l'avance, certes, mais vérifier à chaque progression verticale des murs leur bonne position en posant la charpente. L'idée convenue est d'utiliser la charpente comme gabarit :

> À chaque fois qu'une rangée de sacs était empilée, le commandant de compagnie posait dessus la charpente et disait en riant à Wendy à ses côtés : « C'est OK, n'est-ce pas ? » Ainsi, grâce à la combinaison des techniques japonaise et américaine, la construction de l'unité de nettoyage fut menée à bien en une seule journée, comme prévu, sans erreur grossière.

L'Américain et le Japonais ont abouti à définir la meilleure rationalité à adopter dans cette circonstance : une rationalité qui reconnaît l'indétermination, puisque, compte tenu des ressources techniques disponibles, le plan américain n'aurait pu être appliqué parfaitement, mais aussi une rationalité procédurale, celle de la charpente comme gabarit, c'est-à-dire un processus astucieux et simple, mais extrêmement efficace. Les protagonistes ont en outre pratiqué une rationalité collectivement reconnue par les deux parties, à défaut de laquelle un conflit aurait éclaté. C'est là un point extrêmement important.

Trois rationalités se sont donc trouvées en présence : la rationalité substantielle des gardiens américains, la rationalité par bricolage des captifs nippons et la rationalité procédurale consistant à utiliser le toit comme gabarit. Si la troisième rationalité a paru légitime et applicable c'est parce qu'elle a été admise par les deux adversaires : c'est une rationalité conjointe. Les deux autres rationalités demeuraient virtuelles tant qu'elles n'étaient pas reconnues par la partie adverse.

On voit bien par ce cas d'école ce que décider de façon rationnelle doit signifier : reconnaître l'indétermination, adopter une vision procédurale de la raison, voir la rationalité comme un mécanisme collectif.

## RENAULT

J'ai donné des exemples d'atténuation marquée du pouvoir comme principe fondamental de la fiabilité dans des contextes de haute technologie ou « exotiques », principe que je généralise dans la seconde partie sous le nom de « hiérarchie restreinte impliquée ». En voici un exemple plus ordinaire.

Je me trouvais par hasard pour une mission dans l'usine de Renault qui assemble la Kangoo, à Maubeuge, lorsqu'une presse dite transfert vint à casser. C'est une énorme machine qui effectue à la suite plusieurs opérations d'emboutissage d'une même pièce sans intervention humaine. Si elle s'arrête, c'est toute la production de l'usine qui est bloquée, et des dizaines, voire des centaines de véhicules qui sont perdus. Le mal était visible et impressionnant : une partie de la presse s'était effondrée. Selon les mots de Christian Michel, le directeur de l'usine, la presse était « fracassée ». La gestion par ce dernier de l'incident illustre à mes yeux parfaitement le principe de la « hiérarchie restreinte impliquée ». Il avait le choix entre deux façons de réagir. Il pouvait confier le pilotage de la panne au comité de direction. Selon lui, cette solution permettait de gagner en lecture globale des opérations sur le fonctionnement de l'usine. En revanche, elle conduisait à perdre en précision d'expertise et en connaissance des faits. L'autre solution consistait à laisser le traitement de la panne aux hommes de terrain, en l'occurrence la maintenance du département emboutissage. Dans ce cas, il était sûr de ne rien perdre de la connaissance nécessaire, mais avec le risque d'ignorer la vision globale des décisions sur le fonctionnement de l'usine. Le directeur a finalement choisi de laisser la direction des opérations aux agents de terrain.

Christian Michel m'a assuré être persuadé que ces agents sauraient tenir compte des conséquences d'ensemble de leurs décisions. La suite lui a donné raison. Par exemple, les techniciens ayant compris que l'arrêt serait long ont choisi de viser une solution durable, mais exigeant plus de temps, plutôt que de se précipiter vers des expédients rapides. J'avais sous les yeux, clairement perceptible dans les attitudes des uns et des autres, un parfait exemple de « hiérarchie restreinte impliquée ». Quand les patrons (le directeur d'usine et le chef de la fabrication) se rendaient dans l'atelier, ils restaient silencieux, un peu à l'écart de la presse, observant les travaux pendant que les techniciens au premier plan communiquaient activement entre eux et s'activaient sur l'installation.

Je reste bien conscient que le directeur de cette usine est relativement atypique et que tous les responsables d'usine n'auraient pas fait nécessairement ce choix. D'ailleurs, la maintenance s'attendait à ce que ce soit le comité de direction qui dirige les opérations. Le fait que Christian Michel, réputé pour la finesse de son management, ait fait le choix d'attribuer le pouvoir de décision au terrain en cette occasion, car c'était pour lui la meilleure solution, est une illustration de la pénétration des principes relatifs à la fiabilité.

### *Un cas riche en erreurs de raisonnement : la rémunération*

Dans les grandes entreprises, les systèmes de rémunération offrent de nombreux exemples de dysfonctionnements de la rationalité. La rémunération concentre en effet à elle seule de multiples problèmes de raisonnement. J'ai pu recenser dans le seul groupe Renault — que je connais bien pour y avoir exercé d'importantes responsabilités — trois dysfonctionnements majeurs de la rationalité du système de rémunération du personnel d'encadrement.

Le premier est ce que j'appellerai *un biais élémentaire en matière de probabilités*. Les règles d'attribution des augmentations annuelles de salaire sont fondées sur la loi normale, dite loi de Gauss ou courbe en cloche. On considère que le personnel de l'entreprise se répartit entre un petit nombre de hauts potentiels, un nombre plus important de sujets performants, la grande masse des contributeurs moyens, un effectif moins élevé de cadres ayant une performance insuffisante et un petit nombre de « mauvais ». Les rémunérations suivent cette répartition. Les « stars » bénéficient d'augmentations de 10 à 20 %, les « performants » de 5 à 8 %, et ainsi de suite jusqu'au personnel sanctionné qui ne perçoit aucune augmentation. Sur 5 000 ou 10 000 personnes, la loi normale peut être considérée comme une référence acceptable, à condition de ne pas oublier que cette répartition n'est valable que pour des grands nombres et des effectifs ne présentant pas d'anomalie statistique.

Pourtant, force est de constater que la distribution des augmentations selon la courbe en cloche est appliquée en cascade, y compris à des ensembles qui ne suivent pas la loi normale et jusqu'à de petites unités spécifiques de cent, cinquante ou vingt personnes. Ainsi le siège d'une *business unit* interne comprenant une centaine de responsables de haut niveau triés sur le volet et de cadres à haut potentiel se voit-il obligé de respecter la règle de répartition normale. La probabilité que l'on y trouve des cadres très performants a beau être plus élevée qu'ailleurs, il lui est appliqué un certain nombre d'augmentations nulles ou exprimant une insatisfaction. La « chasse » aux médiocres et aux mauvais se traduit dès lors par des solutions hypocrites de tour de rôle ou de compensation. Des responsables ont beau aller répétant qu'il ne faut pas appliquer la loi de Gauss aveuglément, mais la réserver aux grands effectifs, cette dernière constitue un puissant élément de la culture de l'entreprise et se rencontre à tous les échelons pour des effectifs de plus en plus restreints.

Le deuxième dysfonctionnement de la rationalité que j'ai constaté dans le système de rémunération du groupe Renault relève d'un *a priori* : il consiste à croire qu'on peut mettre en équation le comportement humain. Selon cette vue de l'esprit, on peut évaluer la performance d'un cadre de façon quantitative et donc déterminer sa prime de performance variable à partir d'un résultat chiffré. Si une telle approche est envisageable pour certaines professions de l'entreprise, comme la vente, c'est une illusion pour la plupart des autres. Je me rappelle un cas où la direction générale de l'entreprise avait déclaré que le contremaître de l'usine de Sandouville devait percevoir une prime calculée en fonction de sa contribution à la qualité de la nouvelle Laguna qui y était assemblée. La directive était simple et claire, mais totalement irréalisable tant la contribution d'un agent de maîtrise à la qualité d'un véhicule est noyée dans un océan de contributions enchevêtrées impossibles à quantifier isolément et précisément.

Ce genre d'*a priori* conduit inévitablement à des décisions absurdes, car en voulant à tout prix mettre en équation une performance impossible à quantifier, on déclenche des effets pervers. Par exemple, un cadre ayant fait l'objet d'une procédure disciplinaire justifiée a obtenu, grâce à des effets imprévus de calcul, la prime de performance maximale. Sur le plan juridique, il était non seulement impossible d'annuler cette prime, mais l'existence de celle-ci rendait *ipso facto* illégale la procédure disciplinaire. De même, par une quantification illusoire de la performance, les membres d'un comité de direction d'une usine de Renault qui s'étaient démenés dans un contexte économique difficile avaient vu leur prime de performance ramenée à zéro alors que, dans le même temps, le comité de direction d'une fonction centrale d'audit, confortablement non exposée, recevait les primes les plus élevées.

Le troisième dysfonctionnement du système de rémunération tient à la perversion de l'adaptation progressive du système à la réalité. Aucune décision, même la plus rationnelle, ne peut prévoir tous les problèmes à l'avance. C'est pourquoi des adaptations plus ou moins importantes viennent corriger la solution de départ. C'est ce que l'on appelle *la rationalité incrémentale*. Dans le cas du système de rémunération de Renault, l'approche incrémentale, loin de corriger le système, le dévoie. Une des déviations très répandues, et pas uniquement chez Renault, loin s'en faut, est ce que l'on appelle le « tour de rôle ». La répartition des augmentations selon la loi normale est respectée. Un pourcentage réglementaire de cadres perçoit des ajustements de faible montant et un autre des augmentations élevées. Comme nous l'avons vu précédemment, pour corriger les aberrations entraînées par la rigidité du système, ceux qui avaient perçu des augmentations confortables en recevaient des minimes l'année suivante ; inversement, les pénalisés de l'année précédente obtenaient de plus fortes augmentations. Une autre déviation est la compensation, par laquelle une personne qui se voit attribuer un faible pourcentage d'augmentation est gratifiée d'une bonne prime annuelle ponctuelle (et *vice versa*).

Au total, la seule question de la rémunération des cadres d'une grande entreprise révèle trois dysfonctionnements majeurs de l'intelligence collective : des idées fausses sur les probabilités, un *a priori* sur le comportement et le dévoiement de la rationalité incrémentale de l'amélioration progressive.

# DEUXIÈME PARTIE

# LES MÉTARÈGLES DE LA FIABILITÉ

*Chapitre VI*

# INTELLIGENCE COLLECTIVE ET FIABILITÉ

Lorsque des individus décident et agissent en groupe, de multiples pièges entravent leurs interactions, dégradant de ce fait fortement l'intelligence collective. Ces pièges et les principes fondamentaux permettant de les éviter font l'objet de ce chapitre.

## LES EFFETS PERVERS DE LA DYNAMIQUE DE GROUPE

La dynamique de groupe désigne les mécanismes psychologiques et sociologiques qui se développent entre les participants. Ce sont des lois qui gouvernent leurs délibérations. La plupart d'entre elles agissent, à l'insu des acteurs, dans le sens contraire à l'efficacité des délibérations et constituent ainsi des effets pervers. Le fait que les acteurs n'en aient pas conscience forme leur dangerosité.

Les connaissances accumulées en psychologie

et sociologie de groupe permettent de dégager neuf enchaînements pervers principaux : effet de polarisation, paradigme de Asch, biais de confirmation, *groupthink*, effets de la communication silencieuse, illusion de l'unanimité, pression hiérarchique, effets de nombre et des règles bureaucratiques (ces deux derniers étant regroupés sous la section « effets pervers mécaniques »).

Un premier dysfonctionnement particulièrement destructeur est l'effet de *polarisation* mis en évidence par Cass R. Sunstein, qui a observé que les individus avaient tendance, après avoir participé à une discussion de groupe, à décider d'une action plus risquée que celle qu'ils auraient adoptée sans cette discussion. Très étonnant, car contre-intuitif, cet effet inverse l'esprit de la délibération, qui consiste précisément à tenir compte de la discussion. On a en outre constaté que la radicalisation des positions valait pour tous les thèmes, et pas uniquement pour le degré de risque d'une action. Considérons un groupe de douze personnes qui discutent du traitement de la délinquance des très jeunes gens. Huit sont favorables aux sanctions et quatre à des mesures éducatives. Après délibération, on observe que les huit participants favorables à des sanctions sont enclins à en réclamer de plus sévères et que les quatre partisans de mesures éducatives se disent finalement prêts à accepter les sanctions.

L'effet de polarisation a été vérifié par quantité d'expériences[1]. Par exemple, lors de jurys expéri-

1. ISENBERG, pp. 1141-1151.

mentaux où les participants se disent individuellement en faveur d'une peine, on constate que le débat les mène invariablement à choisir une peine plus lourde. Inversement, s'ils sont favorables à une peine légère, la délibération les conduit à adopter une peine plus légère encore. Deux facteurs principaux expliquent ce phénomène, l'un psychologique, l'autre cognitif. Le facteur psychologique fait que les participants à la réunion, en découvrant des interlocuteurs qui tiennent des positions plus radicales que les leurs, ont tendance à s'en rapprocher afin de ne pas se singulariser et s'isoler ainsi du groupe. Cette tendance se révèle d'autant plus forte qu'elle est peu consciente. Le facteur cognitif est quant à lui purement mécanique : les membres du groupe entendent plus fréquemment des arguments en faveur de la position majoritaire pour la simple raison que ses défenseurs sont plus nombreux.

Un second effet pervers, appelé *paradigme de Asch*, a pris le nom de celui qui l'a identifié grâce à une expérimentation[1]. Salomon Asch avait organisé des réunions composées exclusivement de complices, à l'exception d'une seule personne qui n'était pas dans la confidence. Les complices devaient émettre un avis unanime mais grossièrement erroné sur la longueur comparée de droites figurant sur des cartes. L'expérience montrait que l'individu testé avait tendance à se ranger à l'avis unanime du groupe, en dépit de son caractère clairement inexact. Elle montrait en outre

1. Asch, pp. 295-303.

que cette tendance à la conformité était sensiblement atténuée dès lors que le groupe de complices feignait de ne pas être unanime, révélant par là même l'intérêt de laisser s'exprimer les désaccords, même minoritaires, pour la fiabilité des décisions.

J'ai pu constater au cours de ma carrière à quel point les effets de polarisation et de Asch peuvent se montrer nocifs en conduisant à des décisions collectives que personne ne désire. Pour prendre un domaine que je connais bien, les ressources humaines, je les ai observés fréquemment à l'œuvre dans les comités de carrière, où des cadres se retrouvent en fin de réunion promus à tort à des postes de cadres supérieurs alors que ceux initialement pressentis se voient éliminés. Dans l'industrie automobile, les choix de style des véhicules sont souvent eux aussi victimes des effets pervers de la délibération collective. On pourrait croire que le choix d'un style débouche systématiquement sur un design banal et neutre. En réalité, les effets de polarisation et de Asch aboutissent assez souvent à des décisions pour le moins étranges.

Après l'effet de polarisation et le paradigme de Asch, il convient de citer ici le *biais de confirmation*, qui désigne la tendance des individus à retenir uniquement les informations et les arguments qui confirment leur opinion. Par exemple, dans un comité de carrière, un participant qui évalue négativement un salarié aura tendance à écouter davantage les appréciations négatives des autres que celles qui sont positives. Ainsi le biais de confirmation accentue les deux effets précédents.

Les majoritaires selon l'effet de polarisation et ceux qui se trompent selon le paradigme de Asch se renforcent mutuellement.

Un autre grand dysfonctionnement de la délibération est produit par ce qu'Irving Janis a appelé la « pensée de groupe » (*groupthink*)[1], dont la caractéristique principale est de privilégier l'harmonie et la cohésion sur l'expression des désaccords et les conflits internes. Les membres du groupe qui nourrissent des réticences à l'égard du projet de décision préfèrent les taire plutôt que de paraître inamicaux et rompre ainsi la bonne entente. Des caractéristiques additionnelles aggravent encore les conséquences de cet effet pervers, notamment les suivantes : attribution de vertus excessives au groupe, qui est jugé par ses membres plus moral et invincible qu'il ne l'est en réalité ; pensée en vase clos conduisant à refuser de considérer les alertes ; renforcement du conformisme par des mécanismes tels que l'hyperactivité de certains en faveur de la pensée de groupe.

Irving Janis a donné comme exemples de décisions perverties par la pensée de groupe l'escalade de la guerre du Viêtnam entre 1964 et 1967, le débarquement américain dans la baie des Cochons, à Cuba, en 1961 et l'affaire du Watergate en 1974. Plus récemment, il a pu être établi que la gestion désastreuse des problèmes de revêtement de la navette *Columbia*, qui a conduit à sa perte lors de son retour dans l'atmosphère, le

1. JANIS.

1er février 2003, a été affectée par un phénomène de pensée de groupe[1].

Un quatrième mécanisme de perversion de la dynamique de décision résulte des erreurs engendrées par la *communication silencieuse*. Aussi étrange que cela paraisse, une part importante des délibérations est en effet muette, chacun cherchant à supputer ce que pensent les autres. Beaucoup de ces supputations se révèlent fausses et créent des malentendus. Considérons une famille qui discute des vacances prochaines. Ses membres délibèrent de la destination et des modalités du voyage, en croyant qu'ils sont d'accord sur les dates, ce qui n'est pas le cas. Ils ne se rendent pas compte que le choix final qu'ils effectuent est incompatible avec le calendrier souhaité par chacun.

*L'illusion de l'unanimité* est un autre dysfonctionnement des délibérations qui découle des deux mécanismes précédents. Comme les opposants préfèrent taire leur désaccord pour préserver la paix dans le groupe, les autres pensent qu'il y a unanimité. Les errements de la communication silencieuse peuvent également aboutir à la supposition erronée d'une unanimité. Considérons un groupe de douze personnes dans lequel huit sont favorables à la position A, classique, et quatre à la position B, atypique. Comme cette dernière est atypique, chacun de ses partisans estime être le seul à la défendre. Jugeant inutile de mettre en avant cette position B, les chances

1. CARVETH et FERRARIS.

de la voir prise en compte étant nulles, ses tenants se taisent. Le groupe estime en conséquence que l'option en faveur de A est unanime ou quasi unanime, ce qui n'est pas le cas. Cette illusion est très fréquente. On se rappelle l'incident survenu le 20 juin 2010 à Knysna, en Afrique du Sud, pendant la Coupe du monde de football, lorsque l'équipe de France a refusé de s'entraîner pour marquer sa désapprobation de l'exclusion du groupe de Nicolas Anelka. Des joueurs ont présenté leur décision comme unanime, en soulignant que personne ne s'y était opposé. Il est toutefois fort probable qu'il se soit agi d'une fausse unanimité. Le silence de certains joueurs peut avoir résulté de mécanismes de pensée de groupe ou de communication silencieuse, et ne signifie pas nécessairement qu'ils aient approuvé la décision. Henri Monteil, numéro trois de la Fédération française de foot, a déclaré : « Des joueurs sont allés voir Domenech dans sa chambre. Ils pleuraient. Ils disaient regretter ce qui se passe... Des jeunes. Je ne peux pas vous donner de noms[1]. »

Ajoutés les uns aux autres ces mécanismes interactifs forment les ingrédients d'une sorte d'ivresse de groupe qu'un magistrat allemand avait parfaitement identifiée dans l'entre-deux-guerres. Bien que rejetant le national-socialisme, cet homme, qui quitta l'Allemagne en 1938, à l'âge de trente et un ans, avait participé aux sessions et entraînements obligatoires du parti nazi et de l'armée dans sa jeunesse. Au cours de ces stages, il avait

1. *La Charente Libre*, 21 juin, 2010.

été troublé par la force des phénomènes de groupe qui conduisaient les participants à noyer leur discernement. Voici ce qu'il en dit dans ses Mémoires, écrits pendant la guerre mais publiés en Allemagne seulement après sa mort, en 1999, et traduits en français en 2003 : « J'affirme avec force que c'est précisément ce bonheur, précisément cette camaraderie qui peut devenir un des plus terribles instruments de la déshumanisation — et qu'ils le sont devenus entre les mains des nazis. C'est là le grand appeau, l'appât majeur dont ils se servent. Ils ont submergé les Allemands de cet alcool de la camaraderie auquel aspirait un trait de leur caractère, ils les y ont noyés jusqu'au *delirium tremens*[1]. » Il peut exister une banalité du mal par la camaraderie, la pression du groupe, l'illusion de l'unanimité.

## *L'effet pervers de la pression hiérarchique*

La dissimulation des désaccords par crainte de mécontenter le chef est un effet pervers bien connu des délibérations. Le respect excessif de l'autorité est un des plus vieux dysfonctionnements du monde. On pourrait en multiplier les illustrations. Je n'en citerai qu'une parce qu'elle est décrite de façon particulièrement évocatrice et qu'elle témoigne de situations rencontrées dans toutes les professions à des degrés divers. Écoutons ce médecin urgentiste :

1. HAFFNER.

> Comment décrire l'ambiance qui règne dans le service avant l'arrivée du professeur H. ? Je pourrais parler de tension, mais ce serait un doux euphémisme. Je suis frappé par ces visages graves, aux traits tendus, trahissant non pas l'angoisse ou l'inquiétude, mais la peur. Oui la peur. Et je pèse mes mots. Médecins et infirmières sont au même régime, celui de la terreur qu'inspire le grand patron. Je comprends rapidement que chacune des visites du professeur H., suivi de sa cohorte de blouses blanches, est vécue ici comme une épreuve à haut risque. Me croira-t-on si j'affirme avoir vu des infirmières sortir des plaques d'urticaire à l'annonce de l'arrivée imminente de « Papa Hôtel » ? Car c'est ainsi que les choses se passaient. Je n'ai jamais assisté à une seule visite sans qu'à un moment ou un autre l'un des membres de son équipe n'en prenne pour son grade. Pierre H. entrait alors dans une colère proprement terrifiante. J'ai même vu à plusieurs reprises des objets traverser la salle de réanimation. Le plus spectaculaire fut sans conteste ce pied de perfusion lancé comme un javelot, à pleine vitesse, passant au-dessus de nos têtes, nous laissant à peine le temps de nous baisser ! La moindre petite erreur, la moindre initiative, bonne ou mauvaise, concernant un patient, sans qu'il eût été préalablement informé, déclenchait chez lui une fureur que rien ni personne n'aurait été capable d'endiguer[1].

Il faut se garder cependant de faire de la soumission à l'autorité le principal facteur des dys-

1. Safran, pp. 28-29.

fonctionnements de la décision. Par son côté spectaculaire, l'expérience de Milgram, dans laquelle des individus ordinaires étaient conduits par l'autorité à infliger des sévices à des inconnus, place sous les projecteurs la pression de la hiérarchie. Mais dans les processus de décision, les effets pervers issus non de phénomènes d'autorité, mais du fonctionnement des participants entre eux, ont autant d'importance que le poids du chef. Lors de la conférence téléphonique tenue à la veille du lancement de la navette *Challenger*, tous les ingénieurs qui étaient opposés au départ de celle-ci mais étaient restés silencieux ont confié à la sociologue Diane Vaughan qu'ils s'étaient sentis libres de s'exprimer et n'avaient subi aucune pression hiérarchique[1]. Dans l'expérience de Milgram qui a été reproduite en France sous la forme d'un jeu télévisé diffusé sur France 2 le 17 mars 2010, la pression sur les candidats pour infliger des décharges douloureuses à l'acteur qui jouait la victime venait à mon sens autant de la réaction incitatrice des spectateurs que des injonctions de l'animateur tenant le rôle du détenteur de l'autorité. Je ne suis pas sûr que les cobayes seraient allés aussi loin dans leurs dérapages si la salle était restée silencieuse ou si elle avait murmuré une désapprobation.

1. VAUGHAN, 1996, pp. 356-386.

## *Les effets pervers mécaniques*

Certains effets pervers de la délibération, et non des moindres, ne relèvent ni de facteurs relationnels ni d'enjeux de pouvoir, mais de la structure même des groupes et organisations. Les délibérations sont affectées au premier chef par *des effets de nombre* purement mécaniques : plus le nombre de participants est élevé, plus la délibération devient difficile ; au-delà d'une certaine quantité, elle disparaît tout à fait. En 2005, Bertrand de Jouvenel a décortiqué la question dans une réflexion intitulée « le problème du président de séance[1] ». Sa réflexion porte essentiellement sur le droit d'expression en démocratie, mais elle vaut aussi pour la délibération dans d'autres contextes : toute délibération se heurte à la rareté du temps et à son corollaire, l'encombrement. Il estime en conclusion qu'une réunion de trois heures ne doit pas comporter plus de douze participants si l'on veut que chacun dispose d'un temps minimal d'expression. Cette limite incontournable n'en reste pas moins largement ignorée.

Le nombre perturbe la décision non seulement à cause de l'encombrement qu'il crée, mais aussi parce qu'il décuple les autres effets pervers de la délibération. Il a ainsi été démontré que l'effet de Asch était accentué par un nombre de complices élevé. La communication silencieuse et les erreurs

1. JOUVENEL, pp. 175-186.

qui en découlent s'intensifient elles aussi avec un nombre croissant de participants. Il est plus difficile de prendre la parole devant un grand groupe que devant deux ou trois personnes. Un autre effet du nombre est le théorème dit *du jury de Condorcet*, qui démontre l'existence d'une loi mathématique en matière d'agrégation des opinions : si la probabilité *p* de choisir l'option *A* chez un participant est supérieure à 50 %, plus il y a de participants, plus la probabilité que *A* soit choisie augmente ; en revanche si *p* est inférieure à 50 %, plus le nombre de participants s'élève, moins l'option *A* a de chances d'être choisie. Autrement dit, si la probabilité de choisir une solution est de 45 % chez chaque participant, on pourrait penser que cette dernière garde des chances d'être adoptée si les effectifs de la séance s'élèvent ; or c'est le contraire qui se produit.

D'autres effets pervers mécaniques découlent de *règles bureaucratiques* qui, pour être ordinaires, n'engendrent pas moins une atténuation des signaux d'alerte. L'une de ces règles est le principe de la *transmission au chef sans redondance*. Dans le cas de la navette *Challenger*, les ingénieurs ont justifié leur silence en partie par le fait qu'ils avaient transmis l'alerte à leurs supérieurs et jugé en conséquence qu'ils n'avaient pas besoin d'y revenir[1]. La répétition et l'insistance ne font pas partie des normes bureaucratiques ordinaires. Après des accidents, on entend souvent dire par des participants à la décision coupable

1. MOREL, pp. 218-219.

qu'ils regrettent de ne pas avoir suffisamment insisté sur leurs objections. « Insister » n'est pas une attitude prévue par les règles ordinaires.

Un processus bureaucratique d'atténuation des signaux peut également se faire jour lorsque des accessoires de bureautique en viennent à brouiller ou limiter la portée d'une communication quelle qu'elle soit. On peut trouver des exemples de tels outils dans la conférence téléphonique, qui empêche de *voir* les désaccords sur les visages, les diapositives PowerPoint ou les Post-it, qui regorgent de formulations réductrices, les documents en deux dimensions, qui atténuent l'impact d'une vision directe en trois dimensions. La plupart des responsables de Thiokol, le concepteur des fusées d'appoint de *Challenger* et de leurs joints toriques, s'étaient réunis dans l'Utah autour de photos de joints défectueux, reproductions peu parlantes, au lieu d'aller les observer sur place en Floride.

Une autre norme bureaucratique qui réduit les signaux d'alerte est l'autocensure qui s'applique habituellement aux questions transversales. Lors de la discussion de l'opération de la baie des Cochons, projet d'invasion militaire de Cuba par des exilés cubains soutenus par les États-Unis en avril 1961, deux spécialistes invités autour de John F. Kennedy étaient restés silencieux, car ils s'estimaient détenteurs d'une expertise technique, et non pas politique. Dans la suite de son mandat, le président Kennedy a veillé à ce que les spécialistes qu'il conviait à des réunions soient incités à se prononcer globalement et à participer aux discussions au même niveau que les généralistes[1]. Les ingénieurs spécialistes des joints toriques de *Challenger* se sont tus lors de la conférence téléphonique, en dépit de leur inquiétude, parce que chacun d'eux était spécialiste d'un élément du joint — matière, structure, conception à une époque antérieure, etc. — et ne se sentait pas autorisé à donner un avis global[2]. L'autocensure sur les informations non démontrées scientifiquement constitue d'ailleurs une source spécifique d'atténuation bureaucratique des alertes : on savait que les joints toriques de *Challenger* fonctionnaient mal mais, comme on ne disposait pas de données chiffrées pour l'illustrer, cette information n'a pas été jugée recevable[3].

Les normes bureaucratiques qui, par leur mécanisme même, atténuent les signaux sont d'autant plus dangereuses que les acteurs n'ont pas conscience de leurs effets pervers et les considèrent comme des processus valables : il est plus économique de faire une conférence téléphonique ou de regarder des photos plutôt que de se déplacer, parfois loin, pour voir sur place la réalité ; il est de bonne règle de ne pas parler de sujets qui sortent du cadre de son expertise ou non assis sur des faits précis ; il est apprécié de ne pas insister…

1. Janis, p. 267.
2. Vaughan, 1996, pp. 218-333.
3. *Ibid.*

## LA « HIÉRARCHIE RESTREINTE IMPLIQUÉE »

À certains moments critiques ou sur certains sujets, la performance fiable nécessite l'effacement du fonctionnement hiérarchique classique ; inversement, l'excès de hiérarchie peut entraîner des effets destructeurs. « Il arrive que l'usage le plus avisé du pouvoir soit de ne pas l'utiliser », aurait déclaré Earl Warren, un ancien président de la Cour suprême des États-Unis. Cette suspension de la hiérarchie n'a de sens que si elle s'accompagne d'une reconfiguration radicale du rôle du chef, qui doit dès lors surtout s'impliquer dans la définition de la mission et son explication. C'est la raison pour laquelle j'appelle cette métarègle la *hiérarchie restreinte impliquée*.

Le modèle de la « hiérarchie restreinte impliquée » est très proche de celui du *mission command*, que le général Vincent Desportes, expert en stratégie militaire, a proposé de traduire par « commandement par influence » ou « commandement indirect ». Je préfère pour ma part l'expression « hiérarchie restreinte impliquée », certes moins légère, mais plus évocatrice.

### *Hiérarchie restreinte*

L'idée que la forte atténuation de la hiérarchie joue un rôle positif majeur sur la fiabilité est contre-intuitive. Alors que, dans un dîner en ville, je parlais de la fiabilité du pilotage dans les grandes compagnies aériennes, un convive me dit, approuvé par d'autres, que ce résultat ne pouvait s'expliquer que par un grand respect de l'autorité. Je dus répondre : « C'est exactement le contraire. » Dans un sous-marin nucléaire, la fiabilité n'est pas le résultat de la force de la relation hiérarchique dans l'institution militaire, mais l'exact contraire : c'est parce qu'il n'obéit pas aux relations hiérarchiques militaires traditionnelles qu'un tel sous-marin est fiable. Et cela va beaucoup plus loin que ce que l'on entend habituellement par décentralisation et *empowerment* (responsabilisation).

La « hiérarchie restreinte impliquée » désigne le transfert marqué du pouvoir de décision vers des acteurs sans position hiérarchique, mais détenteurs d'un savoir et en prise directe avec les opérations. À certaines phases du fonctionnement de l'organisation, leurs connaissances et leur lien avec le terrain justifient qu'ils héritent temporairement du pouvoir de décision sur des choix importants. Richard Sennett, un sociologue et historien américain, soutient à ce sujet la thèse iconoclaste que les cadres supérieurs ont souvent moins de compétences que leurs subalternes. Parti d'une réflexion sur la valeur de l'artisanat, il a tiré cette idée d'une étude de deux ans dans les milieux financiers new-yorkais, où il a constaté que les calculs mathématiques à l'origine des instruments financiers paraissaient souvent aussi abscons aux décideurs qu'au grand public[1]. Même s'il conviendrait sans doute de nuancer fortement cette conclusion pour des activités autres que mathématiques et financières, il reste vrai que beaucoup de compétences supérieures existent sur le terrain et qu'elles ne demandent qu'à se déployer.

Une dimension de la « hiérarchie restreinte impliquée » est la *collégialité*. La migration du pouvoir vers le bas ne se fait pas en direction d'un individu isolé et en excluant le chef : c'est toute la pyramide, y compris sa pointe, qui devient collégiale. Dans la suite de l'ouvrage, quand je parle de « hiérarchie restreinte impliquée », il faut entendre cette dimension de la collégialité.

L'effacement de la hiérarchie peut s'exprimer par le retrait des attributs du pouvoir : ôter ses galons, ne pas hausser le ton devant une erreur, s'absenter volontairement d'une réunion, etc. L'objectif est d'afficher clairement un fonctionnement différent afin d'inciter ceux qui savent et sont plongés dans l'action à s'exprimer et à décider. Cela peut aussi se traduire par un énoncé symbolique fort. Dans un État américain, par exemple, un centre de soins pour enfants gravement malades avait perdu sa certification en raison de dysfonctionnements provenant d'une trop grande rigidité de l'autorité. Un nouveau directeur mit en place un plan destiné à octroyer plus de pouvoir de décision aux infirmières dans des cas d'urgence. Dans les séances de formation qu'il leur destinait, son leitmotiv pour les mettre en

1. SENNETT.

confiance était que toute décision qu'elles prendraient serait d'avance considérée comme celle qu'il aurait prise[1].

Les nouvelles technologies de l'information et de la communication peuvent agir comme un frein à la hiérarchie restreinte. En tant qu'instruments de transmission des consignes et de suivi de leur exécution, elles peuvent devenir, dans les mains des autorités supérieures, des *long handled screwdrivers* (tournevis à long manche) et redonner ainsi à la hiérarchie beaucoup du pouvoir perdu. Dans les armées qui appliquent le principe de la « hiérarchie restreinte impliquée » sous la forme du *mission command*, l'apparition de ces instruments numériques constitue une source d'inquiétude. C'est d'ailleurs la raison pour laquelle les techniciens chargés d'annuler un lancement de fusée ne disposent d'aucun moyen de communication : le risque de perturbation hiérarchique est ainsi matériellement impossible.

Aux États-Unis, des agences gouvernementales fédérales chargées de la sécurité civile ont élaboré une démarche novatrice en matière de transfert du pouvoir de décision. Appelée officiellement ICS (Incident Command System), celle-ci consiste à agencer et contrôler l'organisation temporaire des intervenants et équipements dans un large éventail de situations d'urgence telles que les incendies, accidents multiples, catastrophes naturelles, pollutions, etc. Il s'agissait d'apporter des solutions aux carences organisationnelles qui avaient été constatées dans les années 1970 quand des

1. CALDERON *et al*, p. 273.

incendies de forêt avaient ravagé la Californie. Des sociologues de l'école des HRO ont observé la façon dont un service départemental d'incendie et de secours de mille cinq cents pompiers, couvrant une zone urbaine et périurbaine d'un million deux cent mille habitants, agissait selon la démarche ICS[1]. Un des résultats remarquables de leur étude est la caractéristique de l'ICS que les auteurs appellent *authority migrating* (migration de l'autorité) : « Bien que des liens d'autorité formels soient établis, le pouvoir informel de décision, notamment au niveau tactique, peut devenir explicitement découplé de la hiérarchie officielle et migrer rapidement parmi les postes de l'ICS vers les individus qui possèdent l'expertise pour résoudre des problèmes spécifiques[2]. » Les désordres du passé avaient donc bien été corrigés, mais non par une centralisation et une autorité renforcées : par un déplacement de l'autorité vers ceux qui savent et sont opérationnels.

Isaac Getz, professeur de « management des idées, de l'implication et de l'innovation » à l'ESCP-Europe, à Paris, a étudié les cas d'une quinzaine d'entreprises en Amérique du Nord et en Europe qui sont allées très loin dans le transfert à leurs salariés de la responsabilité de décider[3]. Il appelle ces entreprises « F-Form », avec F pour *Free*, libre. Il considère que ces expériences vont beaucoup plus loin que la responsabilisation classi-

1. BIGLEY et ROBERTS.
2. *Ibid.*, p. 1288.
3. GETZ. Cf. aussi LE GALL.

que (*empowerment*). Sa recherche a le mérite de montrer que l'effacement prononcé de la hiérarchie n'est pas réservé à des domaines de haute technologie ou à risque élevé, comme le cockpit d'un avion ou un commando éloigné de ses bases. La troupe du Splendid pourrait être considérée comme une entreprise « F-Form » au sens d'Isaac Getz.

*Hiérarchie impliquée*

Le fait que la hiérarchie doive s'effacer à certains moments n'implique pas qu'elle doive disparaître ni que les chefs ne servent à rien. Bien au contraire : c'est à eux qu'incombe la responsabilité de la définition de la mission et de son explication afin que leurs subordonnés sachent dans quel sens décider. C'est précisément le sens du dernier terme de la métarègle que j'ai appelée « hiérarchie restreinte impliquée ». L'adjectif « impliqué » s'accorde au modèle militaire d'autonomie au combat des subordonnés (*mission command*). Le chef joue un rôle déterminant dans la construction d'une mentalité commune, mais sans empêcher que les subordonnés poursuivent leur mission en cas de rupture des communications entre la base et le sommet. « C'est le principe d'unité qui réside dans les modes de pensée, les processus mentaux communs à tous les actants, à la fois décideurs et exécutants[1]. » Dans l'exem-

1. Lucien Poirier, *Stratégie théorique*, cité dans DESPORTES, p. 151.

ple de la presse transfert cassée dans une usine de Renault, le directeur ne cède le pouvoir de direction de la réparation à l'équipe locale que parce qu'il sait que les opérateurs de terrain vont agir en tenant compte des implications de leurs choix dans l'ensemble de l'usine.

L'existence d'une image globale collective partagée par le chef et toute l'équipe distingue le principe de la « hiérarchie restreinte impliquée » de la méthode de direction par objectifs comme de la simple décentralisation. Dans la direction par objectifs, l'individu est seul avec son objectif final, et la dimension collective ou la construction d'une communauté de vues en amont sont peu mises en valeur. Quant à la décentralisation, elle ne met guère l'accent sur l'image globale. Les infirmières et infirmiers des hôpitaux ou les techniciens de centres d'ingénierie se trouvent dans des situations similaires. Les principes de décentralisation ou de direction par objectifs n'ont pas beaucoup de sens pour eux. En revanche, la notion de *mission command* correspond assez bien à l'autonomie que l'on attend d'eux : une autonomie relative, encadrée par leur mission.

Le contenu *explicatif* est un trait essentiel de la mission générale et de l'image globale que donne le chef ou dont il s'assure qu'elles sont partagées. L'important est de délivrer un objectif et d'en bien expliquer les tenants et aboutissants. La mission dit : « Il faut faire ceci, afin que... » C'est le second membre de la phrase, « afin que... », qui est déterminant. C'est pourquoi des militaires tendent à utiliser le terme « intention » pour définir l'action des combattants. L'action peut être autonome dès lors que l'intention est énoncée, expliquée et comprise.

Selon l'école des HRO, les responsables formels délivrent des prestations qui ne relèvent pas toutes de l'exercice de l'autorité. Ils veillent, par exemple, à l'attribution des ressources nécessaires, comme les équipements ou la formation. En tant que seniors, ils apportent aussi des leçons tirées de l'expérience mais sans en détenir le monopole : le personnel senior dénué de position hiérarchique supérieure peut aussi bien le faire. Les chefs peuvent en outre avoir pour rôle d'organiser leur propre retrait, par exemple en attribuant une présidence de séance à d'autres ou en édictant des règles telles que la non-punition des erreurs.

La « hiérarchie restreinte impliquée » ne consiste pas à supprimer l'autorité. À certains moments, pour certaines tâches, la hiérarchie prend toute sa place. L'organisation doit savoir être alternativement centralisée et décentralisée, car l'absence d'autorité peut être aussi catastrophique que son excès. Tout l'art d'une organisation hautement fiable est de savoir où manifester fermement l'autorité et où la suspendre. Prenons l'exemple des randonnées confrontées au risque d'avalanches : au moment d'envisager un franchissement risqué, le leader doit savoir s'effacer afin que tous les avis s'expriment ; mais ce même leader doit aussi exercer toute son autorité au moment du départ afin de contrôler l'équipement de chacun, jusqu'à décider d'exclure un participant qui aurait oublié son appareil de détection. Karlene Roberts, membre de l'école des HRO, exprime cette alternance de la façon suivante : « Les organisations hautement fiables se structurent elles-mêmes plutôt hiérarchiquement quand il ne se passe pas grand-chose. Lorsque leur environnement devient incertain ou leurs tâches plus complexes, elles évoluent vers des structures plus fluides qui permettent aux prises de décision de descendre toujours plus bas dans l'organisation ou vers quiconque se trouve le plus près de la situation opérationnelle[1]. »

L'effacement de l'organisation hiérarchique peut être extrêmement délicat à gérer, notamment dans une organisation militaire. Le commandant d'un porte-avions américain de la classe *Nimitz* (porte-avions géant à propulsion nucléaire) notait, une nuit sur le pont, l'importance d'encourager le personnel d'appontage à signaler des erreurs susceptibles de conduire à de plus graves problèmes. Mais, au même moment, il reconnaissait toute l'ironie et le choc des règles en déclarant au sociologue qui l'interrogeait : « Je viens de devoir sanctionner l'officier marinier de troisième classe qui tire la catapulte bâbord de trois jours d'arrêt au pain sec et à l'eau pour absence sans permission. Il a considéré qu'il devait aider sa mère à déménager avant de venir et n'a soumis son absence à personne. J'ai détesté le faire, mais nous devons assurer la discipline parmi les hommes[2]. »

1. Roberts.
2. LaPorte et Consolini, p. 36.

## AVOCAT DU DIABLE ET DÉBAT CONTRADICTOIRE

L'« avocat du diable » est une autre métarègle nécessaire à la dynamique de décisions hautement fiables. Par avocat du diable, j'entends tout processus fort de contestation constructive d'un projet de décision. Dans la suite du chapitre, j'utiliserai cette expression pour désigner n'importe quel processus de débat contradictoire.

Nous avons donné un aperçu des nombreux effets pervers où se fourvoient les délibérations, en particulier la polarisation, le paradigme de Asch, la pensée de groupe, la communication silencieuse, l'illusion de l'unanimité, le biais de confirmation, la pression de l'autorité, les effets de nombre et les règles bureaucratiques. Nous allons voir qu'un processus d'avocat du diable bien conduit a de grandes chances de venir à bout de ces mécanismes psychosociologiques puissants qui poussent les délibérations à leur perte.

Dans son livre *Groupthink* (1982), Irving Janis révèle que le leader du groupe chargé de préparer le débarquement de la baie des Cochons avait banni en son sein tout débat contradictoire. Il avait exigé des participants, comme priorité absolue, la préservation de l'unité du groupe en évitant toute critique des plans de la CIA[1]. Par cette seule directive, le fiasco de l'opération était programmé,

1. Janis, p. 170.

puisque toute proposition contraire était d'avance rejetée. À l'inverse, Didier Tabuteau, ancien directeur de l'agence du médicament, a réagi à l'affaire du Mediator en déclarant en 2010 dans un article du *Monde* : « Le principe de contradiction est une des bases de la sécurité sanitaire ; les meilleurs systèmes d'expertise peuvent faire preuve de cécité[1]. » Quand on voit émerger des décisions majeures dont on a du mal à comprendre la justification, on peut se demander si l'absence de processus d'avocat du diable et plus généralement de débat contradictoire n'en serait pas la cause. Par exemple, les décisions françaises de ne pas intégrer les médecins libéraux dans la vaccination contre la grippe H1N1 ou d'effectuer une commande de vaccins couvrant cent pour cent de la population ont-elles fait l'objet d'un véritable débat avec présentation complète de la solution opposée ? Quand on voit que le nouveau logo de la marque de vêtements Gap présenté en octobre 2010 a suscité une opposition unanime du public en raison de son affligeante banalité en comparaison de l'ancien, au point que l'entreprise a dû le retirer, on se dit qu'un processus d'avocat du diable a certainement fait défaut dans cette grande entreprise américaine. Plus grave, bien des morts et blessés par suite d'avalanches pourraient être évités si un processus d'avocat du diable était systématiquement observé dans les groupes de randonnée en haute montagne pour décider ou non de franchir des passages à risque. Par leur

1. TABUTEAU.

diversité, ces exemples illustrent l'étendue du champ d'exercice potentiel du processus d'avocat du diable.

## *Les modalités*

La garantie d'un débat contradictoire peut être assurée par un *avocat du diable* au sens strict, quasi judiciaire. La personne qui tient le rôle doit en ce cas disposer des mêmes temps et ressources que les auteurs de la proposition faisant l'objet de la délibération. Le philosophe et politologue Bernard Manin, considérant que toute délibération subit les effets pervers des discussions et tourne au désastre, se prononce en faveur d'un processus d'avocat du diable de type judiciaire[1]. Selon lui, les délibérations doivent abandonner le modèle habituel de la « conversation » pour adopter celui du débat contradictoire :

> La structure la plus propice à la délibération est, à mon sens, celle où deux défenseurs de points de vue opposés argumentent pour et contre une décision projetée face à un tiers, formé par une assemblée. Ce dispositif présente évidemment une parenté avec la procédure contradictoire utilisée dans les tribunaux. Il stimule l'examen critique et freine le conformisme. C'est peut-être ce qu'avait senti l'Église catholique quand elle requérait la présence d'un « avocat du diable » lors des

1. MANIN.

procès en canonisation. Dimension religieuse mise à part, la méthode conserve toute sa valeur[1].

Un exemple de procédure d'avocat du diable de ce type est le comité exécutif du NSC (National Security Council) constitué par Kennedy pour décider de l'action à entreprendre pour résoudre la crise des missiles de Cuba de 1962[2]. Comme ces délibérations intervenaient un peu plus d'un an après le fiasco de la baie des Cochons, le président Kennedy se montra préoccupé de ne pas reproduire le mécanisme d'aveuglement collectif précédent. « Comment avons-nous pu être aussi stupides », avoua-t-il. Il confia à son frère Robert et à un de ses conseillers, Theodore Sorensen, les rôles d'avocats du diable, que ces derniers exercèrent de façon intensive.

Un autre exemple d'avocat du diable est fourni par la façon dont un ancien président de la cour d'assises de Paris, Jean-Pierre Getti, organise son travail avec les jurés : « J'exige toujours que tous les jurés présents prennent la parole et expriment leur conviction. Face à chacun d'entre eux, j'exprime le contre-pied, en me faisant l'avocat du diable, puis je laisse une dynamique s'élancer autour de la table. À la fin seulement, je donne ma propre conviction. Puis après une suspension, nous votons[3]. » Dans un tout autre contexte, la fonction d'avocat du diable est explicitement prévue par la

1. Id., 2006, p. 45.
2. Janis, p. 141.
3. Getti.

politique de sûreté de SOCODEI, une société du groupe EDF chargée des déchets de faible et moyenne radioactivité : « Il est reconnu de façon permanente le rôle d'"avocat du diable" au service Sûreté Qualité pour pousser les managers à respecter strictement les règles en matière de sûreté et à promouvoir une démarche prudente et une attitude interrogative au quotidien[1]. »

Le processus d'avocat du diable peut s'exercer selon des modalités variées. L'important est que s'institue le *fonctionnement contradictoire* comme principe général de la prise de décision. Nous avons déjà vu que, dans la marine nucléaire américaine, une règle stipule qu'aucune décision ne pouvait être prise sans que soit présentée et débattue une contre-proposition minoritaire. De même, le groupe de travail de six personnes qui a proposé au général George Marshall, alors secrétaire d'État, le plan qui porte son nom a fonctionné selon un principe général de contradiction. Le responsable du groupe et architecte du plan, George Kennan, avait donné pour consigne aux participants de se montrer critiques à l'égard des idées politiques ambiantes[2]. Un témoignage de Kennan est particulièrement révélateur de l'importance du débat contradictoire au sein du groupe : « Les débats dans notre petite instance étaient si pressants et intenses lors de ces jours et nuits effrayants que je me rappelle avoir dû, un soir tard, quitter la pièce et marcher en pleurant autour

1. SOCODEI, p. 5.
2. JANIS, p. 162.

du bâtiment avant de retrouver mon sang-froid[1]. » Christian Michel, ancien directeur de la qualité et directeur d'usine chez Renault, avait fait du fonctionnement contradictoire une règle de conduite au point de ne prendre aucune décision sensible, comme le licenciement d'un ouvrier pour faute ou la réponse à une crise logistique, sans en soumettre le projet à des personnes susceptibles de lui apporter un point de vue opposé[2].

Comme exemple en entreprise de processus proche de celui d'avocat du diable, on peut citer la réflexion sur la fiabilité menée au sein du groupe allemand ThyssenKrupp AG. Animée par des chercheurs appartenant au courant de l'école américaine des HRO, elle s'est traduite par la volonté de prévoir des structures de management incluant des personnes extérieures à l'unité concernée afin d'y apporter une vision différente[3].

Une autre façon d'exprimer le principe du débat contradictoire est ce que l'on appelle l'*attitude interrogative* dans les centrales nucléaires. Celle-ci figure en bonne place dans la culture de sûreté définie par l'Agence internationale de l'énergie atomique (AIEA). Cette notion apparaît également en deux endroits dans la « Politique sûreté » de SOCODEI, qui exige de chaque salarié, et pas uniquement du service sûreté-qualité, la mise en œuvre d'une « attitude interrogative »[4]. Cette for-

1. *Ibid.*, p. 167.
2. Entretien avec l'auteur, 6 octobre 2010.
3. GEBAUER et KIEL-DIXON.
4. SOCODEI, p. 5.

mulation a le mérite de suggérer que le principe de l'avocat du diable et du débat contradictoire s'applique sous une forme ordinaire à tous les instants et à tous les échelons des organisations. Il s'agit d'un réflexe permettant de s'assurer que l'information et l'action sont adéquates.

L'attitude interrogative correspond exactement au concept de *discussion avec la situation* formulé par le penseur américain Donald Schön en 1982[1]. Celui-ci est résumé de la façon suivante par Michel Berry, ingénieur général des Mines et rédacteur en chef de *La Gazette de la société et des techniques*, dans le contexte de son application à l'industrie nucléaire :

> Les opérateurs mènent ce que Donald Schön appelle une discussion avec la situation. L'exploration de la complexité d'un problème s'effectue par un jeu de questions-réponses et la réflexion progresse par ramifications : une question en appelle une autre, une interprétation est remise en cause par telle information provenant d'un collègue, d'un indicateur ou d'un document que l'on n'avait pas sollicité d'emblée ; une action modifie la situation et appelle une actualisation des informations, etc. La discussion ne peut toutefois se développer et converger qu'à certaines conditions : […] il faut que l'organisation entretienne une pluralité de points de vue, en mettant en contact des agents à la formation initiale, à l'expérience et aux attributions différentes ; c'est ce qu'on observe dans la composition des équipes, notamment à travers les jeunes

1. SCHÖN.

> en formation, incités à poser beaucoup de questions ; il est de plus à noter que la force des arguments de chacun repose plus sur l'expertise et la pertinence que sur la position hiérarchique ; ainsi, il n'est pas rare qu'un rondier fasse changer d'avis un opérateur ou un cadre technique[1].

D'autres modalités de mise en œuvre de la fonction d'avocat du diable tiennent à la notion d'*hétérogénéité*, laquelle peut s'entendre de plusieurs façons. Une forme d'hétérogénéité consiste à diviser la délibération en plusieurs sous-groupes puis à confronter les opinions en assemblée plénière. Cela donne des chances d'étendre la réflexion à des éléments contradictoires. Cette méthode a été appliquée explicitement dans ce but au comité exécutif en charge de la réponse à donner à la crise des missiles cubains.

Une autre forme d'hétérogénéité est de soumettre le projet de décision à *des instances et des individus qui ont des points de vue différents*. Didier Tabuteau insiste sur ce processus pour éviter la répétition de l'erreur du médicament Mediator : « Il faut ouvrir les systèmes de vigilance sanitaire aux expertises "dissidentes", donner un statut légal aux "lanceurs d'alerte" et reconnaître aux associations, qui doivent être représentées dans les commissions scientifiques, le droit d'imposer des auditions publiques aux agences sanitaires[2]. »

1. BERRY, p. 3 (réflexions à partir des observations de JOURNÉ).
2. TABUTEAU.

On peut considérer comme une forme d'hétérogénéité le fait de donner *une seconde chance* à l'avis contraire ou à l'opinion minoritaire. Une fois le consensus atteint dans le groupe, on laisse passer un peu de temps avant de réexaminer la décision à froid avec le groupe. Ainsi, des objections qui n'auraient pas eu l'occasion de pleinement s'exprimer trouvent une dernière occasion de se faire entendre. Dans le droit pénal talmudique, la décision des vingt-trois juges n'est pas définitive tant qu'une nuit entière ne s'est pas écoulée[1]. Les juges doivent pouvoir réfléchir une dernière fois. Le lendemain du verdict, ils ont la possibilité de modifier leur décision si elle est favorable à l'accusé. En voici d'autres exemples donnés par Janis : « Selon un rapport d'Hérodote datant d'environ 45 avant Jésus-Christ, chaque fois que les Perses de l'Antiquité prenaient une décision à la suite d'une délibération sans alcool, ils devaient reconsidérer le sujet sous l'effet du vin. Tacite a rapporté qu'à l'époque romaine les Germains aussi avaient l'habitude de parvenir à toute décision deux fois, une fois sobres et une fois ivres[2]. » Sans aller jusqu'à prescrire des comportements que la loi réprouve, on peut s'inspirer de ces exemples pour commencer une délibération dans un contexte formel puis de la reprendre dans un contexte informel.

1. *Talmud*, « Traité Sanhédrin », p. 40a. Je remercie le rabbin Claude Riveline, professeur à l'école des Mines, pour les compléments d'information qu'il m'a communiqués sur ce sujet.
2. JANIS, p. 271.

## LA DÉCISION PAR CONSENSUS : DANGERS ET SOLUTIONS

La décision par consensus désigne une décision prise à l'unanimité. Elle revient à donner un droit de veto à chacun, puisque tant qu'il reste un désaccord la décision ne peut être prise. Cette forme de délibération est largement répandue dans les sociétés traditionnelles, à l'image de la « palabre » en Afrique ou des assemblées quaker. Le sociologue Philippe Urfalino en a étudié différentes formes empruntées à des travaux ethnologiques[1] : dans les villages du Sud-Viêtnam jusque dans les années 1930 et 1940, dans la société Ocholo en Éthiopie méridionale, dans un village du Soudan, sur les bateaux de pêche suédois... Mais les sociétés modernes valorisent également ces délibérations du fait de leur caractère participatif.

La décision par consensus peut se révéler un processus puissant pour éviter les erreurs. Le fait que chacun des participants dispose d'un droit de veto, formel ou informel, favorise l'examen contradictoire. On l'a vue à l'œuvre dans la troupe du Splendid, dont chaque membre peut refuser une réplique, et dans la marine nucléaire américaine, où une décision nécessite l'accord de trois directeurs (projet, technique et sécurité). Cepen-

1. URFALINO.

dant, si le consensus est un moyen efficace de lutte contre les décisions absurdes, il ne prémunit pas, à lui seul, des effets pervers de la dynamique de décision. Les sections qui suivent distinguent deux types de consensus perverti, l'unanimité médiocre ou calamiteuse et l'unanimité apparente.

## *L'unanimité médiocre ou calamiteuse*

Le premier type de consensus perverti est celui qui résulte d'une unanimité véritable, mais rendue médiocre ou calamiteuse par la survenue d'un ou plusieurs des effets pervers de la délibération identifiés en début de chapitre (polarisation, paradigme de Asch, biais de confirmation, *groupthink*, erreurs de communication silencieuse, respect excessif de l'autorité, effet de nombre, procédures bureaucratiques ordinaires).

Une éclatante mise en relief des perversions du consensus est fournie par le droit pénal talmudique qui prévoit que si les vingt-trois juges du tribunal du Sanhédrin prononcent une condamnation à mort à l'unanimité, cela entraîne automatiquement l'acquittement de l'accusé, et celui-ci n'est pas rejugé[1]. Voici comment cette règle est formulée : « Rav Kahana enseigne : un tribunal qui condamne à l'unanimité, le condamné est totalement acquitté. Pourquoi ? Puisque la nuit qui pré-

1. *Talmud*, « Traité Sanhédrin », p. 17a, trad. Ph. Haddad, Akadem, « Le condamné acquitté » (*http://www.akadem.org/photos/contextuels/5982_condamne_Doc1.pdf*).

cède le verdict est donnée pour trouver du mérite, et ces juges n'ont rien trouvé (comme circonstances atténuantes). » Aux yeux des sages rabbins du Talmud, l'unanimité est le signe qu'il n'y a pas eu véritablement débat. La décision qui en résulte est à ce point suspecte qu'elle doit être sanctionnée par l'acquittement du coupable. Pour mesurer la dimension révolutionnaire de cette idée, il suffit de voir ce qu'elle donnerait appliquée à des contextes contemporains : l'acceptation à l'unanimité par le comité compétent d'un nouveau médicament entraînerait son refus définitif. Même s'il s'agit d'une parabole plus que d'une règle pratique, la puissante signification du principe talmudique reste d'actualité.

Une solution pour assurer la qualité du consensus est de doter les décideurs d'une véritable indépendance. Supposons un comité composé de juristes et de communicants d'une même entité devant rédiger une note d'information grand public. Le consensus n'est pas une garantie que le texte sera compréhensible par les administrés. Les effets pervers de la délibération peuvent même aboutir à un texte complètement confus. En revanche, si des représentants de la population ciblée sont présents et qu'ils bénéficient du droit de veto, on peut penser qu'aucun énoncé ne passera s'il n'est pas compris. L'indépendance peut être atteinte par le rattachement hiérarchique des décideurs à une autorité extérieure au comité de décision. Si une partie au moins des décideurs ne sont pas placés sous l'autorité hiérarchique du leader du groupe, le consensus a davantage de valeur.

Dans la marine nucléaire américaine, par exemple, l'important n'est pas tant que le responsable de la sécurité du comité de traitement des problèmes techniques d'un projet dispose d'un droit de veto, mais qu'il ne soit pas rattaché à la ligne hiérarchique du projet (*voir figure 1, bas*). On voit bien par cet exemple que l'hétérogénéité joue un rôle proche de la fonction d'avocat du diable.

### *L'unanimité apparente*

Le second type de consensus perverti est celui qui découle d'une fausse unanimité. Une unanimité est souvent tacite, en totalité ou partiellement. Elle est totale quand, par exemple, un groupe de randonnée à ski en montagne s'arrête avant un passage exposé à un risque d'avalanche, échange des regards, puis reprend la course en franchissant le passage. Le caractère tacite du consensus peut être partiel, certains donnant leur accord de façon explicite, d'autres se taisant. Dans les deux cas, la décision est arrêtée par constat de l'absence d'opposition. Philippe Urfalino appelle un tel processus *décision par consensus apparent*[1].

La décision par consensus apparent, totalement ou partiellement tacite, est beaucoup plus fréquente que l'on pourrait croire. Deux auteurs, Jürg Steiner et Robert Dorff, ont effectué une étude

1. URFALINO, *passim*.

minutieuse et systématique des décisions prises au sein d'un parti politique suisse dans le canton de Berne[1] :

> Utilisant l'interview, l'observation et l'analyse de documents, Steiner et Dorff ont suivi 111 réunions de ce parti, de janvier 1969 à septembre 1970. Ils y ont observé 466 situations où une décision devait être prise, suite à un désaccord sur une action à entreprendre. Ils avaient prévu trois modes de règlement de ces situations : par un vote à la majorité ; par la formation d'un accord explicite et oral après que les partisans d'une option se furent clairement ralliés à l'autre option ; la non-décision. 37 % des 466 cas ne rentraient dans aucune des trois catégories envisagées. Les auteurs ont d'abord songé à une catégorie résiduelle. Puis, ils ont dû admettre que ces cas renvoyaient à un quatrième type correspondant à la séquence suivante : après un temps de discussion, un membre du groupe donne une interprétation des conclusions qui, selon lui, ressortent du débat. Si personne ne s'oppose à cette interprétation, celle-ci vaut décision[2].

On voit donc que plus du tiers des délibérations dans un parti, pourtant habitué à fonctionner par vote, se soldent par une décision par consensus apparent.

Nombre de décisions par consensus apparent cachent l'opposition d'un nombre élevé de participants, voire d'une majorité. Cela provient d'un

1. Dorff et Steiner.
2. Urfalino, pp. 56-58.

phénomène que nous avons déjà rencontré : la communication silencieuse et sa conséquence, l'illusion de l'unanimité. Il est extrêmement fréquent que des personnes restent silencieuses au moment de l'arrêt de la décision, ce qui donne l'impression (fausse) que la décision est unanime. Dans le cas du parti suisse, les auteurs de l'étude ont approfondi leur recherche et estimé que la moitié au moins des décisions par consensus apparent ne correspondait pas à un avis majoritaire[1]. De même, si un randonneur chevronné propose de passer par un passage exposé aux avalanches, que le groupe marque un temps d'arrêt, et que le leader dit « on y va », tout le monde suit sans s'opposer alors que beaucoup sont réticents : il y a décision par consensus apparent, alors que le choix de franchir la pente dangereuse est minoritaire. Bien des accidents d'avalanche sont le produit d'un tel processus.

Un exemple tragique de décision par consensus apparent ayant masqué une opposition forte a été la décision de lancement de la navette *Challenger*. Elle a été prise le 27 janvier 1986 au soir, lors d'une conférence téléphonique réunissant le sous-traitant des fusées d'appoint Thiokol, dans l'Utah, le centre Marshall de la NASA, dans l'Alabama, et le centre Kennedy de la NASA, en Floride. Un grand nombre de participants à cette conférence étaient opposés au lancement en raison de la basse température atmosphérique risquant d'entraîner un dysfonctionnement des joints des fusées d'appoint.

1. *Ibid.*

Du fait des effets pervers de la dynamique de décision, notamment ceux de la communication silencieuse, de la pression hiérarchique et du fonctionnement bureaucratique, l'opposition est restée tacite au moment de l'arrêt de la décision. Après que les managers de Thiokol eurent déclaré au cours de la conférence téléphonique que leurs conclusions ne s'opposaient pas au lancement, le haut responsable de la NASA qui présidait la réunion s'est adressé à tous les participants pour leur demander si quelqu'un avait des objections ou des commentaires à apporter sur ce feu vert. Pas une seule voix ne s'est élevée pour exprimer un désaccord ou poursuivre la discussion, alors même qu'une partie de l'assistance désapprouvait clairement le lancement[1]. La NASA a interprété ce silence comme un accord unanime en faveur du lancement. Voici ce qu'en a dit, des années après, un responsable de la NASA dans une interview filmée : « Dans une réunion de ce type, quand on demande si quelqu'un n'est pas d'accord avec la décision de lancer et que personne ne dit rien, cela veut dire que tout le monde est d'accord. Si quelqu'un avait été contre, il aurait dû parler. Le silence signifiait que tout le monde était tacitement d'accord. Peu importe ce qu'ils disent aujourd'hui ou ce qu'ils clament depuis vingt ans. Ils ont donné leur accord au lancement[2]. »

Lorsque l'on se trouve en présence d'une décision par consensus apparent, il est impératif de

1. VAUGHAN, 1996, pp. 356-386.
2. NATIONAL GEOGRAPHIC.

s'interroger sur la valeur de l'*unanimité tacite*. Les solutions sont simples. L'une d'elles, élémentaire mais très efficace, consiste à procéder, juste avant l'arrêt de la décision, à un tour de table en demandant à chaque participant d'exprimer son avis. Si l'on demande aux silencieux de délivrer explicitement un commentaire, on constate souvent que l'unanimité était une illusion, jusqu'à un renversement complet de la position commune. À l'issue de la téléconférence ayant donné son feu vert au lancement de *Challenger*, si le président de séance avait procédé à un tour de table complet, il ne fait aucun doute que le lancement aurait été reporté à une date où la température aurait été plus clémente. En dépit de sa simplicité, le tour de table n'est pas une technique mineure. C'est un processus incontournable en cas de consensus apparent sur des décisions importantes. J'ai souvent constaté que l'on obtenait un résultat très différent avant l'arrêt d'une décision, selon que l'on posait la question en substance — « Reste-t-il des désaccords ou des commentaires sur ce projet de décision ? » — ou que l'on effectuait un tour de table systématique. Dans le premier cas, on n'aboutit généralement qu'à une réaction silencieuse ; alors que, dans le second, les participants s'expriment, et souvent pour émettre des objections. Bien entendu, le vote offre aussi une excellente solution puisqu'il permet de savoir si le consensus apparent est unanime, simplement majoritaire ou minoritaire, ce dernier cas, rappelons-le, n'étant pas rare.

Nous avons vu précédemment que le *rire* de

tous les membres de la troupe du Splendid était requis pour valider la rédaction de chaque réplique du *Père Noël est une ordure*. Un consensus qui aurait été obtenu sans que chacun ait ri individuellement avait été d'emblée considéré comme apparent mais faux. Le rire équivalait à un vote, et l'unanimité était requise. Malheureusement, la prise de décision bénéficie rarement de critères aussi exigeants. Tout le drame vient de ce que les acteurs peuvent s'opposer *et* se taire. S'il n'existe pas d'équivalent aux rires du Splendid dans les délibérations collectives, il existe heureusement d'autres moyens d'éviter les faux consensus. Il est possible, par exemple, de reprendre la discussion sous une forme différente. C'est ce que proposait déjà Janis dans son livre séminal en 1982 : « Après avoir atteint un consensus préliminaire sur ce qui semble être la meilleure solution, le comité de décision devrait tenir une délibération de la seconde chance, où les participants seraient invités à exprimer aussi vivement que possible tous leurs doutes résiduels et à repenser la totalité du sujet avant d'effectuer un choix définitif[1]. »

La décision par consensus apparent, comme tout sujet relatif à la haute fiabilité, présente, il est vrai, une problématique complexe. Quand il existe un quasi-consensus, qu'il ne reste plus que des réticences à la marge, le consensus apparent permet d'aboutir à un accord sans devoir prolonger la discussion sans fin. C'est donc une procé-

1. JANIS, p. 269.

dure commode, d'où son application répandue et quotidienne. Il convient néanmoins de rester conscient qu'un tel consensus peut devenir un piège terrible et de se tenir prêt à le déjouer.

## L'INTERACTION GÉNÉRALISÉE

Nous avons déjà identifié trois métarègles de lutte contre les dynamiques absurdes : la « hiérarchie restreinte impliquée », la fonction d'avocat du diable et le contrôle de la décision par consensus. L'*interaction généralisée* constitue une quatrième métarègle. L'école des HRO l'a identifiée de longue date comme facteur de fiabilité. Le fait qu'une information pertinente circule de façon fluide et intense, de haut en bas et de bas en haut, contribue grandement à la fiabilité. Le plan officiel de la NASA de reprise des vols après la perte de la navette *Columbia*, en 2003, met fortement l'accent sur cette communication généralisée : « La NASA doit revoir la structure et les processus du comité de direction des missions [...] afin d'améliorer les communications à travers tous les échelons et organisations[1]. » *A contrario*, le défaut d'interaction est destructeur. Une étude menée en 2000 et 2001 dans trois hôpitaux universitaires du Massachusetts a révélé que 43 % des événements indésirables en chirurgie provenaient de ruptures de communication au

1. NASA.

sein du personnel[1]. Parmi ces événements indésirables, 33 % ont concerné des handicaps permanents et 13 % des décès. Près de la moitié des décès et handicaps postopératoires dans ces trois hôpitaux étaient dus à des problèmes de communication.

Voici comment Benoît Journé, chercheur à l'université de Nantes, décrit l'interaction dans la conduite des centrales nucléaires :

> Les membres de l'équipe apparaissent comme les gestionnaires d'un réseau de ressources dont ils font eux-mêmes partie. Dans ce cadre, les compétences essentielles des membres de l'équipe résident dans leur capacité à créer et à alimenter des débats. En effet, la dynamique de la confrontation des points de vue apparaît comme le processus principal par lequel des connexions sont effectuées entre les différentes ressources cognitives, permettant ainsi l'élaboration progressive d'un diagnostic et des solutions qui lui sont associées[2].

Bien que généralisée, l'interaction reste *one-to-one*, c'est-à-dire de chacun à chacun. La dimension décisive de cette communication bilatérale est bien illustrée par le cas des hélicoptères selon qu'ils sont pilotés par une ou deux personnes. Il a été constaté que les appareils à deux pilotes connaissaient moins d'accidents que les autres. L'effet positif du pilotage à deux a pour unique origine l'interaction qui s'établit dans le cockpit.

1. GAWANDE.
2. GIRIN et JOURNÉ, p. 3.

Cela se vérifie également dans les avions. Pour une même compétence ou un même niveau d'efficacité technique, les équipages qui réagissent le mieux aux erreurs sont ceux qui communiquent de manière explicite[1].

## *Les conditions de l'interaction généralisée*

L'interaction généralisée doit être *renforcée dans son contenu linguistique et sémiologique*. Compte tenu de l'importance de cette condition, j'ai fait du renforcement linguistique et visuel une métarègle que je développe en tant que telle au chapitre suivant. Pour être efficace, la communication doit être explicite. En termes de fiabilité, c'est à haute voix que l'on pense. Même lorsque vous êtes certain que l'autre a compris votre intention, alors que vous ne l'avez pas exprimée, il est utile de le vérifier. Le croisement est le fait de confirmer que vous avez bien reçu l'information. Celui-ci peut prendre la forme d'une double confirmation, parfois appelée « communication trois voies » : l'émetteur adresse un message ; le destinataire le répète ; l'émetteur confirme que c'est bien ce que lui renvoie le destinataire qui est correct. L'explicitation et le croisement doivent être particulièrement intenses si l'on se trouve en présence de juniors ou de « primo-intervenants »,

1. DIETRICH.

comme on les appelle dans l'industrie nucléaire. La raison en est que, dans ce cas, le corpus d'informations partagées n'est pas aussi étoffé et robuste que lors des communications entre « anciens ». L'explicitation et le croisement s'imposent aussi lors des crises. Dans les situations de routine, les informations et les actions peuvent être plus standardisées et moins nombreuses.

L'interaction généralisée doit avoir une *dimension éducative*. Nous avons vu précédemment qu'un sous-marin en navigation était surnommé l'« université » par l'équipage et que les porte-avions de la marine américaine étaient qualifiés d'« école permanente » par les sociologues des HRO. Également aux États-Unis, l'expérience de formation de la Veteran Health Administration a permis de réduire fortement la mortalité chirurgicale, tout en renforçant la communication au sein des équipes chirurgicales. La fusion de la formation et de l'interaction s'est révélée telle dans cette administration que l'on ne sait s'il faut parler d'action de formation ou de communication en ce qui la concerne. Benoît Journé donne un exemple de cette dimension éducative de l'interaction généralisée dans le contexte des centrales nucléaires :

> Pendant les périodes de faible activité, des jeux de questions-réponses s'organisent entre les membres de l'équipe en poste et les jeunes en formation. Le jeune pose une question qui amène une réponse des opérateurs confirmés qui, en retour, lui posent des questions pour approfondir le sujet et tester

> son niveau de connaissances. Ces échanges ont donc un rôle pédagogique. Ils prennent parfois la forme d'un examen croisé entre jeunes en formation et opérateurs confirmés[1].

Comme le sous-marin, comme le porte-avions, comme l'équipe chirurgicale de la Veteran Health Administration, comme la salle de commande d'une centrale nucléaire, la salle de contrôle aérien est une école :

> C'est en salle qu'on apprend vraiment à contrôler avec les anciens qui vont un jour, après le passage de la « qualif », devenir des pairs. Dans l'équipe de contrôle, on n'apprend pas seulement le métier, on incorpore tout un savoir que les instructeurs eux-mêmes ont reçu des anciens, et ce depuis la nuit des temps du contrôle aérien[2].

J'ai pu interroger en 2009 à ce sujet Christian Sicot, chef d'un service de réanimation[3], qui m'a clairement confirmé la dimension éducative de la communication au sein de ses équipes. Il avait pour sa part institué des réunions régulières d'information entre médecins et surveillantes, au cours desquelles la communication était largement pédagogique. Par exemple, les assistantes avaient tendance à préférer les cathéters profonds, intubés en permanence, aux perfusions externes, qui exigent une plus grande surveillance, tiennent

1. Girin et Journé, p. 5.
2. Poirot-Delpech, p. 34.
3. Entretien avec l'auteur, 8 décembre 2009.

moins bien et qu'il faut changer tous les deux jours. Les médecins ont exercé une fonction éducative en leur faisant passer le message que les cathéters profonds étaient plus risqués en matière d'infections.

Une dimension importante de l'interaction généralisée est le *contrôle croisé*. Chacun surveille l'autre, non dans un esprit de délation, mais en tant qu'assistance, ce que le témoignage suivant illustre parfaitement :

> Un briefing se déroule entre les deux pilotes de deux chasseurs monoplaces qui doivent prévoir des tirs d'opportunité sur un territoire ennemi. C'est une mission délicate avec des troupes amies au sol, engagées. Le moment venu, chaque pilote devra entrer dans son système les coordonnées du tir. Mais, à cet instant, les avions étant proches, les pilotes focalisés sur la saisie des données risquent la collision. Dès le briefing, le leader dit : « Quand je rentre mes coordonnées, tu surveilles dehors, et après ce sera toi, et moi je surveillerai dehors ; ensuite on comparera ce qu'on a entré »[1].

L'interaction généralisée ne s'instaure pas spontanément : elle doit être *construite*, *organisée*, *suscitée*. Bien entendu, certaines configurations la favorisent puissamment. Celle du Splendid, dont les membres étaient à la fois amis de lycée, écrivains, metteurs en scène et acteurs de leurs pièces, a créé une synergie exceptionnelle. Ayant

1. Entretien avec l'auteur d'un officier supérieur de l'armée de l'air française sous le couvert de l'anonymat.

eu l'occasion de naviguer dans un sous-marin nucléaire d'attaque, j'ai pu mesurer à quel point la nature compacte de ce bâtiment facilitait la circulation de l'information. Toutes les fonctions — barres, navigation, attaque, protection — y sont rassemblées dans le poste central, facilitant d'autant la communication directe entre leurs différents responsables. J'ai pu également naviguer sur le porte-avions *Charles-de-Gaulle*, où ces fonctions sont réparties dans des lieux différents : passerelle pour la navigation, salle dédiée à la protection du navire et au combat, poste « avia » pour les opérations aériennes. Le décloisonnement n'étant pas inscrit dans la géographie des lieux, l'interaction n'y est pas naturellement favorisée. Il faut donc la construire par des réunions et des structures transversales. Des officiers du *Charles-de-Gaulle* m'ont confié qu'ils avaient ressenti la nécessité de réunions transversales pour briser le cloisonnement. Dans les centrales nucléaires, la salle de commande est un carrefour où les différents intervenants se rencontrent et dialoguent[1].

Dans certaines configurations, les équipes sont *durablement composées des mêmes personnes* ; dans d'autres, la rotation des individus est importante. Chaque sous-marin français comprend en permanence deux équipages, le bleu et le rouge, qui travaillent en alternance, l'un en mer, l'autre à terre. Chacun d'eux comporte les mêmes postes tout au long de la ligne hiérarchique, y compris

1. Berry ; Girin et Journé.

le commandant. Chaque équipage suit un cycle où se succèdent les périodes d'entretien, d'entraînement, de patrouilles et de permissions. L'existence d'équipages habitués à naviguer, à travailler et à se former ensemble, depuis le « pacha » jusqu'au matelot, est un facteur important d'interaction généralisée, puissant facteur de fiabilité. Dans l'aéronautique civile, les contraintes commerciales ne permettent pas de constituer des équipages permanents. L'étude du bureau d'enquête américain NTSB (National Transportation Safety Board) sur les principales catastrophes aériennes d'appareils américains survenues entre 1978 et 1990[1] révèle que, sur les quinze accidents pour lesquels l'information était disponible, onze sont survenus le premier jour où le commandant et le copilote ont piloté ensemble. L'absence de travail en commun antérieur, c'est-à-dire le défaut de communauté préexistante, est donc un facteur de risque. Une étude de la NASA de 1986 avait déjà mis en évidence ce phénomène. L'administration aéronautique américaine avait comparé, pour des avions de ligne, la performance d'équipages qui avaient volé récemment ensemble (appelés « équipages familiers ») et d'équipages pour lesquels ce n'était pas le cas (« équipages non familiers »). Chaque catégorie a été testée au simulateur de vol selon des scénarios identiques. Les résultats ont fait apparaître que les équipages familiers commettaient moins d'erreurs graves que les autres.

1. NTSB, 1994.

Une forme d'organisation de l'interaction est constituée par les briefings et débriefings systématiques. Dans l'armée de l'air, ils sont obligatoires. Selon moi, ce processus devrait être pratiqué davantage dans les autres organisations que l'aéronautique. Les briefings permettent en effet d'éviter de futurs malentendus, et les débriefings d'identifier des points positifs à reproduire et négatifs à ne pas répéter. En particulier, la check-list de bloc opératoire peut devenir le support de briefings et de débriefings de l'équipe chirurgicale.

## PENSER LES INTERSTICES

Un problème majeur de la fiabilité est constitué par ce que l'on pourrait appeler les interstices, c'est-à-dire les lieux où des fractions d'une organisation sont en contact. Un interstice se forme partout où des éléments organisationnels doivent travailler ensemble. Cela comprend les changements d'équipes, les relations entre un bloc opératoire et une salle de soins intensifs, la coopération entre la conception d'un produit et celle des moyens de le produire, les relations entre une entreprise et ses fournisseurs de pièces ouvrées, l'alliance entre deux groupes industriels, la coordination entre des agences publiques, etc. Tous ces interstices forment des points de grande fragilité. Karlene Roberts, professeur émérite à l'Université de Californie (Berkeley) et membre de l'école des HRO, insiste beaucoup sur ce point.

Aussi appelée « espace intercalaire » (*space between*), la notion d'interstices est surtout connue en France sous les termes « relations transversales » ou « cloisonnement-décloisonnement ».

Il est frappant de constater que chaque fois qu'une catastrophe, un accident, un défaut majeur de qualité ou une erreur organisationnelle surviennent, un ou plusieurs interstices se trouvent au cœur des dysfonctionnements. Si ces événements pouvaient être vus comme des énigmes policières, la première consigne qu'il faudrait donner aux enquêteurs serait non pas « cherchez la femme ! » mais : « cherchez l'interstice ! »

Un des plus célèbres exemples de problème d'interstice est fourni par la disparition de la navette *Challenger*. Les dysfonctionnements qui ont conduit à la décision absurde d'autoriser le lancement se sont noués précisément à un interstice : celui de la relation entre Thiokol, le fournisseur des fusées d'appoint, et la NASA. Les dirigeants de Thiokol craignaient la rupture du contrat en refusant le lancement, refus qui aurait scellé l'aveu de leur défaillance technique. L'existence de deux entités distinctes, l'une commerciale, l'autre publique, chacune à une extrémité du continent américain, a en outre favorisé incompréhensions et défauts d'information.

Un autre cas célèbre de ce problème est l'inondation de La Nouvelle-Orléans en raison de fuites des digues consécutives au cyclone Katrina. Un groupe de sociologues, dont des représentants de l'école des HRO, a publié un article analysant l'ensemble des décisions ayant conduit à des dysfonctionnements du réseau de digues entourant la ville et concluant à l'incrimination d'interstices organisationnels[1]. Les auteurs ont dénombré plus d'une vingtaine d'organisations (hommes politiques, agences fédérales, fournisseurs) qui devaient se coordonner avec le Corps (Army Corps of Engineers), la structure en charge de la technologie destinée à protéger la ville, engendrant autant d'interstices où les dysfonctionnements se sont produits. C'est donc bien le système de coopération qui a failli.

Les interstices tendent à se multiplier. L'engouement pour l'externalisation des activités dans les entreprises en constitue un des éléments. On va aujourd'hui bien au-delà d'un recentrage sur le cœur de métier. L'emboutissage et l'électronique, activités stratégiques, sont en partie externalisés dans l'industrie automobile. Des fonctions qu'on n'imaginait pas assurées en dehors de l'entreprise, comme la formation et la gestion des ressources humaines, entrent dans le champ de l'externalisation. Cela crée de nouveaux interstices.

Une variante de l'externalisation est la mutualisation des moyens. Pour les économiser, ils sont retirés aux opérationnels et centralisés. L'idée est que des moyens centraux sont moins coûteux que répartis dans chaque structure. Ainsi des services de ressources humaines, qui étaient intégrés dans des directions opérationnelles, ont été mutualisés. Cela a provoqué un nouvel interstice entre les besoins diversifiés des opérationnels et les répon-

1. FARBER *et al.*

ses standardisées des fonctions ressources humaines mutualisées.

Il existe une foi excessive dans les vertus de la division du travail plutôt que dans l'intégration. Quand un problème se présente, la réaction systématique est de créer une instance spécialisée.

### *Pourquoi les interstices sont-ils sources de grande fragilité ?*

La première cause de fragilité produite par les interstices est *la perte en matière de connaissance*. Quand on sépare une activité en deux parties, la connaissance relative de chaque partie va augmenter grâce à la spécialisation, mais la connaissance de synthèse va s'appauvrir. Voici un exemple. Des entreprises confient à un organisme externe la formation au management auparavant conçue et administrée à l'intérieur des unités opérationnelles. Il en résulte une meilleure connaissance des aspects techniques de la formation puisqu'elle est confiée à des experts. Mais la formation externalisée a beaucoup plus de mal à intégrer les dimensions locales du management propre à l'unité considérée. La connaissance des situations opérationnelles est mal prise en compte. La perte de connaissance par la création d'interstices s'observe tout autant dans les métiers techniques. Une entreprise perd de la connaissance sur une technologie et son contexte quand elle la sous-traite.

La seconde cause de fragilité des interstices est la *divergence des intérêts*. Une seule citation, celle du professeur Laurent Sedel, chirurgien orthopédiste, suffira à résumer les innombrables cas dans tous les métiers :

> Depuis trois ans, les appareils de stérilisation de chaque bloc (sorte de fours avec des cycles de température programmés censés détruire les microbes, prions et autres nuisibles) ont été remplacés par des services de stérilisation centrale. Soi-disant pour améliorer la sécurité. Auparavant, les stérilisateurs plus petits étaient dans le bloc opératoire lui-même. C'étaient les mêmes personnes qui nettoyaient les instruments utilisés, refaisaient les boîtes, souvent entre deux opérations, ou la nuit, entre trois et sept heures du matin, quand, assez souvent, on n'opère pas. Ils étaient responsables du fonctionnement des appareils, de l'exhaustivité du contenu des boîtes et ne s'en prenaient qu'à eux-mêmes s'il y avait un problème, ou un instrument détérioré ou manquant. La relation était directe. Un problème était immédiatement traité de jour comme de nuit. Maintenant, principe de précaution et pseudo-professionnalisme obligent, les pharmaciens sont devenus responsables de la stérilisation : un progrès ? Désormais les personnels en charge ne savent plus ce qu'est un bloc opératoire. Ils ne travaillent plus passé neuf heures du soir ou une partie du week-end alors que les interventions continuent, dans un hôpital d'urgence. Les panseuses/panseurs doivent traverser l'hôpital pour aller refaire les boîtes, perdant ainsi un temps précieux. Ils ne sont de surcroît plus opérationnels auprès de nous[1].

1. SEDEL, pp. 168-169.

### *Peut-on résoudre les problèmes d'interstices ?*

On devrait s'interroger sur les coûts des interstices et pas uniquement sur les bénéfices attendus. On ne réfléchit pas assez aux pertes en termes de connaissance, de communication et d'intégration produites par les interstices. Lorsque la SNCF a été divisée en 1997 en deux parties, RFF et transport ferroviaire, on n'a mis en avant que les avantages. La perte de synergie n'a pas du tout été intégrée dans les attendus de la décision. Quelques années après, on se rend compte que l'effet est absurde (c'est le mot même employé par le président de la SNCF) car chacun est poussé à optimiser son « péage » au détriment de la cohérence d'ensemble. Autre exemple dans une configuration complètement différente, le professeur d'anesthésie-réanimation Denis Safran a créé un nouvel interstice de fonction en concevant un service centralisé d'anesthésie-réanimation à l'hôpital Georges-Pompidou, en se battant avec une énergie rare contre les unités de chirurgie spécialisée qui souhaitaient conserver cette fonction de façon intégrée. La bataille a duré cinq ans. Dans son livre de témoignages, il fustige le corporatisme des chirurgiens. Il avait probablement de bonnes raisons de vouloir une fonction mutualisée. Mais à aucun moment il n'aborde ce que la centralisation d'une fonction allait faire perdre en synergie et en communications locales. Quand on sait à quel point le travail d'équipe entre chirurgiens et anesthésistes est stratégique, ou à quel point un chirurgien orthopédiste peut souffrir d'une pharmacie centralisée, on aurait aimé qu'il eût parlé du vrai bilan avantages/coûts de sa décision.

Face aux interstices, une réaction classique pour compenser les dysfonctionnements est de créer des groupes de communication transversaux ou de nommer des individus chargés de gérer l'interstice : facilitateurs, hommes contacts, *window persons*, etc. C'est certes un progrès. Mais cela ne suffit pas. Un exemple est donné par la politique publique de sécurité sanitaire. Le dispositif comprend une douzaine d'organisations (agences, instituts, établissements, « haute autorité ») et donc autant d'interstices générant leur cortège de dysfonctionnements. La catastrophe relative au Mediator a révélé les limites des réunions transversales. Lorsqu'il était ministre de la Santé, Bernard Kouchner présidait une réunion de travail hebdomadaire avec les directeurs d'agence. Ses successeurs ont délégué cette tâche au directeur général de la santé. Mis en place en 2008 par Roselyne Bachelot, alors ministre de la Santé, pour répondre à ces critiques, le Comité d'animation du système d'agences (CASA) regroupe autour du directeur général de la santé les dix opérateurs ainsi que l'Institut national de la santé et de la recherche médicale (Inserm). Se réunissant tous les deux à trois mois, il réfléchit à la coordination et à l'harmonisation des dispositifs d'expertise. Jean-François Girard, ex-directeur général de la santé, reconnaît les limites de ce type de coordination : « Ne faudrait-il pas repenser le dispositif, rapprocher les agences ? Cela réduirait la balkanisation, les coûts, et développerait une culture commune. »

Il faut donc aller au-delà de la communication transversale. Voici quelques exemples de solutions. Créer un instrument fort de gestion en est une. Ainsi, la mauvaise qualité des interfaces homme-machine des produits de consommation provient de la séparation entre la conception initiale et l'ergonomie qui arrive après coup. Si la programmation du projet prévoit que l'ergonomie doit être prévue dans le calendrier en même temps que la conception, l'intégration de ces deux activités sera mieux assurée.

Une autre solution puissante peut être d'instaurer un principe de rupture dans le fonctionnement de l'interstice. Un exemple est l'expérience de Renault dans sa coopération avec General Motors pour la conception du nouveau fourgon Trafic. Les langages, les outils de gestion et les cultures étaient très différents. Les responsables du projet commun, confrontés à d'énormes difficultés de coopération, ont constaté qu'un problème récurrent était que chaque représentant de Renault ou General Motors obéissait trop aux principes d'action de son entreprise respective. Ils ont conclu qu'il leur fallait décider de quelques principes d'action propres à la coopération en dérogation des principes d'action de Renault d'un côté ou de General Motors de l'autre. En établissant ce principe, ainsi que d'autres, les deux alliés ont créé une sorte de *cahier des charges culturel* et pas simplement technique de leur coopération.

On peut aussi doter les personnes chargées de gérer l'interface d'un vrai pouvoir allant au-delà de leur statut de facilitateur. Ainsi chez Renault, pour répondre aux innombrables problèmes de qualité à l'échelon de la fabrication provenant des sous-traitants, des responsables achats ont été intégrés dans les comités de direction des usines.

*Chapitre VII*

# LES POLITIQUES DE NON-PUNITION DES ERREURS

Lorsque des erreurs d'une certaine importance sont commises dans les organisations, la réponse habituelle est la punition : réprimande verbale, note d'appréciation réduite, avertissement écrit, mise à pied, mutation, exclusion, sanction pénale ou civile, etc. Cette réponse est en harmonie avec les attentes de la société. En cas de catastrophe médiatisée, l'idée de sanction domine avant même que l'on comprenne ce qui s'est produit : garde à vue des acteurs, limogeage de responsables par l'autorité politique, demande de coupables par l'opinion publique.

Des organisations s'orientent vers une politique radicalement contraire : la non-punition. Celle-ci est fondée sur l'idée d'inciter les acteurs à ne pas cacher, par peur des sanctions, une information qu'ils détiennent qui pourrait se révéler déterminante pour éviter la reproduction de l'erreur. Nous avons vu que le principe de non-punition a été inauguré dans l'aéronautique et avons décrit les modalités pratiques de sa mise en œuvre chez Air France et dans l'armée de l'air. Nous avons observé qu'il commençait à se diffuser en médecine. En réalité, il concerne tous les métiers. Nous allons voir qu'il est un des fondements de la haute fiabilité.

## EXEMPLE DE POLITIQUE DE PUNITION DES ERREURS

Un exemple parmi les plus marquants et les plus choquants de politique de punition des erreurs, exemple régulièrement commenté par les pilotes de ligne, est celui du crash du vol 1153 de la compagnie tunisienne Tuninter, survenu le 6 août 2005 au large de la Sicile. Un appareil ATR 72 qui avait décollé de Bari, en Italie, à destination de Djerba avec trente-cinq passagers a dû amerrir non loin des côtes siciliennes en raison d'une panne de carburant, causant la mort de seize personnes. La panne de carburant a été provoquée par une jauge inadaptée. La maintenance avait monté par erreur sur cet appareil la jauge d'un avion de plus petite dimension (ATR 42). L'indicateur de carburant affichait une réserve de kérosène suffisante, alors que le réservoir était vide. Les pilotes n'étaient donc en rien responsables. Le crash fit pourtant l'objet d'un procès au pénal devant un tribunal de Palerme, procès qui aboutit, le 23 mars 2009, à la condamnation du commandant de bord et du copilote tunisiens à une peine de dix ans de prison. Motif : au lieu d'amerrir, l'équipage aurait dû rejoindre l'aéroport de Palerme en vol plané.

Cette possibilité, théoriquement envisageable, était en réalité très délicate à réussir, d'autant que les pilotes, ne sachant pas que l'arrêt des moteurs provenait de l'absence de carburant, tentaient de les faire repartir. Le plus choquant est que le constructeur franco-italien de l'appareil a été acquitté alors que sa responsabilité était engagée puisque les jauges d'ATR 42 et d'ATR 72 étaient totalement identiques et ne se différenciaient que par une référence non explicite imprimée en petits caractères. De surcroît, l'alarme du fabricant était reliée à la jauge et non au niveau réel de carburant dans le réservoir, créant ainsi une redondance illusoire.

Un autre exemple caractéristique de politique de punition des erreurs est la mise en cause d'une infirmière de l'hôpital Saint-Vincent-de-Paul, à Paris, qui s'était trompée de produit injectable le 24 décembre 2008, geste ayant entraîné le décès d'un enfant de trois ans. L'infirmière a été placée en garde à vue puis mise en examen pour homicide involontaire, avec interdiction de retourner à l'hôpital et de voir ses collègues. Trois autres personnes ont également été mises en examen : le pharmacien de l'hôpital Cochin et deux cadres de Saint-Vincent-de-Paul[1]. C'est donc une action de répression qui s'est aussitôt mise en place alors que les erreurs médicamenteuses constituent un des risques de santé publique les plus élevés partout dans le monde, risque que les punitions ne sont jamais parvenues à résoudre. Ce type d'erreur

1. AFP, 22 et 23 avril 2009.

résulte généralement de dysfonctionnements organisationnels relativement complexes que seul un examen serein et approfondi permet de mettre au jour. Dans ce cas, il semble que la confusion ait eu pour origine des problèmes à la fois de commande, de livraison, de conditionnement et de rangement.

## L'IMMUNITÉ POUR CONNAÎTRE

Le motif principal de l'immunité est que la punition dissuade de révéler l'erreur et d'en tirer une connaissance partagée afin d'éviter sa répétition. Pour le dire simplement : la punition est mère du silence. La priorité donnée à la connaissance par rapport à la sanction est parfaitement illustrée par le système d'Air France. Le seul acte de sanction prévu est de punir, non l'erreur, mais le fait de refuser de contribuer, quoique de façon anonyme, à l'explication de l'erreur. En effet, si un paramètre d'un vol donné est différent de la valeur normale, le commandant de bord est interrogé et invité à donner des explications, toujours dans le respect de l'anonymat. La compagnie peut lui demander plusieurs fois de s'exprimer. S'il persiste à ne pas répondre, une procédure de levée de l'anonymat peut être engagée, mais cela ne s'est jamais produit. Dans une note d'organisation de SOCODEI, une filiale du groupe EDF, traitant des déchets radioactifs, la non-punition des erreurs et la punition de la dissimulation des erreurs sont exprimées dans le même paragraphe. La non-transmission d'une erreur est même élevée au rang de faute : « L'erreur humaine est acceptée. Elle est source de progrès si elle est librement révélée. Aucune erreur révélée n'entraîne de sanction. Par contre la faute est sanctionnée. En particulier, une erreur camouflée est une faute[1]. » On connaît la célèbre formule juridique américaine, vedette des films policiers : « À partir de cet instant vous avez le droit de vous taire, car tout ce que vous direz pourra être utilisé contre vous. » Ici, c'est son inversion parfaite : « Rien de ce que vous direz ne pourra être utilisé contre vous, mais vous devez parler. »

Voici trois exemples significatifs qui illustrent le blocage de la connaissance dû à la crainte des sanctions.

### *Crainte des sanctions et blocage de la connaissance*

L'OACI (Organisation de l'aviation civile internationale) avait demandé dans une enquête aux contrôleurs aériens anglais ce qui empêchait les retours d'expérience sur les erreurs dans leur pratique professionnelle[2]. Leurs réponses montrent qu'ils placent la crainte de la punition comme principal motif de non-transmission des erreurs (*voir fig. 3*).

1. SOCODEI.
2. OACI, 2006.

*Figure 3*

Crainte de la punition et non-transmission des erreurs dans le contrôle aérien anglais

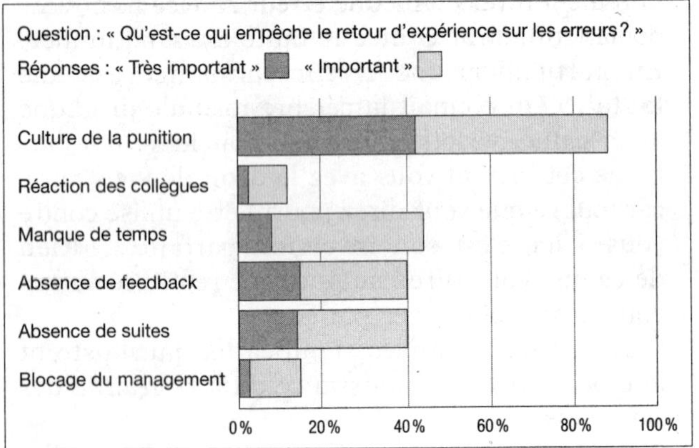


Si l'on cumule les réponses « très important » et « important », ce sont près de 90 % des contrôleurs anglais qui jugent que la culture de la punition empêche les retours d'expérience.

Chez Air France et dans l'armée de l'air, où le principe de non-punition a été institué de façon forte, la protection des rapports d'erreurs n'est pas complète et des fuites surviennent. Les équipages navigants d'Air France se montrent ainsi très sensibles à la connaissance par la Direction générale de l'aviation civile (DGAC) de leurs retours d'expérience, du fait des importants pouvoirs administratifs de cette dernière. Un pilote ayant commis une légère erreur au décollage de l'aéroport de Nice se traduisant par une montée non standard, quoique sans aucune conséquence, avait téléphoné au contrôleur aérien chargé de son vol pour tenter d'approfondir ce qui s'était passé et en tirer des leçons. Ce pilote ignorait que toutes les communications téléphoniques avec les contrôleurs sont enregistrées. L'antenne régionale de la DGAC en eut connaissance et réagit en élevant l'affaire à un niveau élevé et dans un esprit d'admonestation. Il est plus que probable que les pilotes ayant eu connaissance de l'incident éviteront à l'avenir de dialoguer d'un problème de sécurité avec les contrôleurs par crainte de voir leur conversation divulguée. Dans l'armée de l'air, la spécificité des missions permet d'identifier facilement les auteurs d'un rapport GVQ en dépit de l'anonymat. Ce seul fait dissuade des agents de s'exprimer.

Si la crainte de la punition peut entraîner le silence, elle peut aussi générer du *bruit*, c'est-à-dire de l'information pervertie. La recherche de coupables conduit à mettre l'accent sur le rôle de quelques acteurs, en négligeant les dysfonctionnements principaux, souvent situés en amont. Le traitement judiciaire de l'accident du mont Sainte-Odile en est une illustration. En à peine deux ans l'enquête technique du BEA avait abouti à des explications fiables du crash mettant en cause l'ergonomie d'un instrument et un défaut de retour global d'expérience. L'enquête pénale, quant à elle, s'est enlisée pendant seize ans. Cherchant à trouver des coupables, elle a mis l'accent sur des questions secondaires, comme des problèmes de navigation. La recherche de fautes a noyé les facteurs premiers dans une masse de données annexes, et ce pour aboutir finalement à une relaxe générale.

### *Incidents précurseurs et retours d'expérience*

La révélation des incidents susceptibles de déboucher sur un accident, appelés incidents « précurseurs » (*near miss*), est un élément essentiel de la politique d'immunité. Elle permet non seulement de comprendre comment s'est déroulé un accident, mais aussi d'identifier tous les incidents susceptibles de provoquer l'accident. La démarche de non-punition est ici associée à une politique de vigilance à l'égard des incidents, même mineurs.

Un commandant de bord m'a décrit un dysfonctionnement mineur relatif au plein de carburant préalable au décollage. La règle est d'arrêter le remplissage des réservoirs dès que l'une des deux quantités prévues, en masse et en volume, est atteinte, car les mesures des deux unités ne concordent jamais exactement. Or le technicien avait dépassé la masse pour atteindre le volume, ce qui engendrait un risque de surpoids au décollage. Le pilote a rédigé une note de sécurité anonyme sur ce cas. Cela démontre à la fois l'attention portée à des événements mineurs et l'importance de l'anonymat. Sans ce dernier principe, le pilote n'aurait pas envisagé de mettre en cause l'agent au sol. Dans les sous-marins nucléaires français, les rapports anonymes d'événements indésirables sont consignés dans un système d'information appelé « Murphy ». Quand une avarie survient dans un sous-marin, une cellule de réflexion intervient aussitôt en commençant par consulter le « Murphy ». Cela illustre l'importance opérationnelle du recueil non punitif de l'information sur les erreurs. La notion de précurseurs et leur exploitation sont également explicitement citées dans une note de sûreté d'une filiale d'EDF déjà citée : « La recherche des précurseurs est encouragée[1]. »

La démarche d'immunité est aussi un moyen de dépasser l'attitude classique consistant à multiplier les règles à seule fin de se prémunir de sanctions éventuelles. La règle permet à son auteur (la direction) mis en cause de renvoyer l'accusation à celui qui l'a enfreinte. On ne se préoccupe pas de savoir si la règle est applicable ; l'objectif est uniquement de se dédouaner.

Le principe de non-punition des erreurs, dans la mesure où il permet une connaissance approfondie de ce qui s'est passé, ressemble à une instruction judiciaire, mais sans sanction. L'instruction permet de dégager ce qu'il convient de faire et ne pas faire dans des circonstances données et nourrir ainsi une jurisprudence opérationnelle.

1. SOCODEI.

## EFFETS PERVERS DE LA PÉNALISATION JUDICIAIRE

La procédure pénale, en rendant secrète l'instruction et en interdisant de toucher aux preuves, s'oppose au retour d'expérience sur les accidents. L'avocat Daniel Soulez-Larivière donne un exemple des conséquences absurdes de la protection des preuves sur la sécurité :

> En matière d'aviation, l'organisme italien chargé des enquêtes est parfois tellement dominé par le parquet qu'il y a quelques années, lors d'un accident d'hélicoptère, les carabiniers ont interdit à quiconque de s'approcher de l'épave, ce qui a empêché de rechercher immédiatement la cause du crash. Résultat ? Le même accident s'est produit en Angleterre dix-huit mois plus tard, avec le même nombre de morts[1].

L'instruction judiciaire et le retour d'expérience sont fondés sur deux principes antagonistes : le secret pour la première, la publicité pour le second. En France, il est théoriquement interdit de diffuser des expertises légales d'accidents, alors même que ces dernières pourraient en empêcher d'autres. Fort heureusement, le BEA est exempté des interdictions couvertes par le secret de l'instruction.

La crainte de la pénalisation incite les acteurs

1. Soulez-Larivière, 2009.

à limiter les analyses des accidents et erreurs. Un avocat spécialisé dans les accidents du travail m'a confié qu'il demandait aux entreprises d'enlever des éléments dans l'arbre des causes, l'étude approfondie destinée à éviter la reproduction de l'accident, afin d'empêcher que des informations soient utilisées par la justice pour identifier des coupables. Par peur de mises en cause pénales, la connaissance est ainsi absurdement tronquée d'éléments décisifs permettant d'empêcher d'autres accidents.

La pénalisation incite également à réduire la formalisation des enquêtes internes. Des services juridiques d'entreprise recommandent de ne pas laisser de traces écrites des analyses d'accidents du travail pour éviter qu'elles soient utilisées dans une procédure pénale, alors que tous les acteurs, y compris les plus responsables *a priori*, sont prêts à participer à une enquête écrite afin que les faits soient connus dans un but pédagogique.

Tout le principe de la punition tient dans son caractère exemplaire, lequel doit dissuader de reproduire l'erreur. Mais ce caractère exemplaire est justement ce qui conduit les acteurs à ne pas dévoiler les erreurs et donc à empêcher leur correction. Cette contradiction apparaît de façon éclatante dans le procès du crash du mont Sainte-Odile. L'instance pénale a reproché au directeur technique d'Airbus de n'avoir pas collecté des cas de confusion entre taux et angle de descente sur l'instrument conçu par l'avionneur, alors que la commission d'enquête avait noté que des compagnies, avant l'accident, avaient enregistré en interne de tels cas de confusion. Or c'est précisément la menace pénale qui dissuadait de transmettre formellement les erreurs qui auraient permis de corriger le problème. Si le tribunal avait disposé de rapports de confusion de taux et angle de descente avec les noms des compagnies, les dates et numéros de vol, les noms des pilotes, etc., il est facile d'imaginer la pluie de mises en cause qui se serait ensuivie.

Lorsque des accidents se produisent ou risquent de se produire dans les organisations, des solutions sont apportées. Le problème est que ces solutions peuvent être utilisées comme preuves de manquements. On aboutit alors à la situation absurde où les acteurs qui mettent en place une solution risquent davantage d'être mis en cause pénalement que ceux qui ne font rien. Dans le cas du risque d'avalanche subi par les randonnées hivernales à ski en haute montagne, nous avons vu que des guides suisses avaient mis en place une méthode d'évaluation permettant de réduire le risque, mais qu'ils redoutaient que cela provoque des mises en cause pénales. Le juge, qui n'avait auparavant aucun moyen de démontrer des fautes, se voit remettre « sur un plateau d'argent » des suggestions de mises en cause. C'est exactement ce qui est arrivé à Total dans l'affaire de l'*Erika*. En essayant de mieux faire, explique Daniel Soulez-Larivière, elle a offert un prétexte à la justice : « La société Total a été condamnée à cause de ce qui a été considéré comme une erreur dans sa façon de choisir les navires. En réalité, c'est parce qu'elle a voulu améliorer le système en créant un outil de sélection, qu'on lui dit maintenant qu'elle a mal sélectionné, donc qu'elle est coupable, et donc condamnée[1]. »

À partir du moment où les solutions servent à la justice pour déterminer une culpabilité, les responsables ne sont pas incités à les mettre en œuvre rapidement. Ainsi le service juridique d'une entreprise conseille-t-il à ses responsables, en cas d'accident du travail suivi de poursuites pénales, de mettre du temps pour appliquer une solution. La mise en place rapide d'une solution peut être utilisée pour démontrer la faute consistant à n'avoir pas prévu une mesure facile à appliquer. Il est totalement contre-productif « de reprocher à d'éventuels responsables d'un sinistre d'avoir fait après ce qu'ils auraient dû faire avant. Les Américains l'ont tellement bien compris qu'il existe depuis dix ans aux États-Unis une règle de preuve fédérale qui interdit d'accuser une personne pour un tel motif[2] ».

Le problème s'accentue dans les systèmes complexes tels que l'aviation, où de plus en plus d'accidents ne sont pas la reproduction de processus connus, mais des cas totalement inédits. Les constructeurs et opérateurs s'efforcent de couvrir méthodiquement tous les risques, mais ils ne peuvent tout connaître. La justice, qui voit la situation *a posteriori*, a l'illusion que l'événement aurait pu être évité, alors qu'il était totalement invisible auparavant[3]. Cette illusion s'étend au-

1. *Ibid.*
2. *Ibid.*
3. *Ibid.*

delà du monde de la justice. L'Association canadienne de protection médicale (ACPM), dans sa charte de traitement des événements indésirables et de non-punition des erreurs, prévoit explicitement l'obligation d'éviter le « biais rétrospectif » :

> Dans la mesure du possible, il faut utiliser des stratégies pour reconnaître et réduire le biais rétrospectif dans l'évaluation des résultats imprévus et des événements indésirables. Le fait de savoir qu'un résultat défavorable s'est produit augmente la croyance qu'il était prévisible et, par conséquent, évitable. Il s'agit d'un « biais rétrospectif », et son existence est bien prouvée dans de nombreux domaines, dont la médecine et la psychologie. Ce biais rend plus facile de croire qu'un résultat imprévu est lié à de mauvais soins cliniques, plutôt que d'envisager le contexte ou le milieu de travail où le professionnel de la santé évoluait au moment de l'événement[1].

### *La pénalisation judiciaire, source d'injustices*

Citons à nouveau l'avocat Daniel Soulez-Larivière, qui possède une grande expérience des mises en cause pénales suite à des catastrophes :

> En France, comme dans d'autres pays de culture catholique, on recherche le péché. L'historien Henri Irénée Marrou disait que l'histoire n'est que la

1. ACPM.

> réponse à la question que l'on a choisi de se poser. Or, dans un système qui recherche le péché et le pécheur, on les trouve. Mais l'entrée de la justice dans l'univers morbide de la faute, comme disait un autre philosophe, n'est pas sans dégâts, parce que l'on finit par avoir une telle excitation intellectuelle à rechercher ce péché, que l'on ne trouve pas autre chose, et parfois même quelque chose de tout à fait fallacieux ou complètement injuste. Dans une enquête animée par cette recherche, l'instruction « à la française » n'est pas toujours de bonne qualité à cause de ce handicap[1].

Le verdict choquant du crash de l'ATR de Tuninter en est l'illustration parabolique : dix ans de prison ferme pour les deux pilotes à cause d'une panne de carburant dont ils n'étaient aucunement responsables. Inversement, le constructeur a été acquitté bien qu'il ait conçu des jauges à indications différentes pouvant être montées sur des avions aux capacités de réservoir également différentes. On voit là le caractère aléatoire de la sanction.

Un autre verdict particulièrement choquant est celui par lequel le tribunal correctionnel de Pontoise a déclaré Continental Airlines et surtout le malheureux chaudronnier John Taylor coupables du crash du Concorde le 25 juillet 2000. Le tribunal n'a retenu comme individu fautif que l'opérateur qui a produit et installé sur l'appareil Continental la lamelle qui s'est détachée et a crevé

1. Soulez-Larivière, 2009.

un pneu du Concorde. Alors qu'une multitude d'organisations et d'actions ont été en cause, en particulier dans la mauvaise protection des réservoirs contre des éclatements de pneus, on est allé chercher un malheureux et modeste ouvrier chaudronnier à Houston pour lui faire porter toute la responsabilité de la catastrophe. Comme l'a écrit le journaliste Yves Bordenave dans *Le Monde*, « le tribunal absout les pères du Concorde, les responsables du programme du supersonique et la Direction générale de l'aviation civile[1] ». Le procureur avait requis deux ans de prison avec sursis à l'encontre du directeur du programme Concorde, alors qu'il n'est pas le véritable père de l'avion, dont les concepteurs français et anglais étaient décédés[2]. Quand on connaît la complexité des organisations et de leurs interfaces et le caractère éminemment systémique des erreurs, l'attribution de la faute à un acteur unique est stupéfiante. S'il avait fallu absolument condamner, ce qui n'est pas mon opinion, ce sont des dizaines de personnes qu'il aurait fallu juger.

En dehors des erreurs judiciaires, la justice commet, comme toute organisation, des erreurs de petite ou de moyenne dimension, mais qui pourraient se révéler précurseurs d'erreurs plus graves. Voici un exemple ordinaire. J'ai eu l'occasion de suivre de près un procès en correctionnelle de trois chefs d'entreprise, ceux de deux entreprises prestataires de travaux et celui de l'entreprise

1. BORDENAVE.
2. VENZAL.

cliente de ces travaux, mis en cause dans le décès d'un ouvrier suite à un accident du travail. J'ai relevé quatre erreurs : 1) dans la citation à comparaître du chef de l'entreprise cliente, celui-ci a été confondu avec le responsable d'une des entreprises prestataires ; 2) la procédure avait établi l'absence, dans l'entreprise cliente, de plan de prévention, obligation légale, alors que celui-ci avait été réalisé en bonne et due forme, ce qui a été finalement reconnu ; 3) le président du tribunal a confondu au départ emboutissage et embouteillage ; 4) dans la citation à comparaître, l'appellation de l'entreprise cliente comportait une coquille. Ces erreurs ont été corrigées, soit avant, soit en cours d'audience.

Loin de moi l'idée de me joindre au concert de critiques populistes accusant la justice de tous les maux. Compte tenu de ses moyens limités et de la complexité du fonctionnement judiciaire, il est normal que des erreurs se produisent. Ce qui me stupéfie, ce ne sont pas les erreurs, mais l'indifférence de l'institution à leur égard. Ces dernières n'ont fait l'objet d'aucune forme d'excuse, la plus minime soit-elle. Dans les organisations technologiques à haut risque sensibles à la fiabilité, des erreurs comme celles que j'ai citées, notamment une erreur d'identité ou un constat faux, auraient été aussitôt considérées comme des précurseurs et à ce titre analysées, en conséquence de quoi les conclusions auraient été diffusées dans toute l'organisation.

## *Considérations épistémologiques*

D'un point de vue épistémologique, la non-punition découle de l'idée que, dans nos organisations modernes, l'erreur est systémique, c'est-à-dire inscrite dans un fonctionnement où interviennent une multitude d'acteurs, internes et externes, aux rôles et pouvoirs différents. En chirurgie, les confusions de côté à opérer sont un type fréquent d'erreurs. En voici un exemple : un chirurgien renommé doit ouvrir un genou ; au moment de dicter son mémo, il commet un lapsus et dit « droite » au lieu de « gauche » ; le jour de l'opération, le praticien opère donc le mauvais côté. Il s'agit là d'une erreur non systémique, qui ne pose pas de problème d'attribution : le chirurgien reconnaît immédiatement son erreur. En chirurgie, cependant, la plupart des erreurs de côté sont systémiques et résultent de nombreux actes et processus entremêlés.

Considérons le cas raconté dans ses Mémoires par le professeur de chirurgie orthopédique Laurent Sedel[1]. Il doit suturer un tendon de l'épaule droite d'un patient et ouvre l'épaule gauche. Il s'agit là d'une erreur systémique, avec plusieurs acteurs et processus qui interfèrent. Au départ, un problème de signalétique survient lors de la radiographie. L'opéré est néanmoins désinfecté et coloré du bon côté. C'est alors qu'une infirmière, se réfé-

1. SEDEL.

rant à la radio, fait désinfecter et colorer l'autre côté. Au début de l'opération, dans le bloc, le chirurgien est demandé d'urgence dans un autre bloc pour aider un confrère pour un geste physiquement éprouvant. C'est donc l'interne qui installe le patient... forcément du mauvais côté, puisque c'est le chirurgien et non l'interne qui a revu le dossier. Quand le chirurgien revient, fatigué, il a un moment d'inattention et engage l'opération du côté présenté par l'interne.

On voit bien à cet exemple que l'erreur systémique présente deux caractéristiques. D'un côté, la responsabilité n'est pas évidente. L'infirmière a fait preuve d'initiative, croyant éviter une erreur ; le chirurgien, quant à lui, a été soumis à une charge mentale et physique allant bien au-delà de sa définition de poste. D'un autre côté, le déroulement de l'erreur est complexe à analyser. La préparation du patient éveillé est un détrompeur, car il sait généralement de quel côté il souffre. C'est une méthode très simple. Mais l'autonomie de l'infirmière qui a corrigé la préparation initiale du patient en l'inversant au vu de la radio révèle un élément de complexité qui n'avait pas été prévu dans le processus. L'immunité répond à ces deux caractéristiques de l'erreur systémique. Elle prend en compte le fait que c'est le système, plutôt que les acteurs, qui est responsable. Et, en libérant la parole, elle facilite la connaissance de la complexité systémique.

Le risque zéro n'existe pas. L'action humaine comporte une part d'indétermination irréductible. Pourtant, quand la justice tend à rechercher systématiquement des coupables, elle signifie qu'il n'existe pas de risque résiduel acceptable et que le risque zéro est possible. En voici un exemple éloquent. Un commandant de bord canadien, dans un sauvetage célèbre, a commis, dans l'intervalle d'une heure, à la fois une erreur importante et un exploit qui est resté gravé dans les annales de l'aviation civile[1]. Alors que l'Airbus d'Air Transat survolait l'Atlantique, une fuite de carburant s'est produite sur un réservoir. Le pilote a commis une erreur en n'interprétant pas les faits comme traduisant une fuite et a transféré le carburant restant vers le réservoir qui fuyait. Du coup les moteurs se sont arrêtés. Le commandant de bord a alors accompli la performance extraordinaire de réussir à faire planer l'appareil pendant trente minutes vers un aéroport de secours (la base aérienne de Lajes, dans les Açores) et d'atterrir sans aide propulsive. Son erreur initiale s'est ainsi trouvée totalement occultée par son exploit, et l'opinion publique, les médias et la justice l'ont fêté en héros. Si l'avion s'était écrasé et que ce pilote ait survécu, la justice l'aurait probablement poursuivi. Entre coupable et héros, la frontière est ténue.

Le prix Nobel d'économie Daniel Kahneman a donné un bel exemple des illusions qui entourent les notions d'erreur, d'aléa et de performance en délivrant un cours de psychologie à des instructeurs de pilotes dans l'armée de l'air israélienne[2].

1. Vol 236 d'Air Transat du 24 août 2001.
2. Kahneman.

Alors que Kahneman expliquait que les pigeons réagissaient bien aux récompenses, un instructeur lui répliqua vertement que ses pilotes n'étaient pas des pigeons, qu'ils amélioraient leur pilotage quand il les réprimandait violemment et qu'ils pilotaient moins bien après avoir été félicités. Kahneman répliqua qu'il s'agissait d'une illusion statistique et que les phases de pilotage réussies et médiocres n'étaient que des variations aléatoires autour d'un pilotage moyen. Cette indétermination statistique de l'erreur humaine est une donnée primordiale de notre propos.

## UNE VIVE OPPOSITION

Le principe de non-punition des erreurs s'effectue dans un contexte de forte pression en faveur de la punition. Cette pression est alimentée par la culture traditionnelle de la punition et la réaction des victimes en sa faveur. La cohésion sociale, qu'elle soit traditionnelle ou moderne, est fondée sur ce principe. Dans les croyances archaïques, une catastrophe même naturelle a pour origine des coupables qu'il faut châtier, car elle exprime la colère des dieux. Il en reste probablement des traces dans l'inconscient collectif.

Du côté des victimes, on observe des réactions d'une extrême intensité. Le père d'un enfant disparu dans la collision de deux appareils au-dessus de la Suisse a assassiné un contrôleur aérien, lequel n'était que partiellement responsable de la catastrophe. À l'énoncé du verdict du crash de la compagnie tunisienne Tuninter, qui avait condamné injustement les deux pilotes de l'appareil, un parent d'une victime a déclaré à la presse qu'il avait envie d'embrasser les juges. Cette réaction fut relayée par les pouvoirs publics et le personnel politique.

La non-punition suscite de vives oppositions. Elle tend à être incomprise par les victimes, surtout quand on leur laisse croire que l'on va trouver les vrais coupables. La compassion légitime qu'elles suscitent incite les pouvoirs publics et la justice à renforcer l'approche punitive : sanction des dirigeants, mise en cause pénale systématique en cas de catastrophe, etc. De leur côté, les « punis » et leurs représentants réagissent tout aussi vivement. On en a une bonne illustration, lors du procès, en 2010, du crash du Concorde du 25 juillet 2000, à la façon dont le milieu aéronautique en la personne d'un journaliste spécialisé, Pierre Sparaco, a exprimé son sentiment d'injustice :

> Après avoir pris connaissance du réquisitoire, le monde de l'aviation est profondément choqué, c'est le moins que l'on puisse dire. Les commentaires de la première heure sont très durs, voire hostiles, et de grands anciens sortent du silence, souvent pour la première fois depuis de très nombreuses années. Ainsi, exemple parmi d'autres, le pilote d'essai Jean Dabos, membre des FAFL en 1940, qualifie le réquisitoire d'aberrant. Il demande : « Que peut-on faire, à part crier notre indignation ? » Provisoirement,

on laissera le mot de la fin à André Turcat, le charismatique chef pilote d'essai de Concorde : il est tout simplement « scandalisé »[1].

La culture dominante de la punition conduit à la formation de deux blocs adverses : le bloc majoritaire favorable à la punition et, par réaction, un bloc minoritaire composé des « accusés » et de leurs collègues (médecins, infirmières, pilotes, militaires, salariés de l'entreprise concernée, etc.). Dans l'affaire de l'entreprise chimique AZF, où l'explosion d'un stock de plusieurs centaines de tonnes de nitrate d'ammonium le 21 septembre 2001 a entraîné la mort de trente et une personnes et fait deux mille cinq cents blessés et de très lourds dégâts matériels, les deux blocs se sont manifestés très concrètement : le comité de défense des victimes d'AZF d'un côté, convaincu de négligences internes à sanctionner ; et l'association AZF-Mémoire et Solidarité de l'autre, composée des salariés qui ont contesté farouchement la thèse de la faute interne.

Le conflit entre les deux cultures peut aussi prendre la forme d'actes de résistance dans le camp de la non-punition. Par exemple, la revue de l'Institute for Safe Medication Practices, organisme de collecte de rapports d'erreurs de médication, anonymes et dotés de l'immunité, félicite des experts médicaux qui ont refusé de témoigner dans une procédure pénale engagée contre une infirmière pour une infraction commise dans l'intérêt du

1. Sparaco.

patient[1]. Faute de ce témoignage, le juge a dû décider l'absence de poursuites. James P. Bagian, ancien astronaute et pilote, qui a introduit dans le système de santé des vétérans américains la politique de non-punition connue dans l'aéronautique, a inauguré son action par un véritable fait d'armes[2]. Alors qu'une commission du Congrès lui demandait de révéler le nom de l'auteur d'une erreur de conception technique médicale ayant provoqué des décès, il s'y opposa et réussit à convaincre les sénateurs qu'il était plus important de favoriser la libre circulation de l'information pour comprendre les erreurs systémiques plutôt que de clouer au pilori un transgresseur.

### *Remplacer le bouc émissaire par l'information émissaire*

Les victimes ont besoin d'un acte expiatoire pour assumer leur douleur. Pour y répondre, la pénalisation des accidents oriente les passions vers un bouc émissaire en recherchant et désignant des coupables. Ne serait-il pas plus judicieux de chercher un *acte* émissaire, c'est-à-dire ce qui s'est passé ? Cela revient à remplacer le processus de punition par un processus de publicité des faits : savoir plutôt que punir. Les victimes et plus largement la société ont besoin de comprendre ce qui s'est passé. Un proche de vic-

1. ISMP.
2. BAGIAN.

times du crash de Charm el-Cheik a déclaré en conclusion d'un documentaire consacré à cette catastrophe aérienne : « Les familles ne pourront jamais faire leur deuil car on ne saura jamais ce qui s'est passé[1]. » Si l'on répond à cette attente, la demande sociale de punition devient moins pressante et peut se limiter à une indemnisation. C'est de cette façon que fonctionne le traitement des accidents d'avion aux États-Unis[2], où, en lieu et place de poursuites pénales, est uniquement conduite une enquête du NTSB. La réputation et le sérieux de cet organisme, ainsi que la publicité des résultats, conduisent les victimes à accepter cette procédure. Concernant les indemnisations, les avocats se mettent d'accord sur la base des résultats de l'enquête.

Les exemples sont nombreux qui attestent la valeur de l'information émissaire se substituant au bouc émissaire. Les commissions nationales ou internationales du type « vérité et réconciliation », mises en place après des guerres civiles, par exemple, privilégient l'information sur les sanctions. Les auteurs d'exactions sont invités à avouer et les victimes à s'exprimer, afin que ces dernières retrouvent une forme d'apaisement. Dans ses Mémoires, Gregory Boyington, un pilote de chasse américain de la Seconde Guerre mondiale, rapporte que les familles étaient extrêmement sensibles au fait de savoir comment leurs fils ou maris de la même escadrille étaient morts. Il

1. CINEFLIX.
2. SOULEZ-LARIVIÈRE, s.d.

évoque comme un drame personnel les disparitions qui ne lui permettaient pas de raconter aux familles les circonstances du décès, sachant que cette absence d'information redoublait la douleur des proches[1].

## LA NOTION DE « RIGUEUR JURISPRUDENTIELLE »

Le principe de non-punition des erreurs s'inscrit naturellement dans la façon dont les organisations réglementent leur activité et traitent les écarts. Il devient dès lors une partie d'une approche globale de ce que j'appelle la « rigueur jurisprudentielle ».

Une organisation quelle qu'elle soit, mais plus particulièrement dans le domaine de la fiabilité, se dote d'innombrables règles : réglementation, procédures, consignes, normes, standards professionnels, bonnes pratiques, etc. Pour une multitude de raisons, respecter en permanence et de façon absolue toutes ces règles est humainement impossible. En voici des exemples : une organisation évolue et ses équipements vieillissent, sans que les règles suivent nécessairement ; il est impossible de prévoir tous les cas, et il faut donc souvent interpréter ; des règles sont parfois contradictoires, auquel cas il faut choisir ; certaines règles ne sont pas évaluées régulièrement ; les règles

1. Boyington.

deviennent proliférantes parce que l'on corrige les écarts par d'autres règles ou parce que des règles suscitent la création d'autres règles ; des règles sont difficilement accessibles parce qu'elles sont mal rédigées ou classées de façon peu commode. Tout cela est bien connu de la sociologie des organisations. Plusieurs recherches, notamment chez les sociologues français dans la tradition de Michel Crozier, Jean-Daniel Reynaud, Gilbert de Terssac, etc., ont montré l'importance des écarts aux règles « pour que ça marche ». Le témoignage de Sabine Zimmermann, la contrôleuse de navigation aérienne du centre de Zurich, sur l'excès procédurier, que j'ai évoqué en début d'ouvrage, est une éclatante illustration de l'impossibilité de tout réglementer et même du danger du « tout-procédure ».

Un système de décisions hautement fiables implique une rigueur adaptative par la discussion. Cette rigueur jurisprudentielle comprend trois éléments fondamentaux : l'acceptation d'écarts aux règles ; la transparence des écarts par le débat (débriefings, questionnements, allers-retours) ; le traitement des écarts comme nouvelles règles, règles exceptionnelles ou simples retours d'expérience. Les écarts aux règles sont « jugés » par un débat interne à la fois transversal et vertical qui peut revêtir des formes diverses. Le résultat du débat devient la « jurisprudence ». Les écarts consolidés ne doivent pas nécessairement être écrits et peuvent être oraux, en s'incorporant à des pratiques professionnelles reconnues. Dans un tel système de rigueur jurisprudentielle la transparence des écarts est un réquisit majeur dans la mesure où les écarts aux règles dans les organisations sont très souvent opaques et forment un monde parallèle souvent étudié et caractérisé par ce que l'on appelle la « sociologie de l'informel ».

Les concepts employés par l'armée de l'air française pour analyser les problèmes de violation des règles fournissent une bonne illustration de ce que j'entends par rigueur jurisprudentielle. On y distingue deux catégories : l'erreur humaine, qui constitue un écart involontaire et comprend les erreurs de connaissance, de règle et de routine (les coutumes non conscientes), et la violation, qui constitue un écart volontaire et comprend les violations routinières (coutumes conscientes), les violations de nécessité et l'indiscipline. Les notions de violation routinière et de violation de nécessité sont particulièrement intéressantes. Bien qu'elles soient considérées comme des écarts volontaires aux règles particulièrement strictes dans une activité aussi dangereuse que l'aviation militaire, elles ne sont pas d'emblée condamnées et bénéficient d'une acceptation à condition d'être effectuées à des fins professionnelles. Par exemple, j'effectue un vol au-dessus de l'Afghanistan. La visibilité passe en dessous du seuil auquel le vol est autorisé à l'altitude dictée, mais la mission est importante. Il n'y a pas de relief ni de lignes électriques sur le trajet. Donc je vole plus bas, en violation de la règle, mais en violation *de nécessité*. L'absence de violation de nécessité pourrait être considérée dans cet exemple comme un excès de prudence. On retrouve le concept d'« obligation implicite » formulé par Gilbert de Terssac[1]. Une autre condition, essentielle, est que la violation de nécessité soit *transparente*. Les participants doivent en discuter lors d'un briefing, si elle est prévisible, et, en tout état de cause, lors d'un débriefing. Dans l'exemple précédent, le pilote devra s'expliquer lors du débriefing.

Le contrôle aérien est une activité également riche en illustrations de la rigueur jurisprudentielle, alors que le sens commun imagine un système strict de respect des règles. Sophie Poirot-Delpech a observé celles qui régissent le passage d'un avion d'un centre de contrôle à un autre :

> Ces passages sont régis par des « lettres d'accord » entre les centres dont l'élaboration est le résultat d'un processus complexe : formalisées par l'encadrement, elles dépendent de l'usage, de l'expérience accumulée, de difficultés rencontrées ici ou là par les contrôleurs. Les normes stipulées dans les lettres d'accord sont fréquemment violées et, précisément, leur transgression fréquente est un des moteurs de l'évolution de la réglementation. Le contrôleur, lui, connaît intimement son secteur de contrôle, la qualité de la détection radar, les réactions des avions de telle ou telle compagnie et il transgresse, mais sans commettre d'imprudence ou menacer la sécurité[2].

1. TERSSAC.
2. POIROT-DELPECH, p. 39.

### *Le débat, condition de la « rigueur jurisprudentielle »*

Le fait que les écarts par rapport aux règles fassent l'objet d'interactions latérales et verticales est fondamental, car c'est ce qui permet de dégager la rigueur jurisprudentielle définissant progressivement et continûment les écarts nécessaires et acceptés et dont certains vont constituer de nouvelles règles.

L'idée que la fiabilité implique un respect rigoureux des règles se heurte frontalement à celle de la nécessité de les transgresser, formant un véritable casse-tête qui hante les réflexions sur la fiabilité. Les adeptes du « tout-procédure » considèrent qu'il faut tout réglementer et imposer un respect strict des règles. Pour leur part, les sociologues du terrain font observer que les opérateurs ne peuvent travailler sans s'écarter des règles. La contradiction se résout traditionnellement par la dissimulation des transgressions sur le terrain. Le débat transparent, horizontal et vertical, sur les écarts, aboutissant à une jurisprudence opérationnelle permet en réalité de dépasser cette contradiction. Pour cela, la culture organisationnelle doit être reconfigurée afin que les écarts soient rendus transparents puis traités. Un pilote de chasse peut violer une procédure (non-respect d'une altitude imposée par la météo), mais c'est au débriefing de statuer sur cette violation. Le briefing suivant en tiendra compte, et la reproduction éventuelle de cette violation et des débriefings et briefings qui l'auront accompagnée débouchera éventuellement sur une nouvelle jurisprudence, écrite ou non. Au minimum, un retour d'expérience viendra alimenter le corpus des bonnes pratiques... et des moins bonnes à éviter.

Dans une organisation hautement fiable, les règles ne peuvent résulter que d'un mécanisme de jurisprudence opérationnelle transparent et progressif. Elles ne doivent prendre la forme ni d'un système rigide, qui se verrait de toute façon violé, ni d'un système de coutumes parallèles, qui serait dissimulé. La rigueur jurisprudentielle vient se placer entre ces deux extrêmes. C'est le « ni ni » de la gestion de l'obéissance. La gestion des écarts suppose un investissement en temps et en ressources. Elle implique des échanges à plusieurs échelons et des évaluations en continu. Mais c'est la condition pour que ne se développe pas, parallèlement aux procédures officielles, un monde plus ou moins caché de pratiques informelles décalées et sans contrôle.

### *La faute intentionnelle et ses frontières*

Tous les systèmes d'immunité excluent la faute intentionnelle. Il faut entendre par là des infractions telles qu'un sabotage, la neutralisation des sécurités, l'absorption de substances interdites, une fausse déclaration d'entretien, etc. Ce point est extrêmement important car la non-punition des erreurs est parfois mal comprise au point qu'on l'imagine s'étendre aux fautes intentionnelles, alors que ce n'est absolument pas le cas. Une politique d'immunité des erreurs doit être associée à une politique rigoureuse à l'égard des fautes intentionnelles et à une gestion fine de la marge intermédiaire entre les erreurs non intentionnelles et les fautes.

La frontière entre la faute intentionnelle et l'erreur non intentionnelle est loin d'être nette. Lors d'une approche vers l'aéroport de Nairobi, en 1975, un copilote a introduit la donnée *five zero zero zero* alors que le contrôle aérien lui indiquait *seven five zero zero* : l'appareil a failli s'écraser de ce fait. Il est apparu que ce copilote, victime d'un parasite pendant des vacances en Inde, avait consommé un médicament susceptible de provoquer une somnolence[1]. C'est plus qu'une erreur, mais pas encore une faute intentionnelle, comme le serait la prise d'alcool ou de drogue. Par ailleurs, un système d'immunité ne peut éliminer tous les actes irréguliers intentionnels. Par exemple, en aviation commerciale une faute de pilotage bien connue est ce que l'on appelle le « vol touristique », qui désigne le fait de s'écarter de la route pour observer ou montrer aux passagers un élément du paysage. Dans le système non punitif de suivi des paramètres de pilotage d'Air France, si le commandant de bord répond à une demande d'information sur un cas de vol touristique, l'anonymat lui est garanti, bien qu'il s'agisse d'une faute intentionnelle.

1. Reason, pp. 209 et 210.

Pour juger s'il y a faute ou pas, un auteur propose une procédure mentale : le *test de substitution*[1]. En cas d'accident ou d'incident, cela consiste à se poser la question suivante : une personne ayant le même profil professionnel aurait-elle pu commettre la même erreur dans les mêmes circonstances ? Si la réponse est oui, la punition n'est pas pertinente. Dans le cas de l'accident de l'avion de Tuninter obligé d'amerrir faute de carburant en raison d'une jauge inadaptée, les juges italiens ont condamné lourdement les pilotes au motif qu'il leur aurait été possible d'atteindre la piste en vol plané alors qu'ils ont choisi de se poser sur la mer. En réalité, pour tout pilote, la possibilité du vol plané n'était que théorique, car elle supposait des conditions et une réalisation sans le moindre écart, ce qui disculpe l'équipage. Le test de substitution aide ainsi à sortir du biais rétroactif en obligeant à se mettre dans la peau de l'acteur au moment de l'erreur. Certaines organisations insistent aussi sur la notion de *répétition*. On passe de l'erreur à la faute s'il y a répétition claire d'une même erreur. Que ce soit à Air France ou dans l'armée de l'air française, on insiste beaucoup sur ce point. Le test de substitution et l'évaluation d'une erreur selon qu'elle est répétée ou non font partie de la rigueur jurisprudentielle.

1. Neil Johnston, « Do Blame and Punishment Have a Role in Organizational Risk Management ? », *Flight Deck*, automne 1995, cité dans Reason, p. 208.

*Charte de la rigueur jurisprudentielle*

Une organisation qui souhaiterait formaliser *a minima* les différentes composantes de ce que j'ai appelé la « rigueur jurisprudentielle » aboutirait à une charte constituée peu ou prou des éléments suivants :

1. Traitement des erreurs

— Les auteurs d'erreurs non intentionnelles bénéficient de l'immunité afin de favoriser la connaissance de ce qui a conduit à ces erreurs.

— L'auteur d'une erreur qui la répète s'expose à la perte de l'immunité.

— La faute intentionnelle à fin non professionnelle est sanctionnée.

— En cas de doute relatif à la qualification d'un écart en tant qu'erreur ou en tant que faute, un test de substitution est pratiqué.

— Les individus ne sont pas tenus pour responsables des défaillances du système.

— Les raisons des événements ne sont pas préjugées.

— Le blâme hâtif des individus est évité.

— Le biais rétrospectif est pris en compte : le fait de savoir qu'un résultat défavorable s'est produit augmente la croyance qu'il était prévisible, qu'il aurait dû être anticipé et que, par conséquent, il était évitable.

2. Traitement des écarts volontaires

— Des écarts volontaires aux règles peuvent survenir.

— Les écarts volontaires aux règles dans un but

non professionnel sont inacceptables et sont sanctionnés.

— Les violations intentionnelles de nécessité et de routine peuvent être admises si elles sont effectuées à des fins professionnelles et font l'objet de transparence.

— Les écarts volontaires aux règles font l'objet de discussions verticales et latérales, sans esprit de blâme.

— Les écarts volontaires aux règles à fins professionnelles débouchent sur une jurisprudence opérationnelle (acceptation ponctuelle, acceptation exceptionnelle, nouvelles règles écrites ou non, refus et exploitation du refus comme retours d'expérience).

Une charte de traitement des écarts existe bel et bien dans l'armée de l'air française. Elle a pris la forme d'une déclaration écrite du général Stéphane Abrial, chef d'état-major de l'armée de l'air en 2006. Il y distingue explicitement l'écart involontaire et non répétitif, l'écart volontaire lié à une finalité opérationnelle et l'écart volontaire lié à une finalité personnelle et explique la façon dont sera traité chacun de ces types d'écarts. Notons ici un extraordinaire paradoxe. Alors que, dans l'imaginaire collectif, l'armée est le symbole même du respect strict des règles, elle se révèle une institution innovante dans ce domaine des règles en reconnaissant explicitement l'écart et sa non-punition. La contrôleuse aérienne de Zurich qui réclame un système de règles globales laissant une certaine flexibilité souhaite implicitement une charte de ce type.

La rigueur jurisprudentielle rejoint ce que Sidney Dekker et d'autres auteurs ont appelé la « culture juste »[1]. Dans un certain nombre d'organisations, la notion de non-punition des erreurs est remplacée par ce concept de culture juste en l'élargissant aux problèmes de faute volontaire, voire aux violations de nécessité. Parmi les grandes organisations qui utilisent cette expression, citons l'armée de l'air française, l'association canadienne de protection médicale, qui regroupe quelque soixante-seize mille médecins, et l'American Nurses Association (l'association américaine des infirmières et infirmiers). Je préfère pour ma part l'expression « rigueur jurisprudentielle » à celle de « culture juste » car la première a l'avantage de pointer sur le caractère interactif et évolutif de ce qui est juste.

## LES ORGANISATIONS ET LEUR COMPORTEMENT À L'ÉGARD DES ERREURS

Les organisations acceptent plus ou moins de reconnaître leurs erreurs et de les utiliser comme opportunités de progrès. La figure 4 classe quelques types d'organisations en fonction de leur comportement à l'égard de leurs propres erreurs : du signe moins (–) signifiant que les erreurs sont rejetées comme événements que l'on refuse de

1. DEKKER.

voir au signe plus (+) signifiant qu'elles sont acceptées comme opportunités de progrès.

*Figure 4*

Comportement des organisations à l'égard des erreurs

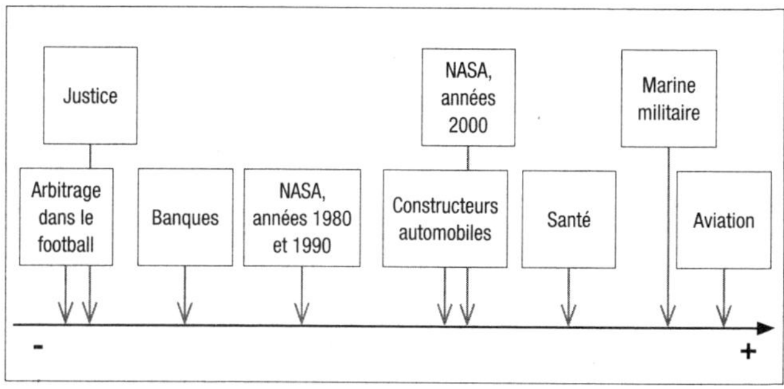


La justice a du mal à accepter ses propres événements indésirables et à les exploiter dans un sens positif, en dehors de rares efforts méritoires. Cette réticence se mesure à différents phénomènes, depuis les manifestations de défense corporatiste quand des erreurs se produisent jusqu'à la complexité procédurale avec laquelle on les prend en compte, en passant par la lenteur avec laquelle elles sont éventuellement corrigées, le refus de certains magistrats d'admettre qu'ils se sont fourvoyés, le faible déploiement du retour d'expérience et l'indifférence de l'institution plusieurs fois constatée à l'égard des inexactitudes. L'arbitrage en matière de football constitue un cas extrême de rejet de la prise en considération de l'erreur. Non seulement l'erreur d'arbitrage n'est pas reconnue, mais en plus elle est considérée comme faisant partie du jeu. Implicitement, c'est un élément du spectacle. Les dirigeants de ce sport refusent avec obstination tout ce qui pourrait réduire les erreurs. Pourtant, il a été démontré dans d'autres sports collectifs, comme le rugby, que des solutions, notamment vidéo, étaient applicables.

Dans les années 1980 et 1990 et jusqu'en 2003, la NASA n'était pas encline à accepter ses erreurs. Un exemple frappant en est fourni par l'absence de retour d'expérience sur l'accident de *Challenger*. Aujourd'hui, la situation a changé et la NASA des années 2000 penche nettement vers la droite du graphique. Des organisations telles que la santé ou la construction automobile évoluent également vers plus d'humilité et de considération à l'égard des erreurs, même s'il leur reste encore beaucoup de chemin à parcourir, en particulier dans l'automobile, où les progrès en matière de qualité des produits et d'accidents du travail sont lents. Les organisations à haut risque, comme la marine nucléaire et, surtout, l'aviation civile et l'armée de l'air, offrent de nombreux exemples de prise en compte systématique des erreurs pour progresser.

## *Chapitre VIII*

# DIRE, CONNAÎTRE, COMPRENDRE

L'information peut jouer un rôle fondamental dans la fiabilité des décisions. L'information dont il s'agit ici n'est pas celle du sens commun, mais celle capable de sécuriser la communication par le renforcement linguistique et visuel, celle qui cherche à connaître ce qui s'est passé grâce aux retours d'expérience, celle qui prend en compte la complexité des individus et des mécanismes collectifs à travers la formation aux facteurs humains.

## *DIRE* : LE RENFORCEMENT LINGUISTIQUE ET VISUEL DE L'INTERACTION

Une condition impérative pour échapper aux dynamiques des décisions absurdes est ce que j'appelle le *renforcement linguistique et visuel de l'interaction*. Il s'agit d'assurer des communications plus sûres à travers des actes de répétition verbale, de rédaction efficace et de standardisation linguistique tels que les check-lists, lexiques, alphabet aéronautique et autres signes forts non verbaux.

Curieusement, cette question est largement négligée. Dans les activités à haut risque, seule l'aéronautique a pris à bras-le-corps les problèmes de langage. Dans le monde des entreprises, je n'en connais qu'une seule, Toyota, qui ait systématiquement mis en avant la dimension langagière et visuelle comme principe fondamental de son fonctionnement. Comme le souligne le sociologue Jacques Girin[1], un des rares chercheurs à avoir travaillé ce sujet, la recherche académique et la pensée managériale s'intéressent assez peu au rôle spécifique du langage dans les organisations. Je ne vois qu'une exception, les règles d'or rédigées par un groupe international de scientifiques qui accordent une importance certaine à la verbalisation et la phraséologie[2]. La science linguistique, en se préoccupant avant tout des structures internes du langage, a fonctionné en vase clos et s'est coupée de la sociologie des organisations, qui elle-même s'est désintéressée des sciences du langage. Les seuls éléments du langage quelque peu pris en considération de nos jours sont l'orthographe et les problèmes de langues dans les entreprises et institutions internationales. Il n'existe pas à ma connaissance de développement de la réflexion sur les performan-

1. GIRIN.
2. DIETRICH.

ces du langage verbal ou non verbal dans les processus de décision.

Il s'agit d'une question de la plus haute importance pour la fiabilité. Le colloque de la Prévention médicale tenu le 10 juin 2010 à Paris a attribué ses deux premiers prix à des projets de renforcement linguistique et visuel de l'interaction : l'un au travail de Julie Renahy, linguiste de l'université de Besançon, sur le contrôle de la langue médicale pour mieux prévenir les risques[1], l'autre au travail de Stéphanie Baillif, ophtalmologiste au CHU de Nice-Saint-Roch, sur des étiquettes et bracelets destinés à éviter les erreurs de côté en ophtalmologie[2]. Ces deux travaux innovants témoignent du rôle stratégique du langage dans la fiabilité. La sociologue américaine Diane Vaughan, plusieurs années après la publication de son ouvrage de référence sur l'accident de la navette *Challenger*[3], y revient dans un article et met cette question en priorité :

> Lorsqu'une information critique circule de manière routinière, il est important de pouvoir identifier des signaux clairs. Les langages bureaucratiques utilisés quotidiennement ont tendance à affaiblir les signaux de danger. Les personnes qui opèrent directement des activités à risques peuvent être formées à produire des signaux précis et

1. RENAHY.
2. BAILLIF.
3. VAUGHAN, 1996.

clairs qui puissent transmettre de manière adéquate les dangers propres à une situation[1].

L'exemple le plus connu de renforcement linguistique de l'interaction est celui de l'aéronautique. On y pratique des check-lists, un alphabet codé (« A comme Alpha », « B comme Bravo », etc.), des expressions conventionnelles (« affirmatif », « négatif », « reçu », etc.), la répétition, des règles d'expression des nombres (« deux, six, zéro » au lieu de « deux cent soixante »). La navigation maritime et l'armée appliquent des règles identiques ou voisines. Nous avons vu un exemple remarquable d'extension de la pratique langagière de l'aéronautique à la chirurgie avec la check-list de bloc opératoire et son rôle dans la diminution de moitié des décès de patients opérés. Une extension du même principe aéronautique s'est également effectuée dans un tout autre domaine, celui des randonnées en haute montagne. Plusieurs groupes de randonnée ayant été décimés par des avalanches, la Suisse a adopté une check-list, appelée 3X3, créée par le guide suisse de haute montagne Werner Munter. Cette check-list comporte l'examen de trois ensembles de questions (conditions, terrain, facteur humain), chaque fois sur trois niveaux géographiques différents (régional, local et zonal), d'où son nom de matrice[2]. Associée à une technique simple d'évaluation des probabilités d'avalanche, la check-list

1. Id., 2001.
2. Moret.

a contribué à une réduction considérable du nombre de tués dans les avalanches en Suisse dans les randonnées utilisant cette méthode. On estime à environ 50 % la baisse de la mortalité, un niveau curieusement identique à celui résultant de l'introduction de la check-list en chirurgie. Selon Werner Munter, les séries noires en France (2006), en Autriche (2005) et au Canada (2003) s'expliqueraient par l'absence de telles méthodes[1].

Croire que le renforcement linguistique de l'interaction ne se justifie que dans les activités à risque vital élevé (aviation, bloc opératoire, randonnée hivernale en haute montagne, salle de commande nucléaire) serait une erreur. Il est aussi impératif dans les organisations « normales ». Par exemple, Toyota a investi beaucoup de moyens pour améliorer l'impact de ses affiches internes concernant les consignes. Pour le constructeur automobile, une affiche doit être conçue et gérée en fonction de son impact. Taiichi Ohno, le père du système de production de Toyota, disait qu'il fallait passer son doigt sur les affiches pour vérifier qu'elles n'étaient pas poussiéreuses, et donc qu'elles étaient régulièrement actualisées et rafraîchies.

Voici une autre illustration de renforcement linguistique en entreprise : l'expérience de Renault dans sa coopération avec General Motors pour la conception du nouveau fourgon Trafic. L'équipe projet était constituée de cadres de Renault et de General Motors, deux entreprises aux langages,

1. MUNTER, pp. 10-13.

outils de gestion et cultures très différents. Il n'est donc pas étonnant que les responsables du projet commun aient rencontré beaucoup de difficultés de coopération. Ils ont néanmoins réfléchi ensemble aux problèmes de coordination et ont abouti à la nécessité de formaliser davantage leurs travaux communs et leurs décisions. Ils ont baptisé leur approche la « bureaucratie efficace[1] », mais ce n'est rien d'autre que ce que j'appelle le renforcement linguistique de l'interaction. La « bureaucratie efficace » consistait à rédiger des conclusions de réunion, là où l'accord oral suffisait auparavant, ou à définir par écrit des termes que chaque entreprise n'avait jamais pris la peine de préciser. Un exemple parmi d'autres de cette approche innovante fut la définition précise de ce que l'on entendait par essai de freinage, car les acteurs de la coopération se sont rendu compte que chaque firme y associait des conceptions différentes. On observe un même souci dans la branche nucléaire de la Marine américaine. Les membres de la NASA qui ont effectué un benchmarking avec elle ont noté que cette organisation exemplaire en matière de fiabilité avait davantage recours à des textes rédigés, là où eux-mêmes, à la NASA, se contentaient de présentations PowerPoint insuffisamment précises.

Comme nous venons de le voir avec la « bureaucratie efficace », le renforcement linguistique doit

1. Jean-Michel Jalinier et Jean-Claude Monet, respectivement directeur du projet et chef de projet social du nouveau Trafic chez Renault, sont les pères de ce concept.

inclure les formulations qui augmentent la force des messages. Ce résultat peut être obtenu par le respect d'un ordre chronologique dans l'application d'une consigne donnée, le positionnement des éléments cruciaux en tête de liste, l'élimination des ambiguïtés et des contradictions, etc. Dans le projet de contrôle de la langue en médecine cité plus haut[1], l'auteur donne de nombreux exemples de formulations complexes ou incohérentes d'instructions médicales, notamment la suivante :

> Une fois décongelée la seringue doit être utilisée immédiatement sur le patient pour lequel elle a été commandée. Si la procédure de désobstruction doit être différée, la seringue doit être utilisée dans les soixante-douze heures (date de décongélation inscrite sur le corps de la seringue).

Elle comporte une contradiction entre « immédiatement » et « dans les soixante-douze heures ». Par ailleurs la date de décongélation à apposer, opération vitale à effectuer en priorité, est citée en dernier et entre parenthèses. Un fait remarquable qui ressort de ce travail sur la langue médicale est l'emploi fréquent d'une rhétorique adoucissante pour des instructions fermes. L'atténuation linguistique résulte de la voix passive ou de mots à connotations non impératives, comme « il est recommandé de proposer systématiquement » (si la proposition est systémati-

1. RENAHY.

que, c'est plus qu'une recommandation) ou « en cas de maladie ou de risque connus, l'information s'étend aux professionnels et établissements auxquels elle peut être amenée à s'adresser ». Une instruction ne s'étend pas toute seule. On ne sait pas qui est en charge d'étendre l'information et si c'est une option ou une obligation. Ces formulations « molles » vont à l'opposé du renforcement linguistique. Le caractère impersonnel des règles dans les bureaucraties génère l'utilisation du passif ou de verbes généraux, laquelle produit à son tour cette façon faible de décrire les actions à mener.

Même un renforcement linguistique de l'interaction aussi élémentaire qu'une check-list doit voir sa puissance préservée. L'accident au décollage du vol Spanair aux Canaries, le 20 août 2008, qui a coûté la vie à cent quarante-six personnes, a été provoqué par l'absence de déploiement des volets. Selon le rapport d'enquête, l'enregistrement vocal du cockpit indique que les pilotes avaient omis l'item « volets déployés et contrôlés » dans la check-list[1]. Une erreur identique s'était produite vingt ans plus tôt à Detroit sur le vol 255 de Northern Airlines qui s'était écrasé au décollage, provoquant la mort de tous les occupants de l'avion à l'exception d'un seul. Les volets omis lors du déroulement de la check-list n'avaient pas été déployés. À la suite de crashs de ce type dus à des défaillances de check-list, les autorités aéronautiques ont émis des recommandations[2] pour

1. CIAIAC, p. XVIII.
2. *Ibid.*, pp. 235-245.

renforcer cet outil linguistique, comme mettre en tête les points cruciaux (la sortie des volets pour le décollage du vol Spanair figurait en milieu de liste sur près d'une cinquantaine d'items) ou prévoir des réponses en valeur (inclinaison des volets, par exemple) au lieu de simples « oui » ou « non ». Selon les enquêteurs, les pilotes de la Spanair se seraient rendu compte de leur oubli de sortir les volets si, lors de l'ultime check-list de décollage, celle-ci avait appelé une valeur de déploiement des volets au lieu de ne mentionner que l'existence ou non du déploiement.

### *Raisons de promouvoir le renforcement linguistique*

Quatre raisons principales justifient la nécessité d'actes d'interaction formalisés de façon explicite :

1. *L'ambiguïté du langage.* C'est la raison la plus évidente. Faut-il rappeler que ce fut une des causes principales de l'accident de Ténériffe, au cours duquel, le 27 mars 1977, deux Boeing 747, l'un de la KLM, l'autre de la Pan American, s'étaient percutés sur la piste, causant la mort de cinq cent quatre-vingt-trois personnes et faisant de cette catastrophe aérienne la plus meurtrière de l'histoire ? Un des pilotes de l'appareil de la KLM prêt au décollage avait dit au contrôleur aérien *We are now at take-off* (« nous sommes maintenant au décollage »). Pour le contrôleur, cela signifiait :

*We are now at take-off position* (« nous sommes maintenant à la position de décollage ») et celui-ci a répondu *OK*. Mais, pour le copilote, *at take-off* représentait une action sur le point de se dérouler, et il a interprété *OK* comme l'autorisation de décoller. Depuis lors, pour éviter toute ambiguïté, le mot *take-off* ne doit plus être utilisé en dehors d'une autorisation de décollage. Cet exemple n'est pas le seul. Un Boeing 727 de la TWA s'était écrasé sur le mont Weather, en Virginie, le 1er décembre 1974 en raison d'une ambiguïté de l'expression *cleared for the approach* (« approche autorisée ») émise par le contrôle aérien. Comme l'appareil se trouvait sur une trajectoire non répertoriée — il s'était dérouté pour cause de mauvais temps —, son altitude n'était pas prise en charge par le contrôle aérien, alors que, pour les pilotes, l'expression *cleared for the approach* signifiait que les contrôleurs la prenaient en charge. De ce fait, l'altitude n'a pas été gérée correctement, et l'avion s'est écrasé. Si, dans une activité au langage aussi codifié que l'aviation, de telles confusions linguistiques se rencontrent, on imagine aisément à quel point elles imprègnent les activités plus ordinaires.

2. *Les dysfonctionnements de la coordination silencieuse.* La plupart du temps, les individus se coordonnent les uns avec les autres sans explications. Comme nous l'avons vu, chacun anticipe et imagine ce que les autres pensent et font. Par exemple, si une réunion hebdomadaire se tient depuis plusieurs mois dans une même salle, les participants considèrent que la prochaine réunion

s'y tiendra aussi, sans se le préciser explicitement. Cette coordination silencieuse économise du temps et du papier. Mais elle peut vite devenir une machine infernale et produire d'énormes erreurs en cas de malentendu. Pour ne citer qu'un exemple, les enquêteurs recueillant des informations sur l'atterrissage manqué par mauvais temps du vol Air France 358 à Toronto, en août 2005, avaient observé que l'équipage supposait qu'en cas de très fortes pluies rendant les pistes risquées l'aéroport serait fermé, ce qui n'était pas le cas : la responsabilité d'atterrir ou non sur une piste contaminée par la pluie incombe aux pilotes.

3. *L'effet multiplicateur de l'interaction.* L'interaction génère d'autres interactions, suscite le développement de la communication et permet les vérifications croisées. L'obligation de verbaliser provoque des échanges non explicitement prévus, mais très utiles. Dans le cas de la randonnée à ski victime d'une avalanche décrite précédemment, si le groupe, au lieu de rester quasi silencieux, avait passé en revue la check-list suisse 3X3 avant de décider le franchissement, on peut être certain que le seul fait de parcourir ensemble à haute voix les items de la liste aurait fait parler les réticents et opposants qui étaient majoritaires. Le renforcement linguistique est un cercle vertueux. Une fois démarré, il entraîne automatiquement d'autres renforcements linguistiques. Le fait de se parler déclenche d'autres échanges d'information. La dimension collective permet en outre les vérifications croisées. Les études sur les organisations hautement fiables pointent toutes

sur l'importance des contrôles croisés. Dans les sous-marins, les porte-avions, les salles de contrôle aérien, chacun a toujours un œil sur ce que fait l'autre, même si les spécialités diffèrent. Dans un bloc opératoire où la check-list n'est pas utilisée, chaque acteur de l'équipe chirurgicale vérifie de son côté, effectue sa petite check-list individuelle. La mise en commun de ces check-lists particulières à travers la nouvelle liste de bloc opératoire produit un contrôle croisé.

4. *La déculpabilisation par la médiation.* Il est beaucoup plus facile d'aborder un sujet qui fâche s'il est inscrit dans une « liste unique de problèmes » ou dans une check-list que s'il n'y figure pas. Là encore, le renforcement linguistique de l'interaction joue le rôle de médiateur. La check-list de bloc opératoire comprend un item intitulé « signalement de dysfonctionnements matériels et événements indésirables » invitant les membres de l'équipe à parler des erreurs éventuelles. Le fait que les erreurs potentielles sont inscrites dans la check-list les dépersonnalise et facilite leur expression. Ce que confirme le professeur François Clergue, médecin-chef du service d'anesthésiologie des Hôpitaux de Genève, pour ce qui concerne la check-list de bloc opératoire :

> Communiquer sur ses incertitudes ou sur les imperfections de l'acte que l'on vient d'accomplir est difficile, car révéler ses difficultés c'est prendre le risque de s'exposer à un jugement négatif quant à ses qualités professionnelles, surtout dans un milieu où la culture de l'erreur n'est pas fortement

présente ou si l'équipe n'est pas soudée. La force de cette check-list, c'est qu'en imposant cette communication, en la standardisant et en la centrant sur le patient, elle perd une grande partie de sa charge émotionnelle, ce qui lui permet de se réaliser plus facilement[1].

## *Résistances*

Le renforcement linguistique de l'interaction a beau constituer un puissant obstacle aux dynamiques absurdes, force est d'admettre qu'il échappe à la culture commune. Dans le flux des coordinations quotidiennes, la vérification n'a pas sa place. Par exemple, mon nom, Christian Morel, est presque aussi répandu que celui de Pierre Martin. Cela provoque parfois des confusions gênantes, comme la permutation de mon dossier médical d'entreprise ou l'envoi à mon domicile de résultats d'analyse médicale d'un autre. Jamais mes interlocuteurs ne prennent la peine de vérifier s'il n'existe pas d'homonymie, si bien que je suis obligé de les alerter moi-même : « Faites attention, il s'agit d'un nom largement répandu. » Le renforcement linguistique, au sens où je le définis, n'est pas naturel : il exige d'aller à contre-courant des habitudes de langage.

Le professionnalisme est curieusement un argument utilisé contre le renforcement linguistique. Nombre de professionnels voient les check-lists,

1. CLERGUE, p. 424.

la répétition langagière ou les codes d'expression imposés comme des mises en cause de leur compétence et de leur sérieux. Par exemple, un commandant de bord d'Air France, interrogé sur l'extension de la pratique des check-lists, a fait part des difficultés que les pilotes rencontraient pour obtenir qu'elles soient aussi utilisées par la maintenance. En effet, quand un avion fait l'objet d'un entretien, d'importants systèmes de sécurité doivent être désactivés. Quand les pilotes reprennent possession de l'appareil, ils sont soucieux de s'assurer que tout a bien été remis en place et aimeraient obtenir de la maintenance une check-list le confirmant. Mais les techniciens d'entretien ne possèdent pas les mêmes traditions, leur réaction naturelle consistant plutôt à répondre aux pilotes qu'ils connaissent leur métier. On observe une même attitude chez de nombreux chirurgiens qui jugent inutile la check-list opératoire parce qu'ils se considèrent avant tout comme de grands artisans, et non comme des techniciens de haut niveau soumis à la standardisation.

Une autre résistance est la croyance que le renforcement linguistique de la coordination représente un coût inutile et engendre pertes de temps et accumulation de paperasserie. Des connotations négatives, comme la bureaucratie ou l'armée, y sont en outre associées. On peut ainsi entendre, en réponse à une demande de répétition verbale dans un bloc opératoire : « On n'est pas à l'armée ! » Le renforcement linguistique de la coopération va clairement à contre-courant de la mode managériale du zéro papier et des réunions minute. En intitulant leur métarègle de coopération « bureaucratie efficace », les responsables du projet commun Renault et General Motors ont voulu répondre symboliquement à cette vision négative et montrer que la bureaucratie, à la connotation si négative, conçue comme une attention à la qualité du langage, peut se révéler efficace en vue d'une dynamique de décision fiable.

Une troisième forme de résistance est la peur du ridicule. Dans un métier où la check-list n'est pas habituelle, la procédure peut surprendre par sa dimension élémentaire, presque enfantine. Dans un bloc opératoire, pour énoncer à haute voix les items faussement évidents, beaucoup doivent se forcer quelque peu. Pour certains grands chirurgiens, énumérer des éléments à leurs yeux évidents devant le « petit personnel » peut paraître ridicule. Dans le poste central navigation/opérations d'un sous-marin dans lequel j'ai navigué, un chef de quart manquant encore d'assurance n'osa pas confirmer à voix suffisamment forte les ordres, ce que le commandant lui fit vivement remarquer. On imagine un groupe de randonnée à ski devant énoncer une check-list pour décider ou non de franchir une zone comportant un risque d'avalanches. Le groupe est composé d'alpinistes chevronnés et de randonneuses séduisantes. Il faut beaucoup de sens de la sécurité pour surmonter le stéréotype selon lequel parcourir ensemble une check-list à voix haute est ridicule et révélateur d'un esprit timoré. C'est pourtant ni plus ni moins qu'une question de vie ou de mort.

Sur la durée, de telles attitudes peuvent cependant se retourner et ces outils devenir les symboles forts du sérieux d'une profession. La check-list d'aviation n'a-t-elle pas fini par s'installer dans la culture ordinaire, comme une des bannières du professionnalisme aéronautique ? Une condition essentielle du renforcement linguistique est la persévérance et l'implication. Tant que cela n'est pas inscrit dans la culture professionnelle, la tendance naturelle est à l'affaiblissement. On le voit avec la check-list de bloc opératoire. Il arrive que des médecins affirment l'avoir faite, tout en se montrant incapables de produire le document l'attestant.

J'ai eu l'occasion d'observer les échanges à la passerelle du porte-avions *Charles-de-Gaulle* et dans le poste central navigation-opérations (PCNO) d'un sous-marin nucléaire d'attaque, tous deux en navigation. Sur la vaste passerelle du *Charles-de-Gaulle* règne un grand silence : peu de personnes sont présentes, et les rares échanges et confirmations sont parfaitement audibles. Dans le PCNO du sous-marin, l'espace est étroit : toutes les fonctions de commande du sous-marin (navigation, plongée, armes, écoute, sécurité) sont regroupées ; dix à quinze personnes, voire plus, sont présentes. Les échanges et leur confirmation plus nombreux sont moins facilement audibles et se télescopent. D'où cette remarque, un jour, du commandant au chef de quart : « Parle plus fort ! » À l'issue de la navigation, le commandant de l'escadrille des sous-marins d'attaque m'avait demandé mon « rapport d'étonnement ». Je lui avais répondu que je trouvais les échanges dans le PCNO insuffisamment forts et identifiables (qui avait dit quoi). Il m'avait répondu que cette impression venait de ce que j'étais un observateur extérieur et que les échanges dans le PCNO étaient parfaitement reçus par ces sous-mariniers expérimentés. Il a certainement raison. Cela dit, les difficultés des communications orales dans le PCNO du sous-marin montrent combien le renforcement linguistique de l'interaction exige d'efforts. Des événements peuvent perturber le déroulement d'une check-list qui exige une grande concentration. Dans un documentaire[1] sur la sécurité aérienne, un commandant de bord témoigne que, distraits à cause d'un orage pendant l'énonciation de la check-list, lui et son copilote avaient convenu de la reprendre à zéro.

### *Le problème PowerPoint*

Une dernière condition du renforcement linguistique est de se méfier de certains supports d'expression, apparemment puissants, qui peuvent être réducteurs. Il faut à ce titre citer cet outil d'emploi universel qu'est devenu Microsoft PowerPoint. J'ai pu observer que, même dans l'espace restreint d'un sous-marin nucléaire d'attaque de la Marine nationale, avec 80 m² habitables pour quatre-vingts personnes, les diapositives PowerPoint ont réussi à trouver leur place ! En plongée, c'est avec ce support que le débriefing du

1. Nénin et Boulène.

soir est présenté dans le carré des officiers. Bien employé, le logiciel Microsoft PowerPoint peut contribuer au renforcement linguistique de l'interaction que j'appelle de mes vœux. La construction d'une diapositive oblige à clarifier et hiérarchiser la pensée. Toutefois, la capacité de l'outil à traduire les actes de langage de façon schématique et condensée peut affaiblir l'interaction. Par exemple, quand on lit sur une diapositive le mot *projet* sans précision, on ne sait s'il s'agit d'une proposition qui n'a pas été décidée ou d'un projet décidé dont on présente la mise en œuvre. Dans une liste à puces d'une diapositive PowerPoint, une énumération d'actions ne permet pas de savoir comment ces dernières s'agencent dans le temps. Sont-elles concomitantes ou successives ? Soulignons que ce n'est pas l'outil lui-même qui est en cause, mais son usage. L'utilisation de « Post-it » pour exprimer ses idées en réunion peut être aussi réductrice que celle de Microsoft PowerPoint.

Le rapport sur l'accident de la navette spatiale *Columbia* donne un bon exemple des effets pervers des diapositives PowerPoint. L'une d'elles, essentielle pour les risques de dégâts issus de débris, avait été présentée en réunion. La compression des phrases et le mauvais usage des listes à puces avaient fortement réduit l'intensité de l'information pertinente (*voir fig. 5*)[1]. Or c'est cette même diapositive qui a nourri la décision de ne pas se préoccuper des dégâts causés sur la navette et,

1. TUFTE.

*Figure 5*

Diapositive présentée au groupe d'examen des dommages subis par la navette spatiale *Columbia* avant sa disparition

**Review of Test Data Indicates Conservatism for Tile Penetration**

- **The existing SOFI on tile test data used to create Crater was reviewed along with STS-87 Southwest Research data**
  - **Crater overpredicted penetration of tile coating significantly**
    - **Initial penetration to described by normal velocity**
      - Varies with volume/mass of projectile (e.g., 200ft/sec for 3cu. In)
    - **Significant energy is required for the softer SOFI particle to penetrate the relatively hard tile coating**
      - Test results do show that it is possible at sufficient mass and velocity
    - **Conversely, once tile is penetrated SOFI can cause significant damage**
      - Minor variations in total energy (above penetration level) can cause significant tile damage
  - **Flight condition is significantly outside of test database**
    - **Volume of ramp is 1920cu in vs 3 cu in for test**

BOEING 2/21/03 6

Le titre signifie « L'examen des tests indique que les données de pénétration des tuiles n'ont pas changé ». Mais ce n'est pas cela qui est important. Le titre aurait dû être : « La pénétration des morceaux d'isolation peut créer des dommages importants sur les tuiles. » La diapositive atténue la communication au lieu de la renforcer.

Ce point est le plus important. Il signifie que le morceau d'isolant qui a heurté le bord de l'aile est 640 fois plus gros que celui utilisé pour les tests, qui ne sont donc en rien significatifs. Cette information cruciale apparaît en rang quatre dans la hiérarchie des listes et en dernier.

Cette phrase signifie : « Les résultats montrent que c'est possible à vitesse et masse suffisantes. » Mais on ne sait pas bien quel est le sujet de « est possible ». Le test ? Les dommages sur la navette ? L'énergie significative ? En fait, ce sont les dommages sur la navette, une information cruciale. La compression des phrases imposée par le format PowerPoint a rendu floue l'information essentielle.

jointe à des e-mails, a servi de note technique de référence. Le rapport souligne : « Il est facile de comprendre comment un dirigeant pouvait lire cette diapositive PowerPoint et ne pas réaliser qu'elle évoquait l'existence d'un risque mortel[1]. »

## *Étiquettes et doigt pointé*

Le renforcement visuel de l'interaction désigne l'emploi de signes simples, forts, collectivement visibles[2]. C'est, par exemple, l'emploi de flammes sous forme de fanions en tissu orange attachés à certaines pièces dans les activités à haut risque, comme les bouchons posés sur certains orifices des avions au parking. Il suffit de vérifier que les fanions ont été enlevés pour s'assurer que les bouchons ont bien été fermés pour le décollage. De cette façon, même la tour de contrôle pourrait s'apercevoir qu'un fanion n'a pas été ôté. Ce renforcement visuel de l'interaction a été précisément instauré dans l'aéronautique après un crash causé par l'oubli d'un bouchon sur une prise d'air de mesure de la vitesse.

Un autre cas très connu de renforcement visuel est l'attribution de couleurs aux tenues du personnel de pont sur les porte-avions : jaune pour la direction des appontages et catapultages (les « chiens jaunes »), bleu pour la manutention, rouge pour l'armement des appareils et la fonction carburant, avec de surcroît de grandes bandes noires pour identifier des rôles spécifiques. Cela permet de vérifier d'un seul coup d'œil la présence ou non

1. *Ibid.*
2. Il peut être accompagné de signes sonores.

du personnel nécessaire et autorisé en cet endroit extrêmement dangereux.

Toyota, qui est la seule entreprise à s'être penchée sérieusement sur le renforcement du langage, a mis fortement l'accent sur le renforcement visuel. Un exemple de cette politique de Toyota est le Kanban, qui désigne la gestion économique des stocks de pièces et qui tire son nom d'un outil visuel. En japonais, *kanban* désigne une étiquette portant l'image d'un produit. Les *kanbans* sont utilisées pour traduire aux yeux de tous les niveaux et mouvements de stocks de composants. Le ballet des étiquettes n'est pas le seul instrument visuel initié par Toyota. L'outil appelé *andon*, qui signifie lanterne, en est un autre exemple. Il s'agit d'un panneau lumineux visible de tous dans l'atelier servant à transmettre une information majeure instantanément. Dans les deux cas des mots japonais désignant des objets concrets fortement visibles donnent leur nom à des méthodes de management innovantes.

Pour Toyota et les entreprises japonaises qui l'ont suivi, le visuel est indissociable du concept. On ne conçoit pas l'idée sans la visualiser pour la partager. On en trouve une illustration emblématique dans une action promue par le JISHA (Japanese Industrial Safety and Health Association), l'agence japonaise pour la sécurité du travail et la santé. Intitulée « formulations avec le doigt pointé », cette action est définie de la façon suivante par le JISHA :

> Afin d'effectuer le travail en toute sécurité et à l'abri des erreurs, il s'agit pour chaque point impor-

> tant du travail de dire « OK » en tendant fermement le bras pour désigner du doigt le point concerné et de confirmer à haute et intelligible voix par une formulation appelée « formulation avec le doigt pointé ». Ces « formulations avec le doigt pointé », qui permettent un nouveau niveau de prise de conscience et des conditions correctes et claires, sont un moyen de renforcer la précision et la sécurité du travail. Elles constituent des actions de mise en pratique à travers la collaboration mutuelle de tous[1].

L'organisme japonais illustre cette méthode par des dessins d'un personnage en train d'effectuer ce geste (*voir fig. 6*).

*Figure 6*

Visuel du doigt pointé mis au point par l'agence japonaise pour la sécurité du travail et la santé

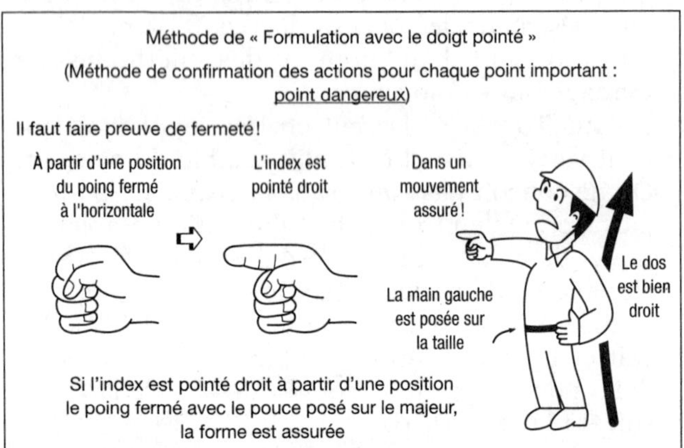


1. JICOSH.

Aux yeux d'un esprit occidental, ce mode de renforcement visuel de l'interaction peut sembler ridicule. Cette politique du doigt pointé est toutefois intéressante en ce qu'elle révèle l'importance de la relation verbale. Les Japonais considèrent qu'en matière d'accident et d'erreur la simple communication ne suffit pas. Il faut la stimuler. Selon le JISHA, une étude conduite dans les chemins de fer en 1994 a démontré l'efficacité des formulations avec le doigt pointé en comparaison des situations où la méthode n'était pas appliquée.

L'essentiel dans le renforcement visuel est l'*intensité* : il doit « crever l'écran ». En voici un exemple fort. Après que l'avion-radar Hawkeye a apponté sur le porte-avions *Charles-de-Gaulle* et qu'il se trouve à l'arrêt, ses hélices continuent de tourner. Pour matérialiser la zone de heurt potentiel avec elles, un cordon d'une quarantaine de membres de l'équipage du navire forme un arc de cercle tout autour. Chacun étant espacé de son voisin, il serait facile à un pilote de couper l'arc humain. Beaucoup mieux qu'une simple bande inscrite sur le sol, c'est l'intensité du signal qui dissuade de frôler les hélices.

Plus généralement, l'intensité est obtenue par une forme de réalité augmentée, pour reprendre une expression informatique relative aux images sur écran enrichies pour traduire la réalité. Il s'agit d'assurer l'intensité par l'image plus que par les mots, la maquette plus que l'écran, la vision directe plus que la vision indirecte, trois facteurs d'intensité que nous allons illustrer successivement.

La nécessité d'une réalité augmentée par l'image est bien illustrée par un loupé dans l'enquête sur le tueur en série Guy Georges. Des viols suivis de meurtres avaient été commis dans des appartements et des parkings dans les années 1990. Le groupe d'enquête des meurtres dans les appartements disposait d'une signature génétique des crimes, mais ne soupçonnait pas Guy Georges. Le groupe d'enquête des meurtres dans les parkings disposait du code génétique de Guy Georges, parmi d'autres délinquants sexuels, mais pas de la signature génétique des crimes. Les deux groupes possédaient des photos des vêtements des victimes découpés chaque fois de la même façon au couteau et démontrant que les crimes dans les appartements et dans les parkings avaient vraisemblablement été commis par le même homme. Pour vérifier d'éventuels points communs, le groupe des parkings a bien contacté le groupe des appartements, mais ce dernier n'a pas montré les photos des vêtements découpés. Le premier n'a donc pu constater la troublante ressemblance, et la signature génétique des appartements n'a pas été comparée au code génétique du tueur potentiel des parkings. Guy Georges n'a pas été confondu et a commis d'autres crimes. Il aurait suffi que les deux groupes renforcent leur interaction par l'image, en se montrant les photos dont ils disposaient, pour rapprocher le code et la signature génétiques, confondre le tueur et arrêter la série[1]. L'habitude de se parler avec des mots plutôt qu'avec des signaux forts est telle que les enquêteurs ont pensé que leur dialogue était plus riche et sûr qu'une transmission de photos.

Dans les interactions, la réalité peut être parfois augmentée par une maquette. Contrairement à ce que l'on pourrait penser, l'écran informatique, avec toutes les possibilités graphiques qu'il offre, ne peut pas toujours apporter l'intensité visuelle nécessaire aux interactions. On doit alors lui substituer un outil élémentaire, vieux comme le monde : la maquette. Un exemple emblématique d'utilisation de maquettes est celui des porte-avions, qu'ils soient américains ou français. Comme j'ai pu moi-même le constater sur le *Charles-de-Gaulle*, l'utilisation de maquettes du pont et des appareils sert à planifier les catapultages, appontages et autres opérations de parking. C'est une étrange impression, dans cet univers rempli d'écrans et de tableaux de bord de toutes sortes, que de pénétrer dans la salle dite des « chiens jaunes[2] » et de découvrir cette grande maquette avec ses appareils ressemblant à des

1. Ce n'est que bien longtemps après, quand le juge Thiel a demandé à tous les laboratoires de France de comparer la signature génétique des meurtres en appartement à tous les codes génétiques dont ils disposaient que le code génétique du soupçonné dans l'affaire des parkings a été constaté identique à la signature de l'affaire des appartements.

2. Le nom donné aux membres de l'équipage de pont ne vient pas seulement de la couleur de leur uniforme mais de la nécessité d'aboyer leurs ordres.

jouets d'enfant. Le directeur du pont a déclaré lors de ma visite qu'aucun des essais de représentation informatique du pont et des mouvements qui s'y déroulent n'avait donné de résultats aussi efficaces que ces maquettes élémentaires en bois. La raison à cela est que la grande maquette, placée au milieu de la salle, et les interventions qui y sont simulées sont visibles de tous avec une intensité incomparable. Il n'y a dès lors aucun risque d'atténuation des signaux que l'on rencontre avec les écrans du fait d'une mauvaise définition de l'image, de reflets, de vues tronquées, de l'abstraction, etc.

Pour assurer la fiabilité des interactions, il arrive de devoir aller au-delà de la réalité augmentée et se livrer à une vision directe. Lors de la dramatique conférence téléphonique qui a décidé à tort le lancement de *Challenger*, l'ingénieur des joints a brandi sous les yeux de ses collègues et chefs des photos qui montraient les traces noires de fuites des gaz de combustion du carburant sur les joints. Mais cela ne les a pas convaincus du danger de fuite. Cet ingénieur a dit à la sociologue Diane Vaughan : « Et ne vous trompez pas quand je dis noir, cela veut dire noir comme du charbon, noir comme du jais[1] », ajoutant que les photos ne rendaient pas assez compte de la réalité qu'il était allé observer sur place, ce que les autres n'avaient pas fait. « Ce que j'ai vu au Cap m'a impressionné. Je ne pense pas que les photos donnaient la même impression parce que la zone

1. VAUGHAN, 1996, p. 365.

était petite et plate[1]. » Combien d'erreurs aux conséquences dramatiques sont commises parce que les acteurs ne sont pas allés voir sur place, n'ont pas regardé directement l'objet concerné ?

Le renforcement visuel peut donner une impression de ridicule, problème que nous avons déjà rencontré avec le renforcement linguistique. Et il est vrai que c'est atypique dans la culture des échanges ordinaires en société. Quand on voit les photos du JISHA montrant des groupes de salariés en train de pointer l'index en direction d'un même objet en vertu de la méthode du doigt pointé, on imagine que cela pourrait faire sourire bien des observateurs, surtout occidentaux.

### *Caractéristiques principales*

Le renforcement linguistique et visuel de l'interaction a pour effet de réduire l'écart entre le signifiant et le signifié, ce que l'on appelle *l'arbitraire* en linguistique saussurienne. Ce faible niveau d'arbitraire se retrouve exemplairement dans les check-lists. Le caractère marquant de celles promues pour éviter les accidents d'avalanche dans les randonnées de ski hors-piste est qu'elles peuvent être utilisées aussi bien par des novices que par des professionnels de la neige : elles disent exactement ce qu'elles veulent dire. De même, qu'il s'agisse des étiquettes *kanban*, de la maquette du pont d'envol sur les porte-avions ou du doigt

1. *Ibid.*

pointé, il existe très peu d'écart entre le signe et ce qu'il veut dire.

Il ne faut toutefois pas confondre la réduction de l'arbitraire linguistique et sémiologique et la simplicité. Par exemple, sur une diapositive PowerPoint, une liste synthétique peut sembler simple, alors qu'elle comporte un niveau d'arbitraire élevé du rapport signifiant-signifié : on ne sait pas s'il s'agit d'une liste d'éléments simultanés ou successifs, si ces éléments sont triés selon l'ordre prioritaire, si la liste concerne le futur, le passé ou le présent, ce que recouvre précisément chaque élément de la liste, etc. Moins simple en apparence, une rédaction par phrases, comportant sujets, verbes et compléments, pourrait présenter un arbitraire linguistique beaucoup plus faible. C'est la raison pour laquelle le renforcement linguistique et visuel doit viser non la simplicité, mais la réduction de l'arbitraire linguistique.

La nature rudimentaire du signal peut faciliter le rapprochement entre signifié et signifiant. Par exemple, les *strips*, ces étiquettes allongées utilisées par les contrôleurs aériens pour représenter les vols et leur évolution, sont présentés par la profession elle-même comme un archaïsme nécessaire. Voici ce qu'écrit un contrôleur aérien sur son blog : « Il existe un léger paradoxe en contrôle aérien : la technologie de pointe côtoie des techniques archaïques. Il y a une raison simple à cela : l'obligation de résultat. Le contrôle aérien n'autorise pas l'essai, chaque action menée doit être un succès sous peine de conséquences graves. Aussi les technologies utilisées doivent-elles être éprouvées, sûres et performantes[1]. » Bien sûr, l'idée d'un « stripping électronique » existe et progresse, mais celui-ci conservera-t-il la même valeur de renforcement de l'interaction que le *strip* papier ?

Il n'est pas étonnant que le renforcement visuel ait d'abord fait son apparition au Japon, pays rebelle à l'abstraction, qui crée de la distance entre signifiant et signifié. Il n'est pas étonnant non plus que ce langage élémentaire ait été initié par Toyota, une marque à la culture d'origine provinciale, géographiquement très éloignée de Tokyo et marquée par la mentalité paysanne. Les fondateurs de Toyota étaient des ruraux qui s'étaient lancés dans la fabrication de métiers à tisser dans une région de vers à soie.

La *parcimonie* est une autre caractéristique du renforcement linguistique et visuel signifiant que l'intensification du langage doit rester rare afin d'éviter sa dévalorisation. Les ateliers de montage des constructeurs automobiles japonais sont dotés d'un panneau lumineux, appelé *andon*, destiné à communiquer les arrêts de chaîne. Si ce panneau était utilisé pour passer en continu des informations d'importance secondaire, il perdrait de sa force. L'information renforcée fonctionne comme la monnaie : la quantité la dévalorise. Le renforcement linguistique et visuel de l'interaction doit donc trouver le juste équilibre entre le bruit et la discrétion, entre crier au loup trop souvent et ne jamais le faire.

1. CHAKRAM.

## *CONNAÎTRE* : LE RETOUR D'EXPÉRIENCE

Le retour d'expérience consiste à décrire et analyser des événements vécus par l'organisation afin d'en tirer des enseignements et les diffuser à d'autres acteurs. Le but est de ne pas reproduire les mêmes erreurs, de ne pas réinventer de bonnes solutions déjà appliquées localement et d'exploiter les succès. Les rapports d'erreur de l'Aviation Safety Reporting System, les cas publiés dans le *Bulletin de sécurité des vols* d'Air France, les arbres des causes reconstitués en cas d'accidents du travail ou les cas examinés dans les comités de morbidité et de mortalité constituent des processus de retour d'expérience.

Le retour d'expérience devrait être considéré comme un pilier incontournable de la fiabilité. J'ai pu observer au cours de mes trente-cinq années passées dans de grandes entreprises à quel point le manque de retour d'expérience était une constante de leur fonctionnement et traduisait d'immenses lacunes du management. Les systèmes de retour d'expérience en aviation, appelés REX, et dans quelques autres organisations sont les exceptions qui confirment la règle. L'expérience acquise par une organisation peut se révéler d'une grande richesse à condition qu'elle soit formalisée, capitalisée et diffusée. Par exemple la branche véhicules utilitaires de Renault a vécu une expérience particulièrement intéressante de coopération internationale avec General Motors pour la conception et la fabrication du fourgon Trafic. Les difficultés et les succès de cette coopération ont été décrits et analysés en continu par les acteurs, aidés par un sociologue, membre permanent de l'équipe internationale. Le comité de direction commun a tiré de ce suivi des enseignements consignés en principes de coopération internationale. Mais, lorsque d'autres coopérations internationales ont suivi dans d'autres secteurs du groupe, ce travail n'a pas été pris en compte. En dépit des efforts des auteurs pour le diffuser, les responsables des autres coopérations ne s'y sont pas vraiment intéressés. Ce n'était pas leur œuvre, ils jugeaient savoir spontanément quoi faire, ils ont plongé immédiatement dans l'action sans regarder derrière eux l'expérience accumulée.

La commission d'enquête sur la perte de la navette spatiale *Columbia* tout comme les auteurs du benchmarking entre la Marine américaine et la NASA[1] ont mis l'accent sur le défaut chronique de retour d'expérience à l'agence spatiale américaine. Jusqu'à l'accident de *Columbia*, qui a suivi celui de *Challenger*, elle n'avait pas de mécanismes efficaces de retour d'expérience. La situation la plus stupéfiante était l'absence de retour d'expérience à propos de *Challenger* au sein même de la NASA, pourtant le principal concerné, en dépit de l'existence d'une structure dédiée, le LLIS (Lessons Learned Information System).

1. NNBE, 2003.

L'enquête sur l'accident de la navette spatiale américaine *Columbia* et le benchmarking évoqué précédemment ont relevé que la Marine nucléaire américaine avait fait du retour d'expérience un processus essentiel, comme le montre l'extrait suivant du rapport de benchmarking :

> L'activité nucléaire de l'US Navy a « institutionnalisé » ses démarches de retour d'expérience. Cela a été réalisé en intégrant au sein de la structure de conduite de projet une « autorité technique centralisée ». Cette autorité, parallèlement à l'établissement et au maintien des exigences techniques fonctionnelles, a la responsabilité de mettre l'accent au plan organisationnel et institutionnel sur la recherche, la documentation et l'utilisation des leçons à tirer des opérations pour améliorer la sûreté des réacteurs actuels et futurs. Ces améliorations/changements dans la conception en matière de sûreté sont ensuite incorporés dans les systèmes opérationnels de la génération suivante, qui à leur tour fournissent la série suivante de retours d'expérience — ainsi s'établit un processus étroitement interconnecté, avec des boucles immédiates[1].

La branche nucléaire de la Marine américaine a en outre conçu des formations destinées à diffuser à son personnel les leçons à tirer d'accidents. Ces études de cas portent sur la perte du sous-marin *Thresher*, qui a été l'événement fondateur de la politique de sûreté des moteurs nucléaires de

1. *Ibid.*, p. 47.

la marine, et l'incendie du sous-marin *Bonefish*. Cette formation intègre également l'analyse pédagogique d'accidents extérieurs : ceux de Three Mile Island, de Tchernobyl et d'un réacteur nucléaire militaire dit SL-1.

Le plus étonnant, quand on songe à l'inaction de la NASA, est que cette formation de la Marine nucléaire américaine accorde une place particulière aux processus organisationnels et décisionnels relatifs à l'accident de la navette *Challenger*. Ce cas fait partie du programme de formation à la sécurité, et il est délivré dans un séminaire de trois heures intitulé « The *Challenger* Accident Re-examined ». En 2003, ce séminaire avait été diffusé plus de cent quarante fois, touchant cinq mille personnes. Le séminaire comprend une présentation technique du dysfonctionnement des joints toriques des boosters et des événements qui y ont conduit, suivie par un débat structuré sur les leçons à en tirer. « La formation, indique le rapport, insiste sur les enseignements à tirer en matière de conception et sur l'importance d'encourager les opinions divergentes à l'intérieur de l'organisation. Il est souligné que les avis minoritaires doivent être suscités par le management[1]. »

Un point très important à souligner est que ces retours d'expérience ne se limitent pas aux éléments techniques, mais portent tout autant sur les facteurs humains, notamment les aspects sociologiques et psychologiques des processus de décision et leurs dysfonctionnements possibles. Cette

1. *Ibid.*, pp. 12 et 13.

volonté s'illustre, pour le cas pédagogique de *Challenger*, par la place centrale occupée par l'étude du livre de référence de Diane Vaughan, *The Challenger Launch Decision*, qui livre une analyse sociologique en profondeur des décisions et de l'organisation ayant conduit à la catastrophe.

## *Conditions*

La plus importante des exigences du retour d'expérience est l'*énergie* à y investir. C'est un principe qui demande que les responsables au sommet de l'organisation s'engagent fortement et y consacrent temps et ressources. Ce n'est pas une action qui s'effectue spontanément au fil de l'eau. À défaut d'engagement, de temps et de ressources, il ne faut pas espérer un retour d'expérience efficace. Chez Air France, le retour d'expérience est inscrit dans un accord paritaire d'entreprise. Plus généralement, dans l'aviation, son principe est inscrit dans tous les textes fondamentaux de la profession. C'est un sujet qui doit finalement faire partie du cœur de la culture d'entreprise. Les pilotes parlent ainsi spontanément de retours d'expérience, comme les managers parlent de budgets ou d'images de marque : cela fait partie de leur univers quotidien.

Renault a investi dans le retour d'expérience en créant des « clubs métier », groupes de responsables d'un même métier qui se réunissent régulièrement pour échanger sur leurs bonnes pratiques afin que chacun profite des expériences des autres. Il existe ainsi des clubs d'emboutisseurs, de monteurs, de tôliers, etc. Ces clubs métier fonctionnent en dehors des structures hiérarchiques de l'entreprise. De ce fait une grande liberté de parole y règne.

La seconde condition à respecter dans le système du retour d'expérience est la *sélection*. Des organisations s'engagent avec enthousiasme dans la pratique des retours d'expérience et se retrouvent avec une quantité de cas telle qu'on ne sait pas comment les exploiter. Des centaines de retours d'expérience dorment dans des disques durs. Il faut choisir des cas exemplaires, dont la valeur pédagogique est élevée, et se concentrer sur eux.

Le retour d'expérience peut être effectué sous forme de *récit*, puisqu'il s'agit de raconter ce qui s'est passé. C'est ce que l'on appelle en anglo-américain le *storytelling*. Le récit présente l'avantage de respecter la chronologie et la complexité des événements et de faire parler ceux qui connaissent le mieux le sujet. Le risque de biais subjectifs inhérents au récit peut être corrigé par l'intervention de plusieurs témoins qui ont vu l'événement sous des angles différents et par un analyste qui recadre l'histoire. Cette formule du récit exige donc du temps, et c'est pourquoi il est hélas souvent marginalisé.

Dans tous les cas, le retour d'expérience ne doit pas se limiter aux aspects techniques. Les facteurs humains doivent être largement considérés. En aviation, c'est un réflexe : il ne peut exister de retour d'expérience sur un problème technique sans qu'en même temps soient décrits et évalués le rôle de la hiérarchie dans le cockpit, l'état de fatigue éventuel de l'équipage, le fonctionnement des communications verbales, etc. Même dans les arbres des causes des accidents du travail en France, processus de retour d'expérience qui fonctionne relativement bien, je ne suis pas sûr que, dans chaque cas, soient évalués le niveau de synergie entre chef et subordonnés, l'état de fatigue des uns et des autres ou la façon dont les échanges ont été compris, comme on le fait systématiquement pour une erreur de pilotage. Le fait que la branche nucléaire de la Marine américaine ait utilisé, pour le retour d'expérience sur la perte de *Challenger*, l'étude sociologique de Vaughan montre que la dimension humaine doit être au cœur des retours d'expérience.

## *COMPRENDRE* : LA FORMATION AUX FACTEURS HUMAINS

La dynamique de la haute fiabilité requiert une autre condition essentielle : la formation aux facteurs humains. Nous avons vu précédemment que, dans l'aéronautique, cette formation, appelée CRM (Crew Resource Management), est devenue un pilier de la lutte contre les erreurs de pilotage. Nous avons cité notamment le témoignage du commandant de bord de l'accident de Sioux City qui a déclaré que l'équipage n'aurait pas réussi l'atterrissage d'urgence s'il n'avait pas suivi cette formation. Nous avons également vu qu'une expérience de formation aux facteurs humains d'équipes de chirurgie avait permis d'augmenter de moitié le taux de décroissance de la mortalité chirurgicale. Cette formation, parce qu'elle appartient au domaine des sciences dites humaines, peut sembler secondaire aux yeux de responsables obnubilés par le résultat immédiat et les sciences dures. Elle est pourtant stratégique. Pour les pilotes, dont la culture est pourtant centrée sur l'action et la technique, la formation aux facteurs humains est un impératif aussi naturel que la formation à la météorologie ou à l'atterrissage tout temps.

La formation aux facteurs humains doit permettre d'acquérir les notions psychologiques et sociologiques élémentaires qui gouvernent les raisonnements et les interactions dans les organisations, les décisions et l'action. Ce programme insiste sur les pièges individuels et collectifs et comprend des présentations, des discussions et des exercices. Ces derniers peuvent inclure, comme dans l'aviation ou en chirurgie, des séances avec simulateur où sont observées non seulement les compétences techniques des équipes, mais aussi leur capacité à gérer les interactions.

## *Trois cas exemplaires*

En matière d'avalanches affectant les randonnées en haute montagne, la Suisse connaît une décroissance régulière du nombre des tués depuis la fin des années 1980, à la différence de la France, où ce nombre ne baisse pas. Ce résultat vient, entre autres, de ce que la Suisse a intégré les facteurs humains dans la formation de ses guides suite au traumatisme de 1980, où le nombre de randonneurs tués dans des avalanches avait connu une très forte inflexion. Les autorités se sont rendu compte que le problème ne venait pas d'un manque d'expertise technique en la matière, les randonnées meurtrières ayant été le plus souvent encadrées par de grands professionnels de la neige, mais de facteurs humains[1]. Ces derniers constituent depuis lors un des trois éléments de la formation des guides, les deux autres étant la situation avalancheuse et le terrain. Les participants sont invités à examiner la sociologie du groupe de randonnée, à imaginer comment sera prise la décision, à réfléchir sur la capacité à renoncer, etc. Les résultats sont spectaculaires. Dans les groupes conduits par des guides formés aux facteurs humains, le nombre annuel de morts est tombé à trois au milieu des années 2000, contre une dizaine à la fin des années 1970 et environ sept à la fin des années 1980[2]. Au seuil des années 2010, les experts en matière d'avalanches partout dans le monde sont unanimes pour considérer que la prévention par la connaissance scientifique et technique a atteint ses limites et que la solution pour éviter les morts dans les randonnées à ski hors-piste est de prendre en compte

1. DESCAMPS, pp. 18-21.
2. *Ibid.*

les facteurs humains dans la prise de décision relative aux passages dangereux. Un article de Ian McCammon paru en 2010 insiste d'ailleurs sur la nécessité pour la communauté des randonneurs en haute montagne d'adopter cette nouvelle culture[1].

Le programme élaboré par la NASA pour son personnel après la perte des navettes spatiales *Challenger* et *Columbia* est un autre cas exemplaire de prise en compte du caractère stratégique de la formation aux facteurs humains. L'agence spatiale américaine a déduit de son benchmarking avec la Marine, réputée pour la fiabilité de l'organisation de sa branche nucléaire, ainsi que des rapports d'enquête sur les pertes des navettes *Challenger* et *Columbia* que les défaillances provenaient de facteurs humains dans le management et le processus de décision. Elle a élaboré en conséquence un vaste programme de formation en sciences humaines[2]. Officiellement inscrit dans le plan de retour vers les missions spatiales élaboré après la catastrophe de *Columbia,* ce programme cite explicitement comme modèles les formations CRM de l'aviation commerciale et militaire[3]. Appelée *SCDM (Safety Critical Decision-Making) training initiative,* la formation concerne l'ensemble du personnel d'encadrement de la NASA et met clairement l'accent sur les effets pervers des processus de décision. Par exemple, le stage destiné

1. McCammon, 2010.
2. NNBE, 2004, pp. 89-103.
3. NASA.

aux cadres supérieurs comprend une explication du phénomène de *groupthink* (esprit de groupe), en l'illustrant notamment par la décision de lancement de *Challenger*. Il insiste en outre sur ce que j'ai appelé la fonction d'avocat du diable et montre comment développer, incorporer et faire remonter les désaccords minoritaires. Une partie du programme est consacrée à la prise en compte des signaux faibles et des faits non documentés.

Il est difficile de mesurer précisément l'efficacité d'une telle formation, mais il ne fait guère de doute qu'elle ait contribué à modifier la culture de la NASA, dont l'évolution est manifeste. Ainsi, non seulement le FFR (Flight Readiness Review), le comité d'évaluation de l'état de préparation des vols des navettes spatiales, a été capable de refuser deux fois le lancement de *Discovery*, en surmontant au passage la crainte de l'autorité et la pression des délais, mais cette attitude a été valorisée dans la presse interne de la NASA[1]. En avril 2005, Rodney Rocha, l'ingénieur dont les alertes avaient été bloquées par la hiérarchie avant le lancement de *Columbia*, a livré au *New York Times* son témoignage sur ce changement de culture. « Nous avons droit à la parole », a-t-il dit, ajoutant que son équipe avait désormais davantage accès à ses dirigeants et se sentait beaucoup plus à l'aise pour soulever des problèmes[2]. De son côté, le responsable du programme des navettes mettait en relation la formation et le changement

1. Cohen et Kohut.
2. Schwartz.

d'attitude en déclarant que les dirigeants ont été formés aux techniques d'*écoute active* : « Nous sommes réellement convaincus que nous devons faire attention aux sujets d'inquiétudes de nos équipes. C'est la seule façon d'éviter un désastre[1]. »

## *Médecine de pointe*

Une équipe hospitalière est confrontée aux mêmes difficultés que celle d'un cockpit : la structure de l'équipe est hiérarchique, alors que la communication doit être fluidifiée ; il faut prendre en compte le stress et la fatigue dans un contexte de grande complexité ; la synergie du groupe est essentielle ; les pièges cognitifs sont innombrables. Aux États-Unis, l'institut de médecine de la National Academy of Sciences, préoccupé par le taux alarmant d'erreurs médicales, a recommandé que l'organisation de la santé « établisse des programmes de formation au travail en équipe pour le personnel des activités de soins critiques [...] utilisant des méthodes éprouvées, telles que les techniques de formation au management des ressources d'équipage utilisées dans l'aviation[2] ». Nous avons déjà évoqué des expériences de formation d'équipes médicales aux facteurs humains aux résultats exceptionnels. Un programme conçu à l'université Stanford pour les

1. *Ibid.*
2. CORRIGAN *et al.*, p. 149.

anesthésistes[1] était intitulé Anesthesia Crisis Resource Management (ACRM), exprimant directement son emprunt à l'aéronautique. Un article du *Journal de chirurgie*, intitulé « Les chirurgiens peuvent apprendre des pilotes », cite deux autres cas :

> Morey *et al.* rapportent une étude multicentrique prospective portant sur 684 médecins, infirmiers et techniciens impliqués dans une expérience de CRM portant sur la gestion des urgences. Une diminution significative du taux d'erreurs a été constatée après une formation type CRM. Grogan *et al.* rapportent une étude menée sur 489 personnels hospitaliers formés au CRM. Ils concluent à un succès significatif du CRM pour gérer la fatigue, développer l'esprit d'équipe, communiquer, reconnaître les événements indésirables, prendre des décisions en équipe et assurer une rétro-information[2].

Une étude a montré que des formations au travail en équipe en périnatalité avaient, par exemple, permis une réduction significative et cliniquement pertinente des délais entre décision de césarienne et extraction fœtale (douze minutes de moins)[3]. Toutes ces expériences ne doivent cependant pas cacher que le développement systématique de la formation aux facteurs humains dans les activités de soins critiques est encore très loin de celui observé dans l'aviation.

1. HELMREICH et MUSSON, p. 28.
2. SOCKEEL *et al.*, pp. 250-255.
3. DUNN *et al.*

La formation aux facteurs humains concerne évidemment d'autres domaines à risque, comme le transport ferroviaire[1], l'industrie pétrolière offshore[2], où des expériences ont commencé. L'histoire de la formation aux facteurs humains dans le pilotage des avions donne des raisons d'espérer. Son implantation a pris une trentaine d'années, mais est totalement entrée dans les mœurs de la profession, au point d'être désormais obligatoire dans une institution telle que l'armée de l'air américaine.

1. BRANFORD *et al.*
2. FLIN.

# Chapitre IX

# LES DYNAMIQUES DE LA RATIONALITÉ

Ian McCammon, scientifique spécialisé dans la recherche sur le risque d'avalanche, a étudié des centaines d'accidents mortels. Il a constaté pour chacun d'entre eux que des pièges de raisonnement (*heuristic traps*) ont joué un rôle majeur[1]. La haute fiabilité impose de réfléchir à la façon de réfléchir, question complexe s'il en est. Raisonner n'est déjà pas une activité si commode, alors raisonner sur la façon de raisonner... Il s'agit pourtant là d'une question incontournable.

## ACCEPTER LA COMPLEXITÉ

La fiabilité impose d'accepter la complexité naturelle, qu'elle soit humaine ou sociale. La simplification des interprétations, loin d'aider à la sécurité et à la performance, crée du danger. Par exemple, la simplification dans l'analyse d'un

1. McCammon, 2003.

événement défavorable conduit à désigner des coupables, ce qui entraîne un double danger : d'une part, les causes profondes sont ignorées ; d'autre part, l'attitude accusatoire incite les individus à ne pas faire remonter les futurs incidents. La prise en compte de la complexité implique de mettre en œuvre avec finesse les métarègles de la fiabilité. Par exemple, la « hiérarchie restreinte impliquée » ne signifie pas la disparition de la hiérarchie mais une reconfiguration qui suppose un jeu complexe entre effacement et engagement.

S'il faut consentir à la complexité dans l'analyse et l'action, il convient, à l'inverse, de rechercher la simplicité dans les instruments employés. L'amiral Rickover, à qui la Marine nucléaire américaine doit sa fiabilité, insistait par exemple sur le caractère systémique des erreurs tout en choisissant d'en rester aux réacteurs nucléaires à eau pressurisée, qu'il estimait plus simples que d'autres systèmes de modération et de conduite de la fission[1].

La notion française d'*arbre des causes*, utilisée dans les entreprises pour analyser les accidents du travail, est un autre exemple d'acceptation de la complexité. L'idée est qu'il faut chercher en profondeur si l'on veut atteindre les racines d'un problème. Dans le même registre, les hôpitaux et établissements de santé du Canada ont adopté, en matière d'événements indésirables, une notion officialisée sous le nom d'ACS (ana-

1. Bierly et Spender, p. 653.

lyse des causes souches). Il s'agit « d'effectuer une analyse complète et systémique des événements sentinelles [incidents critiques]. Cela inclut l'identification des causes profondes ou causes souches et des facteurs contributifs[1] », notions toutes voisines de celle d'arbre des causes française. Le fait que les deux pays aient choisi une métaphore empruntée à la biologie, symbole naturel de la complexité, illustre à mon sens l'irruption d'une conscience collective s'opposant à la simplification. Érik Decamp, guide et expert des questions de sécurité relatives à la haute montagne, cite l'arbre des causes dans un entretien[2] sur la sécurité des courses en montagne pour traduire la nécessité d'analyser de façon plus profonde les anomalies des courses en haute montagne, précurseurs d'accident.

### *Une attention aux signaux faibles*

Lorsque l'on est confronté à des organisations à haut risque, comme un sous-marin ou un porte-avions ou encore un bloc opératoire, on est surpris par l'importance accordée par chacun à des événements apparemment anodins, comme le scratch usé d'un fanion de signalisation attaché à une clé de déverrouillage de siège éjectable, une petite pièce de métal découverte

1. ACPM.
2. Érik Decamp, « Écologie de la prise de risque (pour un guide de haute montagne) », cité dans PORTAL, p. 72.

sur le pont d'envol, un moteur diesel qui ne démarre pas du premier coup, un angle de montée légèrement dépassé lors d'un décollage ou un très léger écart sur un électrocardiogramme.

Lors de ma visite d'une centrale nucléaire, j'ai participé en observateur à un groupe de travail sur la sûreté. Deux incidents ont été abordés, tous deux classés au niveau 1, « anomalie sans conséquence », sur une échelle internationale des événements nucléaires qui compte sept niveaux. À la fin de la réunion, l'animateur m'a demandé mon « rapport d'étonnement ». Avec la spontanéité du candide, j'ai répondu que j'étais impressionné par l'attention portée aux incidents « précurseurs ». « Mais ce ne sont pas des précurseurs, me suis-je entendu répondre : ce sont des incidents graves, très significatifs ! » Les membres du groupe accordaient une grande importance à ces événements pourtant classés au niveau le plus bas, attestant une attention au risque inscrite comme sur un disque dur dans la conscience de chaque collaborateur.

La haute fiabilité des décisions suppose d'abaisser le niveau des événements susceptibles de déclencher une réaction. Bien des systèmes, du voisinage en matière de maltraitance familiale à des entreprises en matière de qualité des produits, en passant par des instances publiques de surveillance des médicaments, adoptent un niveau bien trop élevé d'incident à partir duquel ils se mobilisent. La fiabilité implique de *crier au loup plus souvent et d'en accepter le coût*, notamment en termes de taux de fausses alertes.

## LA RATIONALITÉ COMME MÉCANISME COLLECTIF

Selon le sociologue Jean-Daniel Reynaud[1], la rationalité n'existe pas en dehors d'un accord entre des individus. Considérons l'exemple d'une file d'attente. Si les individus qui la composent suivent leur logique propre, ils chercheront tous à être en tête de file. Conséquences : bousculades, conflits et temps perdu. La file d'attente rationnelle suppose une entente tacite. Il n'existe pas de solution rationnelle immanente à la répartition du temps d'attente entre les individus. D'ailleurs, il existe d'autres règles que celle du premier arrivé, premier servi. Sur un champ de bataille, on convient de soigner en priorité les blessés qui ont une chance de survie et non les premiers dans la file : à convention tacite différente, rationalité différente. Dans d'autres situations, c'est la rationalité du hasard, en l'occurrence le tirage au sort, qui fait l'objet du consensus.

1. REYNAUD.

### *La pratique de la rationalité conjointe*

La fiabilité de l'action collective implique de concevoir des façons de raisonner collectivement reconnues. Imposer un raisonnement non partagé, aussi intelligent ou évident soit-il, ne sert à rien. Bien des décisions absurdes, inapplicables ou incomprises proviennent d'une façon de raisonner non partagée, d'une absence de formule commune. La culture de la NASA avant les pertes des navettes *Challenger* et *Columbia* était tellement imprégnée de principes scientifiques que toute alerte qui n'était pas fondée sur une démonstration ou étayée par des chiffres était rejetée. Aujourd'hui, la façon de raisonner collectivement admise à la NASA a été modifiée de telle sorte que les alertes doivent être écoutées avec la plus grande attention, même si elles ne s'appuient pas sur une démonstration argumentée.

## LA VISION PROCÉDURALE DE LA RAISON

Nous avons vu dans la première partie de l'ouvrage qu'il existait deux modalités d'exercice de la rationalité : substantielle et procédurale. La *rationalité substantielle* consiste à examiner scientifiquement un sujet. Toutes les dimensions et tous les éléments sont pris en compte, grâce à la méthode analytique et déductive. Un grand nombre de sujets échappe à cette rationalité parce que l'indétermination y est trop grande ou que l'esprit humain ne peut tout considérer. En matière de stratégie militaire, Carl von Clausewitz a qualifié cette indétermination par les concepts de brouillard et de friction. Ces deux notions signifient que l'homme d'action doit renoncer à croire qu'il pourra vaincre une réalité par nature complexe et imprévisible et doit conduire ses actions en l'acceptant.

Initiée par le prix Nobel d'économie Herbert Simon puis utilisée par divers auteurs avec des définitions légèrement différentes, la rationalité procédurale consiste à appliquer des méthodes de raisonnement simplifiées en vue d'une solution satisfaisante quoique imparfaite. Ian McCammon a étudié quelque huit cents accidents d'avalanche aux États-Unis sur une période d'une trentaine d'années en examinant chaque fois cinq méthodes de prévention du risque, dont une sous la forme d'une check-list élémentaire (*voir tableau 1*)[1]. Celle-ci part du constat que même lorsque les risques d'avalanche sont évidents les randonneurs, y compris les plus expérimentés, refusent de les voir. Selon McCammon, c'est cette méthode qui permet le mieux d'éviter les accidents mortels. Voici cette check-list. La somme des réponses positives doit rester inférieure à un nombre entier qui aura été fixé.

1. McCammon et Hägeli.

*Tableau 1*

Check-list d'évaluation du risque d'avalanche

| FAIT | DESCRIPTION |
|---|---|
| Avalanches | Dans la zone au cours des dernières quarante-huit heures. |
| Accumulations | Par la neige, le vent ou la pluie au cours des dernières quarante-huit heures. |
| Couloir | Identifiable par un novice. |
| Pièges liés au terrain | Ravins, arbres, falaises ou autres éléments qui augmentent le risque de ne pouvoir s'échapper. |
| Notation | Risque considérable ou très élevé d'avalanche sur le bulletin en cours. |
| Neige instable | Effondrements, lézardes, creux ou autres preuves évidentes d'instabilité. |
| Instabilité liée au dégel | Réchauffement récent de la surface neigeuse dû au soleil, à la pluie ou à la chaleur de l'air. |

## PRENDRE EN COMPTE LES PROBABILITÉS RÉELLES

Les idées fausses sur les probabilités d'événements indésirables sont dévastatrices. Elles conduisent à des excès de confiance destructeurs et à la fixation de priorités absurdes. Il ne faut pas croire que ces errements ne concernent que la pensée ordinaire. Ils concernent aussi les milieux éduqués et scientifiques. Quatre errements sont à prendre en compte :

1. *L'illusion du risque zéro*. Aucune activité n'est dépourvue de risque, et croire le contraire revient à nier l'indétermination. La justice médicale amé-

ricaine utilise l'expression *never events* (« événements qui ne se produisent jamais ») pour désigner certaines de ces occurrences écartées *a priori*, comme les erreurs de côté ou sur l'identité d'un patient en chirurgie, dont on compte quarante par semaine aux États-Unis et beaucoup plus ailleurs dans le monde. J'ai eu l'occasion de parler de ces erreurs avec trois chirurgiens de renom, et chacun d'eux m'a avoué avoir commis une erreur de côté dans sa carrière. Dans la navigation aérienne, on pourrait penser que la probabilité d'oubli de descendre le train d'atterrissage ou de se tromper d'aéroport est nulle, qu'il s'agit aussi de *never events*. Il n'en est rien. À ce jour, les oublis de sortie du train d'atterrissage sont survenus des milliers de fois et les confusions d'aéroport des dizaines de fois[1]. Chacun de ces cas s'explique par un mécanisme sociologique, cognitif et technique complexe.

2. *La sous-estimation du risque*. Les hauts responsables de la NASA qui avaient autorisé le lancement de la navette spatiale *Challenger* pensaient que la probabilité d'échec d'une fusée était de l'ordre de 1 pour 10 000 ou de 1 pour 100 000 alors qu'elle était de 1 pour 100. En chirurgie, alors que le risque d'événement indésirable est également de 1 pour 100, beaucoup de chirurgiens n'en ont pas conscience, notamment les jeunes. Cette confiance excessive est souvent renforcée par la répétition de succès antérieurs. Les guides de randonnées hivernales en haute montagne peuvent très bien,

1. OTELLI, 2007.

durant toute une carrière, ne jamais rencontrer d'avalanche, compte tenu de la fréquence globale du phénomène, et s'imaginer que le risque se situe très en deçà du seuil réel. Les responsables de la NASA, qui avaient connu plus d'une dizaine de lancements de navette sans incident avant le départ de *Challenger*, ont raisonné de la même façon. On peut rattacher à cette attitude le biais du cygne noir, conceptualisé par Nassim Taleb, qui signifie que l'on a du mal à croire à la possibilité d'un événement rare. Un très bon exemple de ce biais est celui des chutes de neige survenues en région parisienne les dimanche 19 et lundi 20 décembre 2010, qui ont bloqué la circulation automobile et surtout aérienne. Le directeur d'une compagnie aérienne, pour se défendre d'un manque de préparation évident, a déclaré à la radio qu'il n'était pas prévisionniste de Météo-France, alors qu'une alerte figurait sur le site grand public de cet organisme. En réalité, la probabilité extrêmement faible de chutes de neige tenant au sol à cette période de l'année en région parisienne, qui plus est deux jours de suite, a détourné de l'idée que c'était possible et a conduit à ne pas prendre au sérieux ce qui était clairement annoncé.

3. *La mauvaise perception des risques relatifs*. L'aspect spectaculaire, dramatique, politique ou médiatique de certains risques conduit à les surestimer au regard d'autres. Par exemple, dans les débuts de la propulsion nucléaire des sous-marins américains, la polarisation sur le risque nucléaire était telle que cela se fit au détriment de la sécurité des éléments classiques. Ainsi des soudures

externes firent-elles l'objet de moins d'attention au motif que c'était secondaire par rapport au risque nucléaire. De même, en cas d'incident en navigation, la priorité était de contenir l'activité du réacteur au risque de ne plus disposer de la puissance de propulsion nécessaire pour remonter en surface. Cette polarisation sur le risque nucléaire fut à l'origine du naufrage du sous-marin *Thresher* : des soudures avaient fui, et le réacteur avait été coupé trop tôt lors de l'accident.

4. *La prise en considération erronée des risques liés*. Ce phénomène a certainement joué dans le fait de n'avoir pas prévu que plusieurs trains pourraient tomber en panne en même temps dans le tunnel sous la Manche. La probabilité qu'un train soit bloqué dans le tunnel à cause d'événements tels que le réchauffement de la neige déposée sur les moteurs avait certainement été prévue. Mais on peut douter qu'ait été envisagé le fait que, si cela se produisait, tout autre train entrant dans le tunnel connaîtrait la même panne. Le raisonnement sur les joints des boosters de la navette *Challenger* fut de même nature. L'existence d'une redondance des joints à chaque liaison était considérée comme une sécurité. Mais le fait qu'une même cause (le froid atmosphérique) puisse détériorer le fonctionnement des deux joints en même temps n'avait pas été imaginé. Les centrales nucléaires aussi sont sécurisées par des systèmes de refroidissement redondants. Mais si une même cause, comme un tsunami, détruit l'alimentation électrique de tous les systèmes de secours, il n'y a plus de redondance. En dépit du principe selon lequel les

défenses en profondeur doivent être totalement indépendantes, on a du mal à admettre complètement ce principe et à le mettre en œuvre.

Ces différents biais conduisent à une politique incohérente des risques. Le tableau 2 donne des exemples de perceptions différentes du risque selon la fonction des acteurs.

Dans certains domaines, comme l'aviation, la chirurgie, les avalanches (à l'exception de l'approche suisse), il existe un consensus de l'opinion sur le risque zéro, et seuls les professionnels sont conscients d'un risque résiduel incompressible. Dans d'autres domaines, comme les inondations ordinaires ou les tremblements de terre, les citoyens acceptent un certain risque avec fatalisme ou comme une éventualité lointaine. Dans le cas des inondations, des habitants changent d'état d'esprit après la catastrophe en passant du fatalisme à l'exigence du risque zéro. Sur la solidité des constructions en cas de tremblement de terre, tous les acteurs sont d'accord pour reconnaître le risque avec des variantes : fatalisme des résidents, politique de constructions antisismiques de l'État et des experts, contrôle des règles de construction par la justice pénale.

Ignorer les probabilités des événements indésirables dans le débat public est une source continue de fixation de priorités absurdes. Bien qu'il ne soit pas facile de calculer de façon précise les probabilités d'accidents et de catastrophes, on peut dégager des ordres de grandeur en recoupant des informations provenant de plusieurs sources.

*Tableau 2*

Perception des probabilités d'événements indésirables selon les acteurs et les domaines

| | ATTENTE DES CITOYENS ORDINAIRES | OBJECTIF DES POUVOIRS PUBLICS | DOCTRINE DE LA JUSTICE PÉNALE | CONCEPTION DES PROFESSIONNELS ET EXPERTS | CONSÉQUENCES |
|---|---|---|---|---|---|
| Chirurgie | Risque zéro | Risque zéro | Risque zéro | Existence d'un risque résiduel | – Scandale en cas d'événement indésirable<br>– Mises en cause pénales |
| Transport aérien | Risque zéro | Risque zéro | Risque zéro | Existence d'un risque résiduel | – Scandale en cas d'événement indésirable<br>– Mises en cause pénales |
| Inondations ordinaires *ex ante* | Acceptation d'un risque perçu comme très lointain | Risque zéro | Risque zéro | Existence d'un risque résiduel | Pressions des citoyens pour constructions en zones inondables |
| Inondations ordinaires *ex post* | Risque zéro | Risque zéro | Risque zéro | Existence d'un risque résiduel | Pressions pour risque zéro |
| Randonnées dans zones avalancheuses, approche suisse | Existence d'un risque résiduel | Existence d'un risque résiduel | Vérification du respect des règles visant le risque résiduel | Existence d'un risque résiduel | Outils simples et baisse du nombre de tués |
| Randonnées dans zones avalancheuses, politiques d'autres pays | Risque zéro | Risque zéro | Risque zéro | Existence d'un risque résiduel | Approche scientifique et stabilité du nombre de tués |
| Tremblements de terre | Acceptation d'un risque perçu comme très lointain | Existence d'un risque résiduel | Vérification du respect des règles visant le risque résiduel (normes de construction) | Existence d'un risque résiduel | Réduction du nombre de tués en fonction du respect des normes architecturales |
| *Never events** | Risque zéro | Risque zéro | Risque zéro | Risque zéro | Les événements qui ne doivent pas exister (*never events*) surviennent quand même car le risque zéro est illusoire |

* Erreurs de côté ou d'identité en chirurgie, erreur d'aéroport ou oubli de descente du train en aéronautique

*Tableau 3*

Probabilité de décès pour un individu exposé au risque selon les domaines

| | |
|---|---|
| Bataille (exemple du débarquement à Iwo Jima, Seconde Guerre mondiale[1]) | – 97/100 pour la garnison japonaise<br>– 20/100 pour les marines |
| Alpinisme himalayen[2] | 1/100 |
| Chirurgie[3] | 1/250 à 1/1 000 |
| Anesthésie années 1980[4] | 1/10 000 |
| Randonnées ski hors-piste en montagne (avalanches) sans la méthode Munter[5] | 1/10 000 à 1/25 000 |
| Circulation routière[6] | 1/10 000 |
| Randonnées ski hors-piste en montagne (avalanches) avec la méthode Munter[7] | 1/100 000 |
| Anesthésie années 2000[8] | 1/150 000 |
| Transport aérien, grandes compagnies[9] | 1/1 000 000 à 1/4 000 000 |

Le tableau 3 récapitule quelques probabilités de décès pour un individu exposé au risque dans différents domaines.

Les pouvoirs publics devraient méditer ces ordres de grandeur et le grand public y être sensibilisé. Cela permettrait de relativiser les aléas d'un certain nombre de débats et décisions. Il serait intéressant, par exemple, de rapprocher le

1. KAKEHASHI, p. 147, et COSTELLO, pp. 225 et 227.
2. AMALBERTI *et al.*
3. SLIM et MARTIN, p. 233.
4. GOFFINET et MIGNON, p. 821.
5. MUNTER.
6. AMALBERTI *et al.*
7. MUNTER.
8. GOFFINET et MIGNON.
9. AMALBERTI *et al.*

risque zéro recherché pour une tempête du type de Xynthia des chances de mourir d'une intervention chirurgicale. La probabilité de retour, sur les zones déclarées noires, du centre d'une dépression exceptionnellement creuse à l'instant de la pleine mer d'une grande marée doit être très faible, sans doute d'un par siècle, peut-être même moins (la tempête de 1999 n'a pas entraîné de danger mortel sur cette zone), tandis que la probabilité de mortalité des suites d'une intervention chirurgicale est de 1 pour 1 000. Pourtant, c'est sur les zones noires, où le risque mortel est très faible, que l'État prend une décision radicale… Dans le même temps, alors qu'une étude internationale récente démontre que la check-list de bloc opératoire divise par deux la mortalité des interventions chirurgicales, l'État ne la rend pas obligatoire. Dit autrement, un résident de zone noire a beaucoup plus de « chances » de mourir d'une intervention chirurgicale que d'une nouvelle tempête.

La comparaison des risques et de leur évolution montre aussi l'efficacité des politiques de réduction de l'aléa (mitigation) sans viser le risque zéro. La probabilité de décès lors d'une anesthésie est passée de 1 pour 10 000 dans les années 1980 à 1 pour 150 000 dans les années 2000 grâce à des solutions simples, comme la check-list spécifique des actes anesthésiques. Cela veut dire que le nombre de décès a été divisé par un facteur 10. Les autorités suisses ont mis au point une méthode à destination des randonneurs à ski pour évaluer le risque d'avalanche (méthode Munter) en acceptant un risque résiduel. Cela a permis de produire une solution simple et pratique grâce à laquelle le nombre de randonneurs tués par avalanche dans la Confédération helvétique a été divisé par un facteur 5 à 10.

La politique du risque zéro est brandie comme un étendard alors que l'on accepte sciemment que de nombreux sujets soient affectés d'un risque résiduel dont personne ne parle. Le transport aérien, par exemple, est confronté à un risque très rare : la perte simultanée de tous les circuits redondants de direction de l'avion. Dans un tel cas, rarissime, les pilotes ne peuvent actionner ni les ailerons ni la gouverne de direction ni celle de profondeur. Dans l'histoire de l'aviation civile, c'est arrivé trois fois. La seule solution est de tenter de diriger l'appareil en dosant la puissance des réacteurs, mais c'est extrêmement difficile. Sur les trois cas, seul un équipage est parvenu à poser l'appareil sans pertes humaines. À la suite de ces catastrophes, un système a été mis au point pour aider les pilotes à diriger l'appareil à l'aide des réacteurs en cas de panne totale de direction, mais les compagnies ne l'ont pas installé sur les avions. Les raisons à cela sont une probabilité d'accident très faible conjuguée à la complexité induite, toujours porteuse d'inconnu. Ici, un risque résiduel a été admis par la profession et certainement compris par les usagers alors que, dans le cas de la tempête Xynthia, le risque zéro a été imposé par les pouvoirs publics et incompris par les habitants.

Il est intéressant à ce titre d'examiner comment on appréhende en France la chute d'un avion sur une centrale nucléaire. EDF le précise dans son « Mémento de la sûreté nucléaire en exploitation »[1]. On y lit que la probabilité d'impact d'un appareil commercial (avion de ligne de plus de 5,7 t) est de moins de 1 pour 100 millions ($< 10^{-8}$). Cette même probabilité pour un appareil militaire est de 1 pour 10 millions et pour un appareil de l'aviation générale de 1 pour 1 million. Le manuel dit :

> La probabilité de dégagement de substances radioactives à la suite de la chute d'un avion sur les systèmes et matériels qui concourent aux trois fonctions de sûreté doit être inférieure à $10^{-7}$ par an, par tranche et par fonction de sûreté. Compte tenu de cette limite et des probabilités de chute [...], seul le risque de chute d'avions de l'aviation générale a été pris en compte et deux types d'avions ont été retenus : le LEAR JET 23 et le CESSNA 210.

Par conséquent la centrale est protégée de l'impact d'avions d'affaires et de tourisme, mais pas de celui d'un Boeing ou d'un Airbus compte tenu de sa probabilité de 1 pour 100 millions ou moins. En 2009, la commission américaine de réglementation des centrales nucléaires (NRC) a durci les règles de sécurité antiterroriste en imposant que les nouveaux réacteurs puissent résister à l'impact de la chute d'un avion de ligne.

1. *Ibid.*

## LES AVEUGLEMENTS DE LA RAISON

Le problème n'est pas de se tromper, mais de se tromper d'une façon telle que l'on se mette dans un état d'esprit qui retarde ou empêche la conscience de l'erreur. Les erreurs cognitives les plus dévastatrices sont l'erreur de représentation, l'*a priori* et le biais de la « chose saillante ». Être davantage conscient du risque d'erreurs de ce type et être à l'affût de ce qui permet de les débusquer est décisif pour augmenter la fiabilité des actions humaines.

L'*erreur de représentation* est une situation mentale par laquelle, à partir d'un mécanisme déclencheur initial, on perd de vue que tout est anormal. La réalité est réinterprétée selon l'idée que tout se passe correctement. Certains managers utilisent des expressions imagées pour désigner ce type d'erreurs. Le directeur de la division Véhicules utilitaires de Renault, dont j'étais le directeur des ressources humaines, appelait cela les « éléphants blancs », objets énormes mais que l'on ne voit pas parce que leur couleur les confond avec l'horizon. Les déclencheurs de l'erreur de représentation peuvent être une croyance erronée — les ingénieurs des joints des boosters de *Challenger* convaincus que le climat hivernal de la Floride, vu à tort comme identique à celui de la Californie, interdisait qu'une vague de froid se produise — ou une étourderie, par exemple un lapsus — dans le dossier d'un patient devant subir une opération, un chirurgien dicte « genou gauche » alors qu'il voulait dire « genou droit » engendrant pour lui et son équipe une erreur de représentation aboutissant à l'opération du genou sain. Les erreurs de représentation peuvent être à ce point aveuglantes que l'on a vu un appareil d'une compagnie aérienne atterrir sur une base militaire désaffectée, alors que les pilotes croyaient atterrir à l'aéroport de destination (les passagers n'ont eu qu'à subir un retard considérable) et un autre, un Boeing 747, décoller sur une piste en réfection encombrée d'engins et de blocs de béton au lieu de la piste attribuée (ce qui, cette fois, a entraîné une catastrophe).

Les *a priori* sont des croyances peu explicitées, diffuses comme un bruit de fond, qui polluent le raisonnement global. Ce sont des postulats d'autant plus nuisibles qu'ils sont peu visibles. Pour reprendre une croyance déjà citée, l'existence du risque zéro est une idée très répandue, implicite, peu débattue et qui guide bien des décisions.

Le biais de la « *chose saillante* » est d'une désarmante simplicité. Il consiste à donner une importance primordiale à ce que l'on voit en premier. La cause perçue d'emblée est considérée comme la principale. Tout le monde succombe à ce biais, y compris les personnes les plus éduquées et dotées d'un coefficient intellectuel élevé. Ce biais a pour conséquence importante la façon dont les erreurs sont expliquées dans les organisations. Comme il est plus facile de voir des individus que des dysfonctionnements, on a tendance à les attribuer à des personnes considérées comme fautives, et non à des mécanismes organisationnels complexes. Ce biais contribue puissamment au principe du « tout-sanction », qui empêche le développement des politiques de non-punition des erreurs.

### *La « destinationite »*

Nous avons décrit précédemment la tendance des pilotes, appelée « destinationite », à effectuer une fixation sur leur destination et à prendre plus de risques quand ils se rapprochent du terrain d'atterrissage que quand ils se trouvent en vol de croisière. Ce comportement est extrêmement répandu chez les individus en général. La difficulté cognitive et psychologique inhérente au fait de reculer est susceptible de perturber le processus de décision dans toute activité humaine. Plus on avance, plus il est difficile de renoncer, même s'il apparaît que poursuivre est une erreur. Ce comportement a été observé de manière extrême au cours de la Seconde Guerre mondiale chez les pilotes de bombardier ou de chasse. Il s'agissait en l'occurrence d'une fascination de la cible. Des avions s'écrasaient parce que les pilotes, obnubilés par leur cible, dégageaient trop tard. « Le danger d'un bombardement aux grands angles, constate un pilote français installé aux États-Unis, est que tu es tellement concentré sur la cible, à ajuster constamment ta visée, que tu traverses le seuil de sécurité, et qu'il est trop tard pour remettre les gaz. Cette *target fixation* a tué un grand nombre de pilotes pendant la Seconde

Guerre mondiale et continue de faire des victimes chaque année parmi les élèves pilotes de chasse américains[1]. » La « destinationite » peut être également désignée par les expressions « fixation sur l'objectif » ou « fascination de l'objectif ».

Dans le cas des randonnées soumises au risque d'avalanche, on parle de « comportement balistique » pour désigner le même mécanisme psychosociologique, c'est-à-dire l'attitude des groupes de randonnée en haute montagne que rien n'arrête une fois la décision prise d'effectuer la course, en dépit de signaux évidents indiquant un risque d'avalanche élevé. McCammon emploie pour sa part le terme *consistency* pour désigner la « destinationite » des randonneurs. Il a constaté que les groupes qui avaient des objectifs déterminés, par exemple un horaire de retour, voyaient moins les dangers que les groupes aux objectifs moins affirmés. Selon ses estimations, on enregistre deux fois plus d'accidents d'avalanche chez les groupes de randonnée qui se sont donné des objectifs contraignants comparés aux autres[2].

Un facteur puissant de la « destinationite » est que la société valorise la capacité à ne pas renoncer, à persévérer. C'est un facteur puissant de ce mécanisme : reculer n'est pas viril. Les spécialistes du risque d'avalanche le disent explicitement. S'il existe une minorité de femmes dans un groupe conduit par des hommes, il aura tendance à ne pas renoncer à une pente très risquée. En mana-

1. ANON., 2010.
2. MCCAMMON, 2003.

gement, reculer une fois la décision prise est mal vu, et il faut beaucoup de courage pour le faire. C'est d'autant plus difficile que l'on ne peut jamais avoir la preuve que l'annulation était justifiée. Un équipage qui a décidé de se dérouter ne pourra pas prouver que l'atterrissage était impossible. Savoir renoncer implique une quasi-révolution culturelle. En aéronautique, des formations sont conçues pour apprendre aux pilotes à décider plus souvent une remise des gaz quand cela s'avère nécessaire. La formation des guides suisses de randonnée hivernale en montagne met l'accent sur la difficulté de renoncer à une descente dans un contexte de valorisation de l'alpiniste viril et courageux. À la NASA, le fait d'avoir décidé par deux fois le report de lancement d'une navette spatiale a été valorisé dans la presse interne de l'entreprise[1]. Dans le droit pénal talmudique, une fois la peine de mort prononcée, les juges ont la faculté de revenir sur leur décision le lendemain du verdict.

## *La perte de sens*

Il peut arriver que l'action soit victime d'une totale perte de sens par un mécanisme que j'ai appelé le syndrome du *Pont de la rivière Kwaï*[2]. Je lui ai donné ce nom en me référant au roman de Pierre Boule et au film de David Lean dans

1. COHEN et KOHUT.
2. MOREL, pp. 63-64 (coll. « Folio »).

lesquels un colonel anglais prisonnier des Japonais se lance avec énergie et intelligence dans la construction d'un pont sans se soucier de sa finalité, c'est-à-dire une infrastructure pour l'ennemi. Ce syndrome est un processus par lequel l'action devient à elle-même son propre objectif. Ce terrible piège, plus répandu qu'on ne l'imagine, peut s'expliquer par plusieurs facteurs. L'homme est ainsi fait qu'il prend du plaisir à agir, même sans but. Placé devant un problème, il crée une solution pour atténuer son inquiétude. Des mécanismes collectifs contribuent fortement à ce syndrome, par exemple une organisation qui ne donne pas d'objectifs ou qui délivre des directives laconiques ou mal démultipliées.

La perte de sens peut être renforcée ou maintenue par la déficience des outils de contrôle. L'étape finale d'un processus rationnel est de contrôler *a posteriori* que l'action destinée à répondre à un objectif est effectivement conforme à cet objectif. Mais les instruments qui permettent ce contrôle comportent de graves limites. Ils se contentent le plus souvent de données quantitatives, ce qui limite l'évaluation aux aspects quantifiables. Par exemple, on va évaluer la pertinence d'une formation en donnant une pondération excessive aux dimensions logistiques parce que ce sont les plus facilement mesurables (le stage a commencé à l'heure, 80 % des stagiaires ont été satisfaits de la prestation hôtelière). Une formation peut ainsi être affectée d'une bonne note, alors qu'elle répond très mal à l'objectif.

### *Fatigue et stress*

Il est largement établi que la fatigue et le stress sont la source d'erreurs et d'accidents. Deux citations suffiront à l'illustrer. Le NTSB américain publie chaque année une « liste noire », intitulée *Most Wanted List*, composée d'une douzaine de problèmes de sécurité inventoriés dans les transports. La fatigue fait partie des points noirs de l'aviation et de la navigation maritime. En 1991, toujours aux États-Unis, un rapport très complet du Congrès a mis en évidence l'effet de la fatigue au travail[1] dans la conduite notamment des centrales nucléaires, dans les hôpitaux et dans la navigation maritime.

En dépit de ces constats, l'affaiblissement physique et psychologique est sous-estimé par les organisations et les individus. Lorsque, en 1996, l'Administration américaine a proposé une diminution du temps de vol et de service des pilotes, l'association des compagnies aériennes a protesté[2]. Une étude publiée en 2000 dans le *British Medical Journal* sur le comportement comparé des personnels médicaux et des pilotes fait ressortir une attitude contrastée à l'égard du déni des effets de la fatigue et du stress dans ces deux univers exposés au risque[3]. Elle montre en particulier une différence d'attitude très importante

1. US Congress.
2. Printup.
3. Helmreich *et al.*

entre les chirurgiens et les pilotes. À l'affirmation « Même quand je suis fatigué j'agis avec efficacité lors des phases critiques », 70 % des chirurgiens ont répondu qu'ils étaient d'accord pour seulement 26 % des pilotes. Cela signifie que les pilotes ont beaucoup plus tendance à se méfier de la fatigue que les chirurgiens, alors qu'une performance affectée par la fatigue est aussi grave dans les deux cas. Une autre affirmation a été présentée aux chirurgiens et aux pilotes : « Un membre de l'équipe vraiment professionnel peut laisser derrière lui ses problèmes personnels quand il est au travail. » 82 % des chirurgiens ont approuvé cette phrase contre 53 % des pilotes. Les chirurgiens se montrent moins prudents que les pilotes à l'égard des effets du stress. C'est là une observation essentielle, car la conscience réduite du risque provoqué par la fatigue et le stress détourne des comportements qui permettraient d'y répondre : s'appuyer davantage sur les autres, redoubler d'attention dans l'application de la check-list, se reposer, militer pour des mesures correctrices, etc.

Un autre résultat intéressant de cette étude est la nette différence d'attitude entre les chirurgiens et les anesthésistes. Si, comme on l'a vu, 70 % des premiers approuvent l'affirmation que la fatigue est sans effet, seuls 47 % des seconds sont de cet avis. S'agissant de l'affirmation selon laquelle les problèmes personnels n'interagissent pas avec la performance, 82 % des chirurgiens se disent d'accord contre seulement 53 % des anesthésistes. Les anesthésistes se méfient donc davantage de la fatigue et du stress que les chirurgiens. Or l'anesthésie, pionnière en matière de sécurité médicale pour diverses raisons (risque élevé, métier moins « artisanal » que la chirurgie, plus grande standardisation), a été la première spécialité à adopter la check-list.

## *Chapitre X*

# L'ÉCONOMIE DE LA FIABILITÉ

On pourrait imaginer que la fiabilité d'un processus de décision et de son environnement organisationnel n'exige pas de coûts supplémentaires et qu'il suffirait de bien travailler, avec de bons processus et des comportements adéquats. C'est une illusion. L'effort de fiabilisation exige des ressources. Inversement, la restriction excessive de celles-ci met en danger la fiabilité.

### LES COMPOSANTES DU COÛT DE LA FIABILITÉ

Le coût de la fiabilité doit intégrer deux composantes : le coût de l'investissement en fiabilité (CIF) et le coût de la non-fiabilité (CNF). Le coût de l'investissement[1] en fiabilité comprend les coûts

1. Il faut prendre ici le mot investissement au sens large et non au sens strictement comptable, car le coût en investissement de la fiabilité comprend des dépenses que l'on pourrait

de prévention, comme la formation aux facteurs humains, le système des retours d'expérience ou les mécanismes d'alarme, et les coûts de redondance matérielle et humaine, comme l'avocat du diable ou le contrôle. Le coût de la non-fiabilité comprend les coûts des défaillances ainsi que toutes leurs conséquences (réparations, mais aussi perte d'image, etc.).

## *Moyens humains*

Bien entendu la fiabilité exige des moyens matériels, comme le carburant supplémentaire dans les avions, la longueur des pistes supérieure à la distance d'atterrissage, les produits désinfectants pour lutter contre les infections nosocomiales dans les hôpitaux, les alarmes de toute sorte, le confinement des chaufferies nucléaires. On pourrait multiplier les exemples.

Au-delà des moyens matériels, la fiabilité d'une organisation exige surtout des moyens humains. Nous avons identifié dans les chapitres précédents les conditions optimales de lutte contre les décisions absurdes : « hiérarchie restreinte impliquée », fonction d'avocat du diable, décision par consensus vrai, interaction généralisée, formation aux facteurs humains, renforcement linguistique et visuel

considérer comme étant plutôt des coûts d'exploitation, à l'image du carburant supplémentaire emporté par les avions afin de pouvoir se dérouter.

de l'interaction. Tous ces éléments requièrent des ressources en temps et en compétences. Une décision par consensus vrai est plus longue à obtenir qu'une décision à la majorité. Écouter un ou des avocats du diable prend du temps. Rédiger des définitions pour éviter les malentendus exige d'un groupe de travail une durée plus longue que le passage immédiat à l'action.

Considérons une activité comme la check-list de bloc opératoire à effectuer avant et après les opérations chirurgicales. En apparence peu consommatrice de ressources, elle semble pouvoir être exécutée en temps masqué sans répercussion sur le temps de travail. Il n'en est rien. Le chirurgien doit être présent, ce qui diminue son temps disponible et, au bout du compte, le nombre d'interventions qu'il pourra pratiquer. La check-list de bloc opératoire n'est pas seulement une bonne pratique, c'est aussi un investissement.

Avant les catastrophes de *Challenger* et *Columbia*, les réunions de courte durée représentaient une valeur forte dans la culture d'entreprise de la NASA. Mais les enquêteurs ont constaté que des décisions désastreuses avaient souffert d'une volonté excessive de respecter des horaires serrés. Aujourd'hui, la NASA a effectué sur ce plan un virage à 180°. Sur un sujet difficile et décisif, une réunion longue, pouvant même s'étaler sur plusieurs jours, est valorisée et peut même être restituée comme une *success story* dans la presse interne pour illustrer la victoire sur les vieux démons[1]. Mais ce temps investi en réunions plus longues et fréquentes a un coût.

## LA REDONDANCE

La redondance humaine est une caractéristique essentielle que les sociologues de l'école américaine des HRO ont observée dans les systèmes technologiques à haut risque. Elle prend notamment la forme de vérifications croisées et de surveillance collective et interactive. Voici comment ces chercheurs l'expriment dans le cas des porte-avions :

> Presque tous ceux qui sont engagés dans le recueil d'un appareil pour l'appontage sont les éléments d'une boucle permanente d'échanges et de vérifications intervenant simultanément sur différents canaux. À première vue, ce bavardage ne présente pas beaucoup de cohérence pour l'observateur extérieur. Avec l'expérience, on découvre cependant que le personnel aguerri n'écoute pas tant qu'il suit les écarts, réagissant presque instantanément à tout ce qui ne répond pas à ses attentes vis-à-vis des routines correctes. Ce flot constant d'informations sur toute activité critique en matière de sécurité, géré par de nombreux acteurs à l'écoute sur différents réseaux de communication, est conçu spécifiquement pour garantir que tout élément critique qui n'est pas à sa place sera découvert et noté

1. COHEN et KOHUT, pp. 25-28.

> par quelqu'un avant d'entraîner des problèmes. Régler le brin d'arrêt, par exemple, exige que chaque appareil en approche soit identifié (concernant son poids et sa vitesse) et que chacun des quatre systèmes d'arrêt indépendants soit réglé correctement. À tout moment, une douzaine de personnes dans différents secteurs du bateau peuvent contrôler le réseau, et les réglages sont répétés à deux endroits différents (Pri-Fly[1] et LSO[2]). Durant notre navigation à bord de l'*Enterprise,* en avril 1987, il assura son 250 000e appontage, représentant environ un million de réglages individuels. En raison des redondances intégrées et de la connaissance familière croisée des tâches de chacun, il n'existe pas un seul cas documenté d'erreur de réglage ayant abouti à la perte d'un avion[3].

Cette redondance existe de façon substantielle et bien visible dans toute organisation à haut risque. Je l'ai observée moi-même lors de ma navigation dans un sous-marin nucléaire. On ne voit jamais quelqu'un travailler seul. Ce sont toujours au moins des binômes ou des opérateurs en action avec une autre personne au second plan qui suit l'action. En aéronautique civile, si l'équipage comprend au moins deux pilotes, ce n'est pas uniquement dû à la nécessaire division du travail. Le pilotage à deux est dicté aussi par l'impératif de surveillance croisée.

1. Primary Flight Control situé sur l'îlot.
2. Landing Signal Officer situé sur le pont d'envol.
3. LaPorte *et al.*

## *La redondance dans les autres situations*

Outre les vérifications croisées et la surveillance collective, la redondance doit inclure les moyens de contrôle de toute nature et à tout niveau. On aurait tort de penser qu'elle ne concerne que les organisations technologiques à haut risque. En son principe, elle vaut pour toutes les organisations. Bien entendu, elle ne saurait prendre la même ampleur que dans l'aéronautique ou l'énergie nucléaire et doit être dimensionnée au plus juste. Mais une ligne de montage, par exemple, ne peut fonctionner sans qu'existe en double les compétences destinées à en assurer le suivi et les remplacements. On observe d'ailleurs cette redondance jusque dans le tertiaire. Le calcul d'un résultat financier ou la conduite d'une négociation sont généralement effectués par au moins deux personnes. Dans l'affaire Kerviel, dont les opérations ont occasionné de lourdes pertes à la Société générale, on a reproché l'absence de mécanismes de détection de la fraude. Il faudrait y ajouter un défaut de redondance : Kerviel était totalement seul.

La redondance s'inscrit à contre-courant de la pensée classique en matière de gestion. Elle y apparaît uniquement dans la fonction qualité sous le concept restrictif de coûts de la conformité (activités de vérification en production et avant la livraison). La pensée dominante met en avant le management « frugal » (*lean management*) et la chasse aux doublons. Économiser les moyens humains est certes nécessaire, mais si l'on rogne le minimum de redondance indispensable, on met en cause la fiabilité. Les réductions d'effectifs dans le cadre des opérations de *lean management* se font généralement sans réflexion aucune quant au niveau de redondance nécessaire. Celle-ci est à ce point mal vue que son équivalent anglo-américain, *redundancy*, désigne les licenciements économiques.

*Redondance passive et active*

En principe, la redondance fait office de protection contre les décisions absurdes. En réalité, elle peut aussi en occasionner. Dans les cockpits à deux pilotes, les vérifications croisées sont un gage de la sécurité. Mais lorsqu'une erreur est commise, les pilotes peuvent s'intoxiquer mutuellement. Comme nous l'avons vu, le silence du copilote peut être interprété par le commandant de bord comme une validation de son erreur et inversement. Des enregistrements de voix dans le cockpit révèlent que ce cas s'est produit plusieurs fois. Dans le cas d'accidents survenus alors que l'équipage était composé de trois personnes, on observe que la présence du tiers ne contribue pas à les éviter : il reste silencieux, émet mollement une remarque ou intervient trop tard. Un prisonnier de guerre français dans un camp allemand avait observé que les détenus étaient moins surveillés quand le nombre de gardiens augmentait. Il avait compris qu'en plus grand nombre ils réduisaient leur vigilance, chacun se reposant sur celle de son voisin. Il a attendu que cette situation se réalise un jour pour s'évader avec succès[1].

Ces exemples montrent que l'augmentation du nombre d'intervenants n'assure pas automatiquement la fiabilité d'une organisation. Les effets pervers de groupe dans les processus de décision (complaisance collective, ou *groupthink*, faux consensus, intoxications cognitives croisées, etc.) conduisent aussi à des décisions absurdes. Les renforts ne peuvent être efficaces que s'ils opèrent dans un contexte de vérifications croisées robustes, comme cela se fait dans les cockpits, grâce notamment à la formation aux facteurs humains, à l'effacement de la relation hiérarchique et à la chasse au faux consensus. En d'autres termes, la redondance doit être active, non passive. Les deux acteurs redondants doivent interagir et pas seulement surveiller l'autre.

La justice devrait méditer ces situations. Suite à l'erreur judiciaire d'Outreau, l'augmentation du nombre de magistrats dans le processus a constitué une des propositions majeures. C'est une illusion. L'accroissement des intervenants peut accentuer les mécanismes d'intoxication mutuelle, de faux consensus et de complaisance collective, en particulier du fait du corporatisme. Les effectifs redondants en magistrats ne peuvent être efficaces que s'ils jouent un véritable rôle d'avocat du diable et de chasse au faux consensus. Cela pourrait être assuré par des avocats disposant

1. RICHARD.

d'importants pouvoirs dès le stade de l'instruction ou par un processus contradictoire entre magistrats de la même fonction.

## ARBITRER LES COÛTS

La question qui se pose est double. Comment réduire le CIF (coût de l'investissement en fiabilité) sans augmenter le CNF (coût de la non-fiabilité) ? Et si l'on investit dans la fiabilité par une augmentation du CIF, quelle baisse du CNF en attendre ? L'aéronautique est un bon révélateur de cette problématique. La pression économique y est considérable, surtout dans l'aéronautique commerciale, et le risque très élevé. De plus, la répétition d'événements tels que les atterrissages par mauvais temps met à disposition un nombre de cas significatifs où s'expriment ces enjeux. C'est donc une bonne parabole du problème général du lien entre rentabilité et coût de la fiabilité.

Considérons un cas simple d'arbitrage. Les porte-avions américains et français ne comportent plus que trois brins d'arrêt des appareils, dont un sera saisi par la crosse d'appontage. Autrefois, ils en comportaient quatre. Le coût de la redondance a donc été réduit, mais sans augmentation des coûts de défaillance puisqu'il a été constaté que le quatrième brin n'apportait pas vraiment de sécurité supplémentaire. Nous avons donc une baisse du CIF sans augmentation du CNF. Par ailleurs, l'optique d'appontage de l'appareil est doublée par un officier d'appontage situé à l'arrière du pont qui guide le pilote par radio. Sur ce point, le coût de la redondance n'est pas réduit (on maintient le CIF pour éviter une augmentation du CNF), mais il aurait pu en être autrement puisqu'il a été envisagé de revoir la conception des porte-avions avec uniquement l'optique d'appontage.

La question de l'arbitrage entre coûts de prévention et coûts de défaillance est particulièrement bien illustrée par le dilemme de la remise des gaz en aviation. Si l'approche n'est pas stabilisée et si les conditions météo sont très mauvaises (piste glissante, composante de vent arrière), les pilotes doivent annuler l'atterrissage et remettre les gaz pour effectuer une autre tentative ou se dérouter. En contrepartie, la remise des gaz retarde l'arrivée et augmente la consommation de carburant, surtout si elle est suivie d'un déroutement, lequel occasionne de surcroît une gêne pour les passagers qu'il faut ramener à l'aéroport de destination initial. Dans bien des atterrissages ratés, la difficile gestion de ce dilemme a joué dans le mauvais sens. Dans la sortie de piste de l'Airbus d'Air France à Toronto, en août 2005, les pilotes auraient dû remettre les gaz. Mais ils avaient en tête les longues heures d'autocar que devraient subir les passagers s'ils se déroutaient sur Ottawa. Dans le dossier de vol de l'équipage figurait la durée du trajet en autobus destiné à transporter les passagers à Toronto en cas de déroutement sur Ottawa : cinq heures, soit un désagrément majeur. Sur la feuille de l'équipage, cette durée était encerclée. De plus, la quantité de carburant, calculée au plus juste pour des raisons de coût, leur laissait seulement la possibilité de se dérouter sans réserve d'attente. Le dilemme a abouti cette fois-là à la mauvaise décision. Une petite économie en prévention (réduction de la consommation de carburant et du coût du transport des passagers) s'est accompagnée d'un coût de défaillance exorbitant (perte de l'avion, blessés, atteinte à l'image institutionnelle, etc.). L'équipage, en minimisant le CIF, a récolté un CNF considérable.

Un autre cas significatif est celui de l'accident d'un vol Qantas à l'aéroport de Bangkok, le 23 septembre 1999. Alors que des trombes d'eau s'abattaient sur le site, un Boeing 747 s'apprêtait à atterrir sur une piste très glissante, non rainurée, et aurait dû réduire sa vitesse. Mais les pilotes ne l'ont pas fait : ils ont maintenu les volets à 25° au lieu de 30 et réglé l'inversion de poussée sur « mini » au lieu de « maxi » :

> Sur ce point, l'équipage ne fait qu'appliquer les consignes de la compagnie qui sont de choisir le braquage des volets 25 en mettant seulement les « reverses » en position « mini ». Les raisons de cette consigne sont de basses considérations financières : le but de Qantas est en effet d'économiser le carburant. Car plus on braque les volets à l'atterrissage, plus il faut mettre de gaz pour garder le plan d'approche et donc plus les réacteurs sont gourmands. Il en va de même pour les inverseurs de poussée. Ils consomment beaucoup en position « maxi » et la compagnie recommande donc à ses

> équipages de n'utiliser que la position « mini ». Économies ridicules et dangereuses. C'est un peu comme si la RATP demandait à ses chauffeurs d'éviter de freiner trop souvent pour ne pas user les plaquettes des autobus[1].

Du fait des volets à 25° au lieu de 30, la distance d'atterrissage nécessaire a été augmentée de 6 % et, du fait de l'inversion « mini » au lieu de « maxi », cette distance a été encore augmentée de 20 %. Cela a contribué à la sortie en bout de piste et à l'arrêt destructeur de l'appareil dans l'herbe détrempée, heureusement sans faire de victimes[2]. Une réduction ridicule du CIF (volets à 25 au lieu de 30 et « reverse » sur « mini ») a entraîné un CNF considérable.

La longueur des pistes d'atterrissage ne pose aucun problème par vent faible et absence de précipitations. Mais quand la météo est mauvaise, beaucoup de pistes n'offrent que très peu de marge de manœuvre et présentent des extrémités dangereuses en cas de sortie de piste. Sur des pistes telles que la 24L de Toronto ou la 08R de Roissy, la distance d'atterrissage d'un Airbus A340-313 ne laisse aucune marge entre l'arrêt de l'appareil et le bout de la piste, dès lors que celle-ci est contaminée par une pluie abondante. Il suffit qu'un autre facteur que la contamination du sol intervienne pour provoquer la sortie de piste : légère

1. Otelli, 2005, pp. 20-21.

2. Notons qu'il y a eu en outre une coordination confuse entre les pilotes, le copilote ayant décidé une remise des gaz, que le commandant a annulée sans l'annoncer.

composante de vent arrière, quelques secondes de retard au déclenchement de l'inversion de poussée, passage du seuil un peu trop haut, etc. Par exemple, pour un A340-313, une composante de vent arrière soudain de 5 nœuds accroît la distance d'atterrissage de 15 % et l'absence d'inversion de poussée de 11 %. Quand la longueur de piste glissante à cause des précipitations est juste suffisante, de tels écarts se révèlent énormes. Quelques mois après l'accident de Toronto, une distance d'atterrissage insuffisante à cause de la météo a provoqué un nouvel accident à Chicago. Il y avait bien eu cette fois calcul de la distance d'atterrissage nécessaire compte tenu de la présence de neige sur la piste, mais en supposant une inversion de poussée sans aucun retard, donc sans aucune marge de sécurité. Comme l'inversion de poussée a été déclenchée avec plusieurs secondes de retard, la longueur de la piste est devenue insuffisante. Dans le cas de la sortie de piste du moyen-courrier Fokker à l'aéroport de Fredericton, en 2000, il y avait une marge de 175 m entre la distance d'atterrissage sur piste mouillée et le bout de la piste. Comme la piste n'était pas simplement mouillée mais affectée de neige fondante, il aurait fallu une marge de 273 m. L'avion est donc sorti de la piste. L'arbitrage des bouts de piste est parfois poussé jusqu'à l'absurde, comme à Toronto où, en raison de considérations immobilières, il est pourvu d'un fossé, ce qui a causé la destruction de l'Airbus sorti de la piste en 2005, ou à l'aéroport Bob Hope de Burbank, doté d'une station-service, au seuil de laquelle un Boeing 737 de Southwest Airlines s'est tout juste arrêté le 5 mars 2000 (la station-service a été supprimée depuis lors).

Un autre exemple d'arbitrage dramatique entre coûts de prévention et de défaillance est celui de l'avion de la Swissair victime d'un incendie à bord, le 2 septembre 1998. Cette circonstance aurait dû conduire les pilotes à atterrir en urgence à Halifax, mais l'avion était plein de carburant, donc à son poids maximal. Un atterrissage dans ces conditions est possible mais abîme la structure de l'appareil, ce qui représente une perte élevée. Les pilotes ont donc décidé d'alléger l'avion en allant vidanger du carburant. Cela a permis au feu de progresser, et l'avion s'est abîmé dans l'océan avant d'atteindre l'aéroport de secours. L'équipage a choisi de réduire la masse pour préserver l'intégrité structurelle de l'avion (économie de CIF), la conséquence étant la perte de l'avion et de tous ses passagers (un CNF sans commune mesure).

Il peut arriver de façon exceptionnelle que la réduction du CIF soit frauduleuse. Un exemple emblématique est celui d'Alaska Airlines, qui, pour réaliser des économies, avait espacé l'inspection et la lubrification d'une vis sans fin destinée à manœuvrer une gouverne de ses avions. La compagnie avait fourni à la FAA (Federal Aviation Administration), au comportement trop léger en cette occurrence, des justifications faussées pour cet espacement de la maintenance. Il en est résulté une usure excessive d'une vis sans fin sur un appareil qui, gouverne bloquée, s'est abîmé dans l'océan Pacifique en janvier 2000, entraînant la mort des quatre-vingt-huit personnes à son bord.

Nous venons de voir plusieurs exemples illustrant des conséquences dramatiques de la réduction du CIF. Mais l'arbitrage peut aussi aboutir à renoncer à l'investissement en fiabilité (CIF) s'il est disproportionné au regard du gain en CNF. Par exemple, certains équipements permettent à un équipage de piloter un avion privé de tous ses circuits redondants de direction (tangage, lacet et roulis) grâce au dosage de la puissance des moteurs. Mais ces équipements ne sont pas installés car leur coût n'apporterait qu'un faible gain en réduction des défaillances compte tenu de leur rareté : trois cas depuis la création de l'aviation commerciale.

### *La gestion souvent inconséquente du rapport entre le CIF et le CNF*

Pendant plusieurs années, les véhicules d'un constructeur automobile ont souffert de problèmes de corrosion avec des conséquences désastreuses pour l'image. Les voitures de cette marque qui rouillaient et s'exposaient à la vue de tous le long des trottoirs alimentaient les conversations des dîners en ville. L'économie réalisée en n'investissant pas sur cette question ne compensait pas les pertes immenses en image et en clientèle du fait de la corrosion. Une petite économie en CIF produisait un CNF énorme.

Il arrive que la gestion du rapport des coûts de la fiabilité et de la non-fiabilité soit inconséquente mais dans le sens contraire des cas rapportés précédemment : des dépenses considérables sont consacrées à l'investissement en fiabilité sans se préoccuper du gain en coûts de la non-fiabilité. C'est notamment le cas quand, en vertu du principe de précaution, on recherche le risque zéro. Ainsi a-t-on investi des sommes considérables en vaccins pour lutter contre l'épidémie de grippe H1N1 sans effectuer de comparaisons rigoureuses avec des solutions moins coûteuses à partir d'un risque acceptable.

La tendance à isoler le CIF sans examiner ses effets sur les gains ou pertes en CNF et donc à le considérer comme un surcoût s'illustre de façon exemplaire dans un colloque international du transport aérien tenu à Ottawa en 2002 sur les économies de carburant[1]. Plusieurs exposés ont traité des économies de carburant sans intégrer la sécurité. La réduction du CIF par des économies de carburant est abordée sans aucune considération sur l'augmentation possible du CNF. Je rappelle que le niveau de carburant joue étroitement sur les possibilités d'attente et de déroutement, notamment en cas de mauvais temps. Un exposé sur les économies de carburant au décollage et à l'atterrissage ne fait aucune mention du

1. « Atelier international sur les mesures d'exploitation en aéronautique relatives à la réduction de la consommation de carburant et des émissions », Ottawa, Canada, 5 et 6 novembre 2002.

niveau de sécurité produit par l'existence d'une réserve de carburant suffisante permettant une attente ou un déroutement dans de bonnes conditions. De même, s'il est question de la position des volets à l'atterrissage c'est uniquement comme moyen de réduire la consommation de carburant, alors que leur inclinaison joue évidemment sur la sécurité, comme nous l'avons vu avec l'accident de la Qantas, où le maintien des volets à 25 au lieu de 30 pour économiser le carburant avait contribué à la sortie de piste.

La prise en compte du rapport entre le CIF et le CNF ne nécessite pas obligatoirement des calculs lourds. Par exemple, une étude a établi un bilan financier relativement simple de la prévention des escarres dans un système hospitalier régional aux États-Unis. Le CNF était calculé en intégrant les coûts des soins et de l'équipement nécessaires au traitement des patients (lit spécial, bains, pommade de soins, pansements, etc.). Le coût des achats était majoré par celui du personnel qui effectuait ces soins. Le CIF comprenait toutes les charges investies pour éviter que l'escarre ne se développe (matelas anti-escarres, mouvement toutes les deux heures, etc.). Cette évaluation a montré que l'économie sur le CNF couvrait largement le CIF[1].

Concernant la longueur des pistes d'atterrissage, le calcul n'est pas non plus très compliqué. Les normes internationales prévoient une aire libre

1. Beck et Larrabee, pp. 63-71. Cf. aussi Charvet-Protat, Jarlier et Préaubert.

de tout obstacle de 150 m dans le prolongement de la piste. La FAA, qui a étudié les sorties de piste pendant douze ans[1], a découvert que la plupart des avions s'immobilisaient dans les 300 m au-delà de l'extrémité de la piste. Il suffirait donc d'augmenter de 150 m la surface de sécurité au-delà du bout de piste pour réduire considérablement les dégâts consécutifs aux sorties de piste à l'atterrissage, notamment par mauvaise météo. Cela ne représente pas un coût exorbitant au regard de l'importance des défaillances potentielles puisque la fréquence des sorties de piste et le risque de catastrophe associé sont classés comme points noirs par le NTSB dans sa liste annuelle.

1. FAA, p. 4.

*Conclusion*

# LA LUTTE CONTRE LES DÉCISIONS ABSURDES : UNE CONTRE-CULTURE

Dans la lutte contre les décisions absurdes, les métarègles de la fiabilité ne relèvent pas d'une invention théorique. Elles sont le fruit de mécanismes de fiabilité constatés dans des expériences réelles. Ce sont des lois sociologiques et cognitives à l'efficacité avérée, pour peu que l'on se donne la peine de les suivre avec détermination.

Il est clair que bien des systèmes de décision sont loin de respecter ces principes, quand ils ne les ignorent pas totalement. Des équipes chirurgicales sont à mille lieues de l'idée de se former aux facteurs humains. Des activités à risque n'imaginent pas qu'il soit seulement possible de ne pas punir les erreurs. La marge de progrès est donc immense. Mais si l'on veut assurer la fiabilité des décisions dans un monde où la sensibilité au risque et à la qualité est croissante, il n'y a pas d'autres voies que ces piliers de la sagesse décisionnelle.

Voici un bref rappel de ces métarègles :

— Dans un grand nombre de situations, notamment à des moments critiques, le pouvoir de décision se déplace vers ceux qui savent et qui sont proches des opérations. La *décision collégiale* est alors privilégiée par rapport à la décision hiérarchique, et les subordonnés ont le devoir de corriger le détenteur de l'autorité si nécessaire. Le rôle clé du chef est de définir et expliquer l'image globale, la mission générale, l'esprit dans lequel l'action doit être poursuivie. Il intervient aussi dans l'apport des ressources.

— Le *débat contradictoire* fait partie intégrante des prises de décision. Il peut prendre des formes diverses : procédure d'avocat du diable, examen d'une contre-proposition minoritaire, attitude interrogative, recueil des avis de « candides ». Il est admis que le débat contradictoire ne vient pas naturellement. Il est organisé, doté de moyens et fait l'objet d'une formalisation.

— Le *consensus* est recherché, mais son authenticité est vérifiée. Il est admis qu'un consensus recherché pour lui-même n'est pas obligatoirement bon. Un consensus peut être médiocre ou franchement calamiteux. Une attention est portée au consensus apparent, qui peut se révéler être un faux consensus.

— Les individus s'informent mutuellement en permanence de façon croisée et redondante. Ils effectuent des *briefings* et des *débriefings*. Ils se contrôlent de façon croisée. Cette interaction est en même temps éducative. Elle est entretenue autant que possible par des mécanismes de socialisation.

— Les risques de dysfonctionnements liés aux *interstices* font partie de la conscience collective, quelle que soit leur nature : filialisation, alliance, séparation des fonctions, séparation géographique, mutualisation, externalisation, sous-traitance, etc. Ils font l'objet d'une attention particulière. Lors d'un projet d'interstice, ses avantages ne sont pas seuls à être mis en avant. Les coûts des éventuels dysfonctionnements sont également pris en compte. La multiplication à l'infini des interstices est évitée. La transversalité n'est pas assurée uniquement par des processus de communication, mais aussi par des processus d'intégration.

— Le principe de *non-punition* des erreurs, précurseurs d'accidents, événements indésirables, accidents est appliqué en vue de favoriser la remontée des informations sur les causes profondes. Seule la faute intentionnelle à but personnel est sanctionnée. Les rapports d'erreurs sont autant que possible anonymes ou désidentifiés. La connaissance des mécanismes ayant conduit à l'erreur est seule recherchée afin d'éviter d'autres événements indésirables. La justice pénale respecte ce principe.

— Il est admis que la fiabilité ne peut être obtenue sans des règles (procédures, standards, consignes, bonnes pratiques professionnelles), et qu'en même temps des écarts aux règles sont inévitables compte tenu de l'indétermination et du caractère évolutif des situations. La contradiction entre le respect des règles et les écarts inévitables est résolue non par la dissimulation des écarts, comme c'est le cas traditionnellement, mais par le débat interne (notamment briefings et débriefings), qui tranche sur ces écarts. Cela se traduit par une *rigueur jurisprudentielle* (évolution de la règle, nouvelle règle, écart admis à titre exceptionnel, écart refusé mais versé dans le corps des retours d'expérience, écart refusé).

— La rigueur jurisprudentielle ajoutée à la non-punition des erreurs forment ce que des auteurs ont appelé la *culture juste*. Celle-ci doit faire l'objet d'un minimum de formalisation.

— Les communications sont sécurisées par des répétitions, standardisations, confirmations et explicitations verbales ainsi que par des éléments visuels. Une caractéristique fondamentale de ce *renforcement* est qu'il est parcimonieux afin de ne pas noyer sa force et sa visibilité dans du bruit. Le renforcement linguistique ne veut pas dire obligatoirement simplification des messages. Il peut prendre la forme d'une explicitation augmentant la taille des messages (transformation d'une diapositive PowerPoint schématique en texte avec de véritables phrases).

— Les événements indésirables ainsi que les événements positifs sont analysés et diffusés. L'analyse met l'accent sur les facteurs humains et les mécanismes systémiques. Une sélection des *retours d'expérience* significatifs est effectuée afin de leur donner la priorité dans la diffusion. Il leur est donné un contenu pédagogique.

— Les individus sont formés aux mécanismes cognitifs, psychologiques et sociologiques qui entravent ou facilitent les prises de décision et les processus organisationnels environnants. Cette *formation aux facteurs humains* est autant pratique que théorique.

— Tout projet de réduction de l'investissement

en fiabilité est examiné en tenant compte de l'augmentation éventuelle du *coût de la non-fiabilité.* Inversement une dépense d'investissement en fiabilité est rapprochée de la réduction attendue du coût de la non-fiabilité. Il est admis que ces évaluations puissent être effectuées par des approximations de façon qualitative et non quantitative.

## LA CONTRE-CULTURE DE LA FIABILITÉ

Ces métarègles de la lutte contre les décisions absurdes forment une contre-culture à plus d'un titre. Elles remettent en cause les idées habituelles en matière de fonctionnement collectif et contestent la croyance que ce sont les organisations qu'il faut réformer. De plus, les découvrant là où on ne les attend pas, elles viennent d'un ailleurs culturel. Enfin, elles remettent en cause les certifications traditionnelles de sécurité et de conformité.

En premier lieu, elles vont à l'encontre de la pensée habituelle en matière de décision et d'organisation. C'est une contre-culture vis-à-vis à la fois de la doctrine classique en management, de la pensée politique courante et des croyances ordinaires du grand public. Notre culture est caractérisée par la priorité donnée à l'action rapide, alors que la haute fiabilité exige davantage de réflexion à travers le débat contradictoire, les retours d'expérience, la formation aux facteurs humains, la capacité à renoncer. Notre culture est imprégnée de l'idée que les erreurs doivent être sanctionnées et que les règles n'ont pas à être questionnées, alors que la culture juste de la fiabilité préconise la non-punition et le débat sur les règles. Notre culture est centrée sur le rôle du chef et la valorisation du consensus, alors que les fondamentaux de la fiabilité mettent l'accent sur la collégialité et les dangers des faux consensus. Notre culture favorise une communication formée d'innombrables informations schématiques, alors que la fiabilité implique la mise en relief des messages essentiels. Notre culture est marquée par le principe de précaution, la possibilité du risque zéro, la foi dans l'hyperrationalité, alors que l'option opposée de solutions astucieuses et imparfaites se révèle souvent plus sûre et performante.

Les métarègles de la fiabilité définissent des processus, non des organisations, alors que la réaction naturelle systématique en face des problèmes est de changer les organisations. On ne compte pas les réorganisations qui sont lancées dès qu'un nouveau dirigeant prend la tête d'une entreprise ou un nouveau ministre celle d'une administration. Les métarègles de la fiabilité ne prétendent pas changer les organisations : elles visent à modifier les processus. Des chercheurs en science politique ont analysé des processus de décision en matière de politique étrangère et sont arrivés à la même conclusion. Pour améliorer les décisions, ce ne sont pas les organisations (les « boîtes » selon leur expression) qu'il faut changer, mais les processus :

> Traditionnellement les efforts pour améliorer le système d'élaboration des politiques aboutissent à des idées de réorganisation de l'administration : changer les boîtes dans l'organigramme. Les résultats ont été tellement décevants que l'attention se concentre maintenant davantage sur la conception et la gestion des processus d'élaboration des politiques, c'est-à-dire la façon dont les acteurs dans les boîtes interagissent pour produire un résultat[1].

La NASA, dans son plan de reprise des vols après les catastrophes de *Challenger* et de *Columbia*, a investi plus sur ses processus que sur des réorganisations. On n'arrête pas de réorganiser les hôpitaux pour améliorer la sécurité. Les seuls processus de la check-list de bloc opératoire et de la formation-action d'équipe aux facteurs humains réduiraient la mortalité chirurgicale bien plus que ne le font toutes les réorganisations qui se succèdent au gré des politiques de santé publique.

Un des constats les plus étonnants que l'on peut faire au terme de ce voyage au bout de l'absurdité est le fait que les gisements d'idées les plus révolutionnaires se trouvent là où on les attend le moins. Ainsi est-ce au sein de l'institution militaire, symbole même de l'autoritarisme, que l'on trouve les signes et expériences de remise en cause les plus radicaux de la hiérarchie, dès lors qu'il s'agit de fiabilité. C'est Lawrence d'Arabie, officier de la Royal Air Force, qui milite, en

1. Alexander L. George, *Presidential Decisionmaking in Foreign Policy*, cité dans ALLISON et ZELIKOW, pp. 265-267.

1931, pour un cockpit où doit prévaloir la compétence et non le grade, belle pierre ajoutée à ses « piliers de la sagesse ». Alors que la hiérarchie dans la marine est traditionnellement associée à une image de puissance, avec le commandant seul maître après Dieu, on observe dans les sous-marins nucléaires que ces officiers enlèvent leurs galons. Ce n'est certes qu'un symbole, mais combien chargé de sens ! Où trouve-t-on ailleurs que sur les bases aériennes un subalterne capable d'annuler une activité majeure sans en référer à sa hiérarchie ? Dans l'armée, le respect des ordres et du règlement fait intimement partie des valeurs. Pourtant, dans les forces aériennes, on admet qu'une transgression puisse ne pas être punie et même être nécessaire. Dans les cockpits militaires, le « oui chef ! » aveugle et systématique a disparu.

Enfin, la contre-culture de la fiabilité met en cause les pratiques de certification. La certification est une procédure par laquelle une organisation est déclarée conforme à un référentiel. Cette procédure peut prendre différents noms, comme *évaluation*, *notation*, *qualification*, etc., et concerner toutes sortes de domaines (établissements de santé, aéronautique, services, etc.), mais elle ne garantit en aucun cas la fiabilité. D'abord, parce qu'elle n'évalue que la forme d'une action, et non ce qui se cache derrière. Ensuite, parce qu'elle n'évalue que la conformité à des référentiels, et non la culture de la fiabilité. Par exemple, la certification 9004 stipule que les décisions doivent être factuelles mais ne prévoit pas qu'elles puissent être prises selon la métarègle du débat contradictoire. Une organisation peut donc être certifiée et pourtant non fiable.

## RÊVONS ENSEMBLE

Les métarègles de la fiabilité doivent être considérées comme des principes fondamentaux. Les trois récits qui suivent illustrent quelques décisions absurdes (petites et grandes) susceptibles d'être évitées quand ces métarègles sont appliquées avec rigueur et constance.

### *À l'hôpital*

Vous devez subir une intervention chirurgicale. Au cours de la consultation préopératoire, l'anesthésiste vous a consacré du temps et vous a minutieusement interrogé. Le jour de l'opération, à chaque étape, on vous demande de répéter votre identité, le côté où vous devez être opéré et si vous êtes à jeun. Le site de l'intervention a été indiqué sur votre corps par une substance indélébile. Installé dans le bloc chirurgical, vous entendez l'équipe procéder collectivement à la première partie de la check-list et vous-même devez répondre à certaines questions. Avant votre entrée dans le bloc, l'équipe, en effectuant un briefing, a noté qu'un capteur d'un appareil ne fonctionnait pas. Comme l'appareil lui-même répond néanmoins correctement et que l'intervention ne peut être différée, celle-ci n'est pas annulée. L'équipe se met d'accord sur la solution technique permettant de compenser le capteur défaillant. Une infirmière demande à l'anesthésiste, compte tenu de ce capteur en panne, de ne pas sortir dans le couloir pour passer un coup de fil, comme cela lui arrive parfois. En effet, les membres de l'équipe chirurgicale, y compris le chirurgien et l'anesthésiste, ont suivi ensemble une formation aux facteurs humains, notamment aux problèmes de communication d'équipe, et les infirmières n'hésitent pas à questionner et corriger les médecins lorsqu'elles constatent un dysfonctionnement. Après être passé en salle de réveil, vous êtes de retour dans votre chambre. Une infirmière accompagnée d'un élève infirmier arrive pour vous administrer un antidouleur dans votre perfusion. Elle laisse l'élève procéder à cette action, notamment le dosage, pour le former. Mais, à cet instant, elle est appelée par un chirurgien qui doit lui donner des consignes concernant ses patients. Elle annonce qu'elle reviendra vérifier ce qu'a fait l'élève. Effectivement, trois minutes plus tard, elle est de retour et contrôle pas à pas les gestes de l'élève-infirmier en lui donnant des explications. Lors de votre sortie, vous êtes sur le point de partir sans ordonnance complémentaire. Quand le chirurgien vous a demandé s'il vous avait bien donné son ordonnance, vous avez répondu positivement, pensant qu'il s'agissait de l'ordonnance principale remise lors de la consultation préopératoire. Mais un retour d'expérience concernant un patient qui était parti sans ordonnance complémentaire, et qui avait de ce fait souffert de graves complications, avait été effectué dans le comité morbidité mortalité du service. De ce fait, le personnel médical avait été briefé sur ce point. À votre départ, l'infirmière a vérifié avec la secrétaire du chirurgien l'existence d'une éventuelle ordonnance complémentaire, ce qui était le cas. Vous avez donc quitté l'hôpital avec tous les documents nécessaires.

Ces processus illustrent la fiabilité d'un système de décisions et d'actions. Elles sont sécurisées : formation aux facteurs humains, renforcement des signaux (check-list, marquage, vérifications redondantes), briefing, contrôle croisé élève-infirmier et infirmière, retour d'expérience et prise en compte. On y observe la culture de fiabilité dont il a été question dans cet ouvrage.

### *À la montagne*

Bon skieur, vous vous êtes inscrit à une sortie hors-piste organisée par un club de guides professionnels. Le risque d'avalanche régional est situé entre 2 (faible) et 3 (marqué) sur une échelle de 5. Le groupe comprend, en plus du chef, un guide en formation et un guide junior qui n'est pas en fonction. Ces trois guides ont suivi dans leur cursus une formation aux facteurs humains. Avant de partir, le leader effectue un briefing. Il remet à chacun une check-list permettant d'évaluer le risque d'avalanche sur deux pentes de l'itinéraire. Il souligne que chacun sera invité à participer à la check-list et à la décision. Il prévient qu'avant chacune des deux pentes le groupe fera une pause de plusieurs minutes pour effectuer la check-list et discuter sur la décision ou non d'emprunter la pente. Il prévient qu'un renoncement pourra se révéler nécessaire et qu'il ne faudra pas le considérer comme un échec de la sortie ou un manque de courage. Après deux heures de randonnée, le groupe atteint le sommet de la première pente prévue. La délibération s'engage. Il résulte de la discussion et de la check-list que le risque d'avalanche est modéré. Mais les skieurs non-guides se sont peu exprimés. Le responsable insiste pour que chacun des skieurs non professionnels donne explicitement son avis. L'un d'eux s'étonne d'une corniche de neige. Effectivement, elle indique une accumulation par le vent que personne n'a remarquée. Du coup, le guide qui n'est pas en fonction attire l'attention sur la chaleur et l'ensoleillement bien supérieurs à ce qui était prévu dans le bulletin météo tôt le matin. Enfin, le responsable rappelle aux randonneurs qu'ils viennent de franchir une altitude où le risque d'avalanche est coté 3 (marqué) et non entre 2 et 3. Une partie de la pente est peut-être en cotation 3. Compte tenu de la discussion, le leader demande à chacun de se prononcer, exige un avis explicite et rappelle en souriant aux skieuses qu'un renoncement de la part des participants de sexe masculin n'est pas le signe d'un manque de courage, bien au contraire. Compte tenu des trois facteurs défavorables, un vrai consensus se dégage finalement pour renoncer à emprunter la pente.

Lorsque le groupe revient à la station, il apprend que des randonneurs qui le suivaient ont été victimes d'une avalanche dans la pente à laquelle le groupe a renoncé. On compte deux tués, un blessé grave et deux survivants

## *À bord d'un hélicoptère*

Un hélicoptère militaire français est en mission de liaison à basse altitude. L'équipage comprend le commandant de bord, le copilote et un mécanicien navigant (mecnav). On annonce pour l'arrivée quelques brumes et 1 600 m de visibilité. Le commandant de bord rappelle que la limite autorisée de visibilité est de 800 m. Mais la situation se gâte sur le terrain d'atterrissage, avec une alternance de bancs de brouillard et de zones dégagées. La tour de contrôle déclare que la visibilité est passée à 200 m. Le commandant de bord annonce : « On va rejoindre la verticale et trouver un trou pour se poser. » La couche de brouillard de 100 m d'épaisseur s'uniformise sur le terrain mais l'équipage aperçoit le sol par endroits. L'hélicoptère s'approche à 150 m. Le copilote aux commandes cherche un trou pour se poser et n'en voit pas. Le commandant de bord en aperçoit un et déclare qu'il prend les commandes. Puis, le copilote, ressentant soudain un danger, lance « remise des gaz ». Devant l'absence de réaction du commandant, il répète « remise des gaz ». Le commandant de bord l'ignore et dit « j'ai visuel, on poursuit ». Le copilote, stupéfié par l'attitude du commandant de bord, interrompt ses annonces indispensables. À cet instant se produit un fait marquant. Le troisième homme, le mécanicien navigant, intervient. Il sait que c'est la synergie et non la hiérarchie qui est prioritaire dans le cockpit. Il prend conscience que le copilote est en train de se mettre dangereusement en retrait et il le sollicite pour qu'il reprenne son rôle décisif. Il rétablit la synergie dans le cockpit. Le copilote reprend son rôle. Après l'atterrissage, le débriefing a lieu. Le commandant de bord reconnaît qu'il a été victime de ce que l'on appelle en aviation militaire la *fascination de la cible* (dans ce cas, l'atterrissage). Il n'a pas réagi à l'ordre de remise des gaz, ce qui a cassé la synergie au sein de l'équipage. Comme il existe dans l'armée de l'air un principe écrit de non-punition des erreurs, notamment protégé par l'anonymat, cet épisode est relaté dans un retour d'expérience anonyme qui est remonté jusqu'à l'état-major et qui a été mis en ligne pour être rendu accessible à l'ensemble du personnel de la Défense. Ce retour d'expérience est également intégré dans les formations aux facteurs humains, largement nourries de cas réels comme celui-ci, que tous les métiers de l'armée de l'air sont tenus de suivre.

## DES RAISONS D'ESPÉRER

On attribue généralement une très lourde inertie aux organisations. Cette idée n'est pas fausse, et il n'est pas si facile de les faire bouger. On pourrait en déduire que transformer une organisation vers davantage de fiabilité est une tâche plus qu'ardue. Inversement, on ne peut qu'être frappé de constater à quel point les cultures organisationnelles peuvent évoluer de façon radicale et rapide dans le domaine de la fiabilité. La NASA, suite aux pertes de *Challenger* puis de *Columbia*, a changé en quelques années du tout au tout sa culture de la fiabilité, même s'il lui reste encore beaucoup de chemin à parcourir. Korean Air, une des pires compagnies aériennes en matière de sécurité jusqu'au début des années 2000, a adopté les fondamentaux de la fiabilité décrits dans cet ouvrage. En 2011, elle était classée au même niveau que les meilleures. La Veteran Health Administration, qui gère cent cinquante hôpitaux aux États-Unis, présentait une mortalité chirurgicale nettement supérieure à celle observée dans les autres hôpitaux. Sa réputation était détestable. Grâce à une politique de fiabilité fondée notamment sur les métarègles présentées dans cet ouvrage, cette administration a renversé la situation en quelques années en obtenant un taux de mortalité inférieur à celui des autres hôpitaux, ainsi que des indicateurs de qualité des soins devenus des références. L'armée de l'air française, comme les autres forces aériennes, a amélioré de façon remarquable son taux d'accident grâce au développement de la culture de la fiabilité. Pour cent mille heures de vol, elle perdait trente avions dans les années 1950 contre un seul aujourd'hui. Lorsque les métarègles de la fiabilité sont mises en œuvre auprès d'équipes chirurgicales, les résultats en matière de mortalité sont rapidement spectaculaires. S'agissant des avalanches dans la pratique du ski hors-piste, la Suisse a obtenu une baisse notable de la mortalité grâce à une démarche similaire. La capacité de résilience des systèmes d'action ne laisse pas d'étonner.

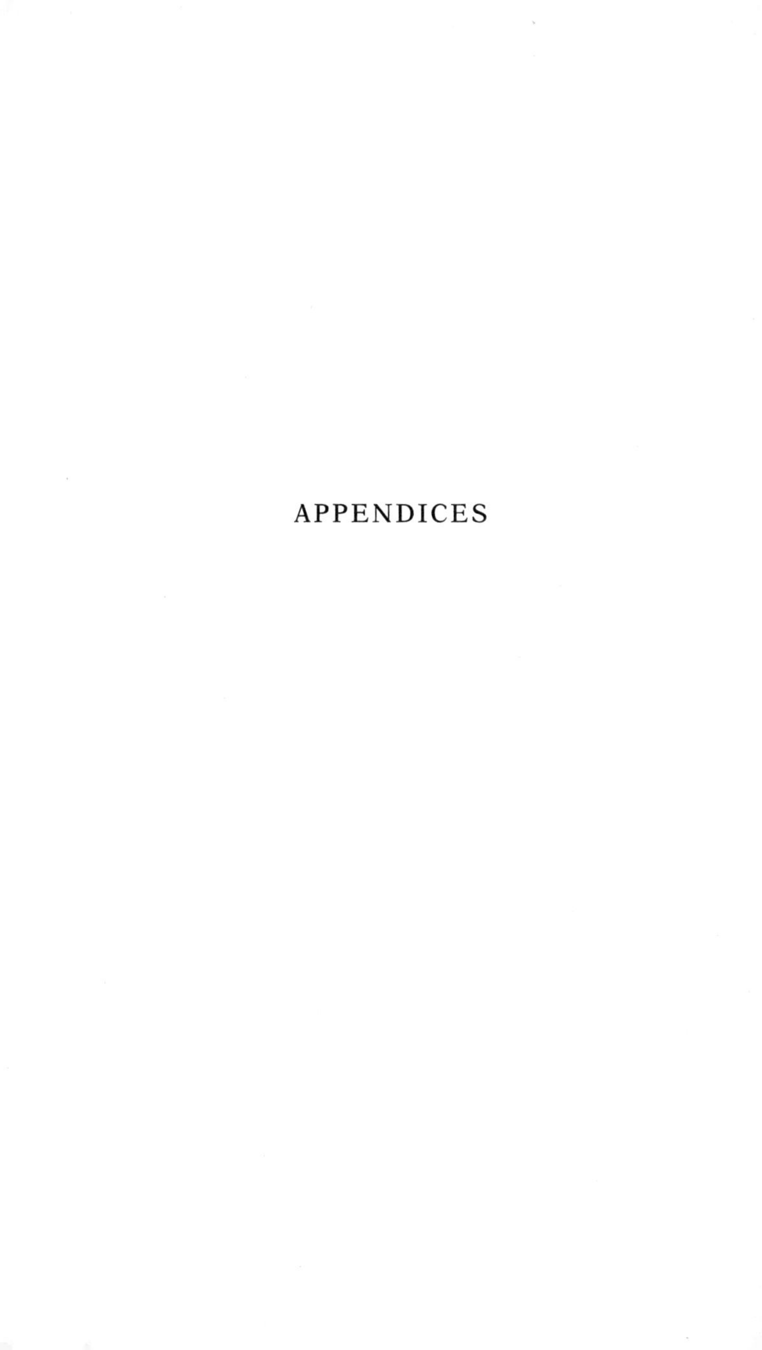

# APPENDICES

# *Bibliographie*

AAIB (Air Accidents Investigation Branch), « Report on the Accident to Boeing 747-2B5F, HL-7451, near London Stansted Airport on 22 December 1999 », Londres, *Aircraft Accident Report*, n° 3, juillet 2003.

ACPM (Association canadienne de protection médicale), « Leçons à retenir des événements indésirables : Favoriser une culture juste en matière de sécurité dans les hôpitaux et les établissements de santé au Canada », Ottawa, 2009 (*http://www.cmpa-acpm.ca/cmpapd04/docs/submissions_papers/com_learning_from_adverse_ events-f.cfm*).

ALBOLINO, Sara, BAGNARA, Sebastiano, BELLANDI, Tommaso, TARTAGLIA, Riccardo, « Building a Reporting and Learning Culture of Medical Failures in the Healthcare System », *Proceedings of the 2005 Annual Conference on European Association of Cognitive Ergonomics*, Chania (Grèce), University of Athens, ACM International Conference Proceedings Series, vol. CXXXII, 2005.

ALEXANDRE, Guillaume, *Dans le secret des oreilles d'or*, Brest, Éd. Le Télégramme, 2009.

ALLISON, Graham, ZELIKOW, Philip, *Essence of Decision. Explaining the Cuban Missile Crisis*, 2e éd., New York, Longman, 1999.

AMALBERTI, René, AUROY, Yves, BERWICK, Don, BARACH, Paul, « Improving Patient Care. Five System Barriers to Achieving Ultrasafe Health Care », *Annals of Internal Medecine*, vol. CXLII, n° 9, 3 mai 2005.

ANONYME, « Inadequate Standardization and Tired Pilots Emerge As Top Issues in Crash Investigation », *Air Safety Week*, 29 octobre 2001.

ANONYME, « No Blame Incident/Accident Reporting », Canterbury (NZ) District Health Board Quality Strategic Plan, 14 octobre 2005 (*http://www.cdhb.govt.nz/quality/documents/policynoblame.pdf*).

ANONYME, « Target fixation », *pilote.us, journal d'un pilote français aux États-Unis*, 7 juin 2010 (*http://piloteus.journalintime.com/2010/06/07-target-fixation*).

ASCH, Solomon E., « Effects of Group Pressure upon the Modification and Distortion of Judgments » [1951], *in* Lyman W. PORTER *et al.*, *Organizational Influence Processes*, 2e éd., Armonk (New York), M. E. Sharpe, 2003.

ATSB (Australian Transport Safety Bureau), « Boeing 747-438, VH-OJH, Bangkok, Thailand, 23 September 1999 », Canberra, *Investigation Report*, n° 199904538, 26 avril 2001 (*http://www.atsb.gov.au/media/24447/aair199904538_001.pdf*).

AZOULAY, Élie, *et al.*, « Prevalence and Factors of Intensive Care Units Conflicts », *American Journal of Respiratory and Critical Care Medicine*, vol. CLXXX, n° 9, juillet 2009 (*http://ajrccm.atsjournals.org/cgi/reprint/180/9/853.pdf*).

BAGIAN, James P., « Transforming the VA Health System into a High-Reliability Organization : Lessons for Financial Services », interview, *The RMA Journal*, 15 décembre 2006.

BAILLIF, Stéphanie, ophtalmologiste, « Identification de la zone à traiter. Objectif : ne pas se tromper de côté », CHU de Nice-Saint-Roch, Second Prix de la Prévention médicale, 2010 (*http://www.preven tion-medicale.org/file/lientexte/second_prix_presentation.pdf*).

BEA (Bureau d'enquêtes et d'analyses pour la sécurité de l'aviation civile), « Incident survenu le 25 mai 2001 sur l'aérodrome de Cayenne-Rochambeau (Guyane) à l'Airbus A340-311 immatriculé F-GLZC exploité par Air France », Le Bourget, *Rapport*, n° f-zc010525, février 2007 (*http://www.bea.aero/docspa/2001/f-zc010525/pdf/f-zc010525.pdf*).

BEA, « Sorties longitudinales de pistes à l'atterrissage », Le Bourget, *Incidents en transport aérien*, n° 6, juin 2007 (*http://www.bea.aero/ita/pdf/ita.006.pdf*).

BECK, Kathy L., LARRABEE, June H., « A Simultaneous Analysis of Nursing Care Quality and Cost », *Journal of Nursing Care Quality*, vol. IX, n° 4, 1995.

BERRY, Michel, « L'homme, facteur de sûreté. La conduite des centrales nucléaires », *La Gazette de la société et des techniques*, n° 7, mars 2001.

BIERLY, Paul E., SPENDER, J. C., « Culture and High Reliabilty Organizations : The Case of the Nuclear Submarine », *Journal of Management*, vol. XXI, n° 4, 1995.

BIGLEY, Gregory A., ROBERTS, Karlene H., « The Incident Command System : High-Reliability Organizing for Complex and Volatile Task Environments », *Academy of Management Journal*, vol. XIV, n° 6, 2001.

BORDENAVE, Yves, « Crash du Concorde : Continental Airlines et l'un de ses salariés reconnus coupables », *Le Monde*, 8 décembre 2010.

BOWERS, Clint A., BURKE, C. Shawn, SALAS, Eduardo, WILSON, Katherine A., « Team Training in the Skies : Does Crew Resource Management (CRM) Training Work ? », *Human Factors*, vol. XLIII, n° 4, hiver 2001.

BOYINGTON, Gregory, *Baa Baa Black Sheep*, Bantam Books, New York, 1958.

BRANFORD, Kate, GREY, Elizabeth, HAYWARD, Brent, KLAMPFER, Barbara, LOWE, Andrew, « Reaping the

Benefits. How Railways Can Build on Lessons Learned from Crew Resource Management », Proceedings of the Third International Conference on Rail Human Factors, Lille, 3-5 mars 2009 (*http://www.dedale.net/images_spaw/Klampfer%20Grey%20Lowe%20et%20al%20~2009.pdf*).

BST (Bureau de la sécurité des transports du Canada), « Sortie en bout de piste du Fokker F-28 C-GKCR exploité par les Lignes aériennes Canadien régional à Fredericton (Nouveau-Brunswick) le 28 novembre 2000 », Gatineau (Québec), *Rapport d'enquête aéronautique*, n° A00A0185 (*http://www.tsb.gc.ca/fra/rapports-reports/aviation/2000/a00a0185/a00a0185.pdf*).

BST, « Sortie en bout de piste et incendie de l'Airbus A340-313 F-GLZQ, exploité par Air France, à l'aéroport international de Toronto/Lester B. Pearson (Ontario), le 2 août 2005 », Gatineau (Québec), *Rapport d'enquête aéronautique*, n° A05H0002 (*http://www.tsb.gc.ca/fra/rapports-reports/aviation/2005/a05h0002/a05h0002.pdf*).

BSV (*Bulletin de sécurité des vols*), Armée de l'air, 2006.

CALDERON, Racquel M., LEWIS, Jeff F., ROBERTS, Karlene H., VAN STRALEN, David W., « Changing a Pediatric Sub-Acute Facility to Increase Safety and Reliability », *Advances in Health Care Management*, vol. VII, 2008.

CARVETH, Rodney, FERRARIS, Claire, « NASA and the Columbia Disaster : Decision-Making by Groupthink ? », *Proceedings of the 2003 Association for Business Communication Annual Convention*, 2003.

CHAKRAM, pseudonyme d'un contrôleur aérien, animateur du site Chakram Airlines, « Un archaïsme : le strip et le stylo (1re partie) », 1er décembre 2008 (*http://controle-aerien.chakram.info/Un-archaisme-le-strip-et-le-stylo, 3*).

CHARVET-PROTAT, Suzanne, JARLIER, Agnès, PRÉAUBERT, Nathalie, « Le coût de la qualité et de la non-qualité à l'hôpital », Agence nationale d'accréditation et d'évaluation en santé, septembre 1997.

CIAIAC (Comisión de Investigación de Accidentes e Incidentes de Aviación Civil), « Accident involving a McDonnell Douglas DC-9-82 (MD-82) operated by Spanair, at Madrid-Barajas Air-port on 20 August 2008 », *Report* n° A-032/2008, Madrid, Ministerio de Fomento, 2003 (*http://www.fomento.gob.es/NR/rdonlyres/EC47A855-B098-409E-B4C8-9A6DD0D0969F/107087/2008_032_ A_ENG.pdf*).

CINEFLIX, « *Air Crash*. Le crash de Charm el-Cheikh », documentaire TV, National Geographic Channel, 2006.

CLERGUE, François, « Standardisation-communication : deux cibles pour la sécurité des soins », *Annales françaises d'anesthésie et de réanimation*, vol. XXVIII, n° 5, 2009.

COHEN, Don, KOHUT, Matthew, « Getting to "Yes" the Flight Readiness Review », NASA, Academy Sharing Knowledge, *Ask Magazine*, n° 37, hiver 2010 (*http://askmagazine.nasa.gov/pdf/pdf37/NASA_APPEL_ASK_37s_getting_to_yes.pdf*).

CORRIGAN, Janet M., DONALDSON, Molla S., KOHN, Linda T. (éd.), *To Err is Human. Building a Safer Health System*, Washington, DC, National Academy Press, 2000.

COSTELLO, John, *La Guerre du Pacifique*, 2 vol., Pygamalion, 1982.

COUTEAU-BÉGARIE, Hervé, « Signification stratégique du porte-avions », in Frank JUBELIN *et al.*, *Le porte-avions Charles-de-Gaulle*, Éditions SPE Barthélemy, 2001.

DAVID, Georges, SUREAU, Claude (dir.), *De la sanction à la prévention de l'erreur médicale. Propositions pour une réduction des événements indésirables liés aux soins*, Lavoisier/EMI, 2006.

DEKKER, Sidney W. A., *Just Culture. Balancing Safety and Accountability*, Aldershot (R.-U.), Ashgate Publishing, 2008.

DESCAMPS, Philippe, « Accidents, un problème français ? », *Montagnes magazine*, hors-série *Neige et avalanches*, hiver 2009.

DESPORTES, Vincent (général), *Décider dans l'incertitude*, Economica, 2e éd., 2007.

DIETRICH, Rainer (dir.), *Golden Rules of Group. Interaction in High Risk Environments*, Ladenburg (All.), Rüschlikon, 2004.

DORFF, Robert H., STEINER, Jürg, « Decision by Interpretation : A New Concept for an Often Overlooked Decision Mode », *British Journal of Political Science*, vol. X, n° 1, 1980.

DOZIÈRES, Alexandre, PERDIGUIER, Pierre, RUEL, Delphine, « Faut-il avoir peur de l'hôpital ? », *La Gazette de la société et des techniques*, publication des *Annales des mines*, n° 60, janvier 2011.

DUNN, Edward J., *et al.*, « Effects of Teamwork Training on Adverse Outcomes and Process of Care in Labor and Delivery : a Randomized Controlled Trial », cité dans GOFFINET et MIGNON.

EDMONDSON, Amy C., « Speaking Up in the Operating Room : How Team Leaders Promote Learning in Interdisciplinary Action Teams », *Journal of Management Studies*, vol. XL, n° 6, septembre 2003.

FAA (Federal Aviation Administration), « Landing Performance Assessments at Time of Arrival (Turbojets) », Washington, DC, *Safety Alert for Operators*, n° 06012, 31 août 2006 (*http://www.faa.gov/other_visit/aviation_industry/airline_operators/airline_safety/safo/all_safos/media/2006/safo06012.pdf*).

FARBER, Daniel A., *et al.*, « Reinventing Flood Control », *Tulane Law Review*, vol. LXXXI, n° 1, 2007.

FLIN, Rhona H., « Crew Resource Management for Teams in the Offshore Oil Industry », *Team Performance Management*, vol. III, n° 2, 1997 (*http://www.apmforum.com/strategy/crmoil.pdf*).

GAWANDE, Atul A., *et al.*, « Analysis of Errors Reported by Surgeons at Three Teaching Hospitals », *Surgery*, vol. CXXXIII, n° 6, juin 2003, cité dans Steven YULE *et al.*

GEBAUER, Annette, KIEL-DIXON, Ursula, « High-Reliability-Organizing. Managing the Unexpected by Building up Organizational Capabilities », 2009 (*http:/www.high-reliability.org/Documents/Conferences/New_Orleans/Abstracts/Gebauer_Kiel-Dixon_Managing_Capability. pdf*).

GETTI, Jean-Pierre, *TDC* (la revue des enseignants), n° 927, 1er au 15 janvier 2007.

GETZ, Isaac, « Liberating Leadership : How the Initiative-Freeing Radical Organizational Form Has Been Successfully Adopted », *California Management Review*, vol. LI, n° 4, été 2009.

GIESMAN, Paul, « Stopping on Slippery Runways », Boeing Commercial Airplanes, Flight Operations Engineering, présentation PowerPoint, 2005.

GIRIN, Jacques, « Problème du langage dans les organisations » (*http://crg.polytechnique.fr/fichiers/crg/publications/pdf/2009-02-11-1489.pdf*), *in* Jean-François CHANLAT *et al.*, *L'Individu dans l'organisation. Les dimensions oubliées*, Presses universitaires de Laval (Québec), ESKA (Paris), 1990.

GIRIN, Jacques, JOURNÉ, Benoit, « La conduite d'une centrale nucléaire au quotidien. Les vertus méconnues du facteur humain », petits déjeuners « Confidences », École de Paris du management, 21 octobre 1997 (*http://ecole.org/seminaires/FS7/CF_35/CF211097.pdf/view*).

GOFFINET, François, MIGNON, Alexandre, « Qualité et sécurité des soins : expériences de l'anesthésie, perspectives pour la périnatalité ? », *Gynécologie obstétrique & fertilité*, vol. XXXVII, n° 10, 209.

HAFFNER, Sebastian, *Histoire d'un Allemand. Souvenirs 1914-1933*, Arles, Actes Sud, coll. « Un endroit où aller », 2003.

HALPERN, Jennifer J., ROBERTS, Karlene H., STOUT,

Suzanne K., « Decision Dynamics in Two High-Reliability Military Organizations », *Management Science*, vol. XL, n° 5, mai 1994.

HAYNES, Al, « The Crash of United Flight 232 », conférence du commandant de bord du vol 232 accidenté à Sioux City, le 19 juillet 1989, prononcée à la NASA, Ames Research Center, Moffett Field (CA), le 24 mai 1991 (*http://clear-prop.org/aviation/haynes.html*).

HELMREICH, Robert L., MUSSON, David M., « Team Training and Resource Management in Health Care. Current Issues and Future Directions », *Harvard Health Policy Review*, vol. V, n° 1, printemps 2004 (*http://homepage.psy.utexas.edu/homepage/group/helmreichlab/publications/pubfiles/musson_helmreich_HHPR_2004.pdf*).

HELMREICH, Robert L., MUSSON, David M., SEXTON, J. Bryan, THOMAS, Eric J., « Error, Stress, and Teamwork in Medicine and Aviation : Cross Sectional Surveys », *British Medical Journal*, vol. CCCXX, 18 mars 2000.

HENNINGER, Laurent, « Le blitzkrieg est-il un mythe ? », *L'Histoire*, n° 352, avril 2010.

ISENBERG, Daniel J., « Group Polarization : A Critical Review and Meta-Analysis », *Journal of Personality and Social Psychology*, vol. L, n° 6, 1986.

ISMP (Institute for Safe Medication Practices), « 1997 Cheers and Jeers », *ISMP Medication Safety Alert*, 14 janvier 1998 (*http://www.ismp.org/Newsletters/acutecare/articles/19980114.asp*).

JANIS, Irving L., *Groupthink. Psychological Studies of Policy Decisions and Fiascoes*, Boston, Houghton Mifflin Company, 1982.

JICOSH (Japan International Center for Occupational Safety and Health) — devenu JISHA en 2008 —, Bureau de promotion de la campagne Zéro accident, Zero-Sai & KYT (« Méthode de mise en pratique de la campagne Zéro accident »), 1999 (*http://www.*

*jniosh.go.jp/icpro/jicosh-old/english/zero-sai/frn/index.html*).

JOUVENEL, Bertrand de, « Le problème du président de séance », *Négociations*, n° 4, 2005.

KAHNEMAN, Daniel, « Autobiography », *in* Karl GRANDIN (éd.), *Les Prix Nobel*, Stockholm, The Royal Swedish Academy of Sciences, 2002.

KAKEHASHI, Kumiko, *Lettres d'Iwo Jima. La plus violente bataille du Pacifique racontée par les soldats japonais*, Les Arènes, 2011.

KOREAN AIR, *Korean Airlines Safety Audit Findings*, rapport d'audit interne, 20 septembre 1998 (*http://www.flight.org/blog/2009/10/01/korean-airlines-internal-audit-report-an-airline-waiting-to-happen/*).

KNIGHTLEY, Phillip, SIMPSON, Colin, *Les Vies secrètes de Lawrence d'Arabie* [1969], Robert Laffont, 1970.

LAPORTE, Todd R., CONSOLINI, Paula M., « Working in Practice But Not in Theory : Theoretical Challenges of "High-Reliability Organizations" », *Journal of Public Administration Research and Theory*, vol. I, n° 1, janvier 1991.

LAPORTE, Todd R., CONSOLINI, Paula M., ROBERTS, Karlene H., ROCHLIN, Gene I., « The Self-Designing High-Reliability Organizations : Aircraft Carrier Flight Operations at Sea », *Naval War College Review*, vol. XL, n° 4, automne 1987 (*http://www.usnwc.edu/NavalWarCollegeReviewArchives/1980s/1987 %20Autumn%20.pdf*).

LE GALL, Jean-Marc, « La liberté des salariés, une innovation féconde ? », *Le Monde*, 22 mars 2011.

LHERMITTE, Thierry, « Anatomie d'un film culte », séminaire « Création », École de Paris du management, 10 février 2009 (*http://ecole.org/seminaires/FS5/SEM464*).

MANIN, Bernard, « Democratic Deliberation : Why We Should Promote Debate rather than Discussion », conférence au « Program in Ethics and Public Affairs

Seminar », Princeton, 13 octobre 2005 (*http://cespra.ehess.fr/docannexe.php?id=549*).

McCammon, Ian, « Heuristic Traps in Recreational Avalanche Accidents : Evidence and Implications », *Avalanche Review*, vol. XXII, n° 2 et 3, 2003 (*http://avalancheinfo.net/Newslet ters%20and%20Articles/Articles/McCammonHTraps.pdf*).

McCammon, Ian, « Les facteurs humains dans les accidents d'avalanche : évolution et interventions », *Neige et avalanches*, n° 129, avril 2010, mis en ligne sur le site de l'ANENA, (*http://www.anena.org/votre_securite/information_prevention/facteurs_humains_r129.pdf*).

McCammon, Ian, Hägeli, Pascal, « Comparing Avalanche Decision Frameworks Using Accident Data from the United States », presented at the International Snow Science Workshop, Jackson (WY), 19-24 septembre 2004 (*http://www.avisualanche.ca/downloads/2004_ISSW_Decision Frameworks.pdf*).

Misch, Rochus, *J'étais garde du corps d'Hitler, 1940-1945*, Le Cherche-Midi, 2006.

Morel, Christian, *Les Décisions absurdes. Sociologie des erreurs radicales et persistantes*, Gallimard, coll. « Bibliothèque des sciences humaines », 2002 ; rééd. coll. « Folio », 2004.

Moret, Olivier, « La méthode de réduction ? », *Montagnes magazine*, hors-série *Neige et avalanches*, hiver 2009.

Munter, Werner, « Entretien avec Philippe Descamps et Olivier Moret », *Montagnes magazine*, hors-série *Neige et avalanches*, hiver 2009.

National Geographic, *Challenger : The Untold Story*, documentaire en dix épisodes, 2006.

NASA (National Aeronautics and Space Administration), « Return to Flight Implementation Plan », 8 septembre 2003 (*http://www. nasa.gov/news/highlights/rtf_plan_092003.html*).

Neily, Julia, *et al.*, « Association Between Implementation of a Medical Team Training Program and Surgical Mortality », *JAMA*, vol. CCCIV, n° 15, 20 octobre 2010 (*http://jama.ama-assn.org/content/304/15/1693.full.pdf*).

NÉNIN, François, BOULÈNE, François, « Catastrophes aériennes : ce que l'on aurait pu éviter », documentaire TV, Viva, 2010.

NNBE (NASA/Navy Benchmarking Exchange), « NNBE Progress Report. Vol. II, Naval Reactors Safety Assurance », 15 juillet 2003 (*http://www.nasa.gov/pdf/45608main_NNBE_Progress_Report2_ 7-15-03.pdf*).

NNBE, « NNBE Progress Report. Vol. III, Ongoing NNBE Activities and Software Subgroup Report I », 22 octobre 2004 (*http://pbma. nasa.gov/docs/public/pbma/casestudies/NNBE_Progress_Report_10_22_04_SOFTWARE.pdf*).

NTSB (National Transportation Safety Board), « Trans World Airlines Boeing 727-231, Berryville, VA, Dec 1, 1974 », *Aircraft Accident Report*, NTSB/AAR-75-16, 26 novembre 1975 (*http://libraryon line.erau.edu/online-full-text/ntsb/aircraft-accident-reports/AAR75 -16.pdf*).

NTSB, « A Review of Flightcrew-Involved Major Accidents of U.S. Air Carriers, 1978 through 1990 », *Safety Study*, NTSB/SS-94/01, 19 janvier 1994 (*http://libraryonline.erau.edu/online-full-text/ntsb/safety-studies/SS94-01.pdf*).

NTSB, « Controlled Flight into Terrain. Korean Airflight 801, Boeing 747-300, HL7468, Nimitz Hill, Guam », *Aircraft Accident Report*, NTSB/AAR-00/01, 6 août 1997 (*http://libraryonline.erau.edu/online-full-text/ntsb/aircraft-accident-reports/AAR00-01.pdf*).

NTSB, « Southwest Airlines flight 1455, Boeing 737-300, N668SW, Burbank, CA, March 5, 2000 », *Aircraft Accident Brief*, NTSB/AAB-02/04, 26 juin 2002 (*http://libraryonline.erau.edu/online-full-text/ntsb/aircraft-accident-briefs/AAB02-04.pdf*).

OACI (Organisation de l'aviation civile internationale), *Convention relative à l'aviation civile internationale*, annexe 13, « Enquête sur les incidents et accidents d'aviation », neuvième édition, juillet 2001 (*http://henrimarnetcornus.20minutes-blogs.fr/media/01/01/764791885.pdf*).

OACI, « European Region Safety Seminar/Workshop », Bakou, 5-7 avril 2006.

OTELLI, Jean-Pierre, *Erreurs de pilotage*, Levallois-Perret, Éd. Altipresse, t. I, 2005 ; t. II, 2007 ; t. III, 2008.

PAWLAK, Margita L., RHODA, Dale A., « An Assessment of Thunderstorm Penetrations and Deviations by Commercial Aircraft in the Terminal Area », rapport à la NASA, 3 juin 1999 (*http://www. ll.mit.edu/mission/aviation/publications/publication-files/nasa-reports/Rhoda_1999_NASA-A2_WW-10087.pdf*).

PELLETIER, Benjamin, « Le crash de l'avion présidentiel polonais : distance hiérarchique et décision absurde », *gestion-des-risques-interculturels.com*, 18 janvier 2011 (*http://gestion-des-risques-interculturels.com/risques/le-crash-de-l%E2%80%99avion-presidentiel-polonais-distance-hierarchique-et-decision-absurde/*).

PERROW, Charles, *Normal Accidents. Living with High-Risk Technologies*, Princeton University Press, 1999.

PIRIOU, Vincent, « Un tsunami pour la sécurité au bloc opératoire », *Annales françaises d'anesthésie et de réanimation*, vol. XXVIII, n° 5, 2009.

POIROT-DELPECH, Sophie, *Mémoire et histoires de l'automatisation du contrôle aérien. Sociobiographie du CAUTRA*, L'Harmattan, 2009.

PORTAL, Thierry (dir.), *Crises et facteur humain. Les nouvelles frontières mentales des crises*, De Boeck, coll. « Crisis », 2009.

PRINTUP, Mark Brandon, « The Effects of Fatigue On Performance And Safety », AirlineSafety.com, septembre 2000 (*http://www.air linesafety.com/editorials/PilotFatigue.htm*).

REASON, James, *Managing the Risks of Organizational Accidents*, Aldershot (R-U), Ashgate Publishing, 1999.

RENAHY, Julie (linguiste), « La langue contrôlée : ou comment assurer une communication sans faille pour mieux prévenir les risques », présentation PowerPoint, Université de Besançon, Grand Prix de la Prévention médicale, 2010 (*http://www.prevention-medicale.org/file/lientexte/premier%20prix-%20prevention%20medicale-gppm.pdf*).

REYNAUD, Jean-Daniel, *Les Règles du jeu. L'action collective et la régulation sociale*, Armand Colin, 1997.

RICHARD, Christian, *1940/1941. Les six évasions de Raoul Gaschard*, La Crèche, Geste Éd., 2004.

ROBERTS, Karlene, « An Interview, by Mathilde Bourrier », *European Management Journal*, vol. XXIII, n° 1, février 2005.

RUITENBERG, Bert, « Front Line Report : Everywhere You Go, You Always Take the Weather », *HindSight*, n° 7, juillet 2008, p. 6 (*http://www.skybrary.aero/bookshelf/books/393.pdf*).

SAFRAN, Denis, *Un toubib dans l'urgence*, Éd. Jacob-Duvernet, 2009.

SCHÖN, Donald, *The Reflexive Practitioner. How Professionals Think in Action*, Basic Books, 1982 (trad. fr. *Le Praticien réflexif. À la recherche du savoir caché dans l'agir professionnel*, Montréal, Éd. Logiques, 1993)

SCHWARTZ, John, « Some at NASA Say Its Culture Is Changing », *The New York Times*, 4 avril 2005.

SEDEL, Laurent, *Chirurgien au bord de la crise de nerfs*, Albin Michel, 2008.

SENNETT, Richard, « Mensonge méritocratique », *Le Monde*, 10-11 avril 2011.

SHAHSHAHANI, Volodia, « Avalanche à l'Eau d'Olle », *Neige et avalanches*, n° 106, juin 2004, mis en ligne sur le site de l'ANENA, (*http://www.anena.org/quels_risques/temoignage_avalanche/temoi gnage_na106.html*).

SHÔHEI, Ôoka, *Journal d'un prisonnier de guerre* [1952], Belin, 2007.

SICOT, Christian, « Connaître ou punir les erreurs », séminaire, École de Paris du management, 19 octobre 2009 (*http://ecole.org/semi naires/FS6/SEM500*).

SIMON, Herbert A., « From Substantive to Procedural Rationality », in Spiro Latsis, éd., *Method and Appraisal in Economics*, Cambridge University Press, 1976.

SIVARDIÈRE, François, « L'avis de l'expert » [2004], *in* V. SHAHSHAHANI, « Avalanche à l'Eau d'Olle ».

SLIM, Karem, MARTIN, G., « Adoption en France d'une "check-list" de sécurité au bloc opératoire », *Journal de chirurgie viscérale*, vol. CXLVI, n° 3, 2009.

SOCKEEL, Philippe, *et al.*, « Les chirurgiens peuvent apprendre des pilotes : place au facteur humain en chirurgie », *Journal de chirurgie viscérale*, vol. CXLVI, n° 3, 2009.

SOCODEI, groupe EDF, « Politique sûreté », note d'organisation, 27 juin 2008 (*http://www.socodei.fr/fileadmin/contenus/menus/menu_haut/espace_documentation/Poli tique_surete.pdf*).

SOULEZ-LARIVIÈRE, Daniel, « La pénalisation à l'encontre de la sécurité », site de Soulez-Larivière et associés, rubrique « Questions de société », s.d. (*http://www.soulezlariviere.com/questions-de-societe/des-dan gers-de-la-penalisation-des-accidents/article/daniel-soulez-lariviere-la-penalisation-a-l-encontre-de-la-securite.html*).

SOULEZ-LARIVIÈRE, Daniel, « Connaître ou punir les erreurs », séminaire, École de Paris du management, 19 octobre 2009 (*http://ecole.org/seminaires/FS6/SEM500*).

SPAETH, Andreas, « Korean Air Rises From The Ashes », *Flugrevue*, février 2003, et « Korean Air Upgrades Service Image », *USA Today*, 23 août 2009.

SPARACO, Pierre, « Le réquisitoire de la colère », Aero-

Morning, 25 mai 2010 (*http://www.aeromorning.com/chroniques.php?ch_id=727*).

TABUTEAU, Didier, « Renforcer la crédibilité de la sécurité sanitaire. Pour des experts dissidents », *Le Monde*, 11 décembre 2010.

TERSSAC, Gilbert de, *Autonomie dans le travail*, PUF, coll. « Sociologie d'aujourd'hui », 1992.

TUFTE, Edward, « Engineering by Viewgraphs », *in* NASA (National Aeronautics and Space Administration), « Columbia Accident Investigation Board », p. 191.

URFALINO, Philippe, « La décision par consensus apparent », *Revue européenne des sciences sociales*, vol. XLV, n° 136, 2007.

US AIR FORCE, « Cockpit/Crew Resource Management Training Program », *Air Force Instruction*, n° 11-290, 11 avril 2001 (*http://www. af.mil/shared/media/epubs/AFI11-290.pdf*).

US CONGRESS, Office of Technology Assessment, « Biological Rhythms : Implications for the Worker. New Developments in Neuroscience », OTA-BA-463, Washington, DC, septembre 1991 (*http://www.fas.org/ota/reports/9108.pdf*).

VAUGHAN, Diane, *The Challenger Launch Decision. Risky Technology, Culture, and Deviance at NASA*, The University of Chicago Press, 1996.

VAUGHAN, Diane, « La normalisation de la déviance : une approche d'action située », *in* M. BOURRIER (dir.), *Organiser la fiabilité*, 2001.

VENZAL, Martin, « Procès Concorde : un réquisitoire choquant pour les anciens du Concorde », *ToulÉco, le 1er quotidien de l'économie toulousaine*, 26 mai 2010 (*http://capavenirconcorde.files.wordpress.com/2010/02/touleco-fr-26-05-2010.pdf*).

YAGER, Thomas J., « Aircraft and Ground Vehicle Winter Runway Friction Assessment », NASA Technical Reports, Langley Research Center, mai 1999 (*http://*

*ntrs.nasa.gov/archive/nasa/casi.ntrs.nasa.gov/19990052866_1999084955.pdf*).

ZIMMERMANN, Sabine, « "L'excès procédurier", ou la croyance naïve que les bonnes intentions améliorent toujours la sécurité », *Skymag*, dossier n° 15, novembre 2007, pp. 10-11 (*http://www.skyguide.ch/fr/Media-Relations/Skymag/Dossier/sm_dossier_15_5_fr.pdf*).

# *Table des illustrations*

DEUXIÈME PARTIE

LES MÉTARÈGLES DE LA FIABILITÉ

## DU MÊME AUTEUR

LA GRÈVE FROIDE. Stratégies syndicales et pouvoir patronal, Éditions d'Organisation, 1981 ; 2e éd. Octares Éditions, 1994.

LES DÉCISIONS ABSURDES I. Sociologie des erreurs radicales et persistantes, Gallimard, coll. Bibliothèque des Sciences humaines, 2002 ; coll. Folio Essais n° 445, 2004.

L'ENFER DE L'INFORMATION ORDINAIRE. Boutons, modes d'emploi, pictogrammes, graphisme, informations, vulgarisation, Gallimard, coll. Bibliothèque des Sciences humaines, 2007.

*Composition Nord Compo*
*Impression Maury Imprimeur*
*45330 Malesherbes*
*le 23 décembre 2013.*
*Dépôt légal : décembre 2013.*
*Numéro d'imprimeur : 186775.*

ISBN 978-2-07-045623-9. / Imprimé en France.

**260583**